奏疏存藁

〔清〕趙良棟 撰
田富軍 王敏 校注

朔方文庫

主編 胡玉冰

上海古籍出版社

圖書在版編目(CIP)數據

奏疏存藁 /（清）趙良棟撰；田富軍，王敏校注.—上海：上海古籍出版社，2022.10
（朔方文庫）
ISBN 978-7-5732-0334-2

Ⅰ.①奏… Ⅱ.①趙… ②田… ③王… Ⅲ.①奏議-彙編-中國-清代 Ⅳ.①K249.065

中國版本圖書館 CIP 數據核字（2022）第 103928 號

朔方文庫
奏疏存藁
[清]趙良棟 撰
田富軍 王 敏 校注
上海古籍出版社出版發行
（上海市閔行區號景路 159 弄 1-5 號 A 座 5F 郵政編碼 201101）
（1）網址：www.guji.com.cn
（2）E-mail：guji1@guji.com.cn
（3）易文網網址：www.ewen.co
上海展强印刷有限公司印刷
開本 710×1000 1/16 印張 18.75 插頁 6 字數 244,000
2022 年 10 月第 1 版 2022 年 10 月第 1 次印刷
ISBN 978-7-5732-0334-2
K·3193 定價：108.00 元
如有質量問題，請與承印公司聯繫
電話：021-66366565

國家社會科學基金重大項目
"《朔方文庫》編纂"（批准號：17ZDA268）經費資助出版

寧夏回族自治區"十三五"重點學科
"中國語言文學"學科建設經費資助出版

寧夏大學"民族學"一流學科群之"中國語言文學"學科
（NXYLXK2017A02）建設經費資助出版

《朔方文庫》委員會名單

學術委員會

主　任：陳育寧

委　員：（按姓氏筆畫排序）

　　　　于　亭　　吕　健　　伏俊璉　　杜澤遜　　周少川　　胡大雷

　　　　陳正宏　　陳尚君　　殷夢霞　　郭英德　　徐希平　　程章燦

　　　　賈三强　　趙生群　　廖可斌　　漆永祥　　劉天明　　羅　豐

編纂委員會

主　編：胡玉冰

委　員：（按姓氏筆畫排序）

　　　　丁峰山　　田富軍　　安正發　　李建設　　李進增　　李學斌

　　　　李新貴　　邵　敏　　胡文波　　胡迅雷　　徐遠超　　馬建民

　　　　湯曉芳　　劉鴻雁　　趙彦龍　　薛正昌　　韓　超　　謝應忠

總　　序

陳育寧

　　寧夏古稱"朔方",地處祖國西部地區,依傍黃河,沃野千里,有"塞上江南"之美譽。她歷史悠久,民族衆多,文化積澱豐厚。在這片土地上產生并留存至今的古代文獻檔案數量衆多、種類豐富,有傳統的經史子集文獻、地方史志文獻、西夏文等古代民族文字文獻、岩畫碑刻等圖像文獻,以及明清、民國時期的公文檔案等,這些文獻檔案記述了寧夏歷朝歷代人們在思想、文化、史學、文學、藝術等各方面的成就,蘊含着豐富而寶貴的、具有地域和民族特色的歷史文化内涵,是中華各民族人民共同的精神和文化財富,保護好、傳承好這批珍貴的文化遺產,守護好各民族共有的精神家園,扎實推進新時期文化的繁榮發展,是寧夏學者義不容辭的擔當。

　　黨和國家歷來高度重視和關心文化傳承與創新事業,積極鼓勵和支持古籍文獻的收集、保護和整理研究工作,改革開放以來,批准實施了一批文化典籍檔案整理與研究重大項目,取得了一大批重要成果。2017年1月,中共中央辦公廳、國務院辦公廳印發《關於實施中華優秀傳統文化傳承發展工程的意見》,把中華優秀傳統文化的傳承和發展推上了新的歷史高度。《意見》指出,要"實施國家古籍保護工程","加強中華文化典籍整理編纂出版工作"。這給地方文獻檔案的整理研究,帶來了新的機遇。

　　寧夏作爲西部地區經濟欠發達省份,一直在積極努力地推進優秀傳統文化傳承發展事業。2018年5月,《寧夏回族自治區實施中華優秀傳統文化傳承發展工程方案》和《寧夏回族自治區"十三五"時期文化發展改革規劃綱要》正式印發,爲寧夏文化事業的發展繪就了藍圖。寧夏提出了"小省區也能辦大文化"的理念,決心在地方文化的傳承發展上有所作爲,有大作爲。在地方文獻檔案整理研究方面,寧夏雖資源豐富,但起步較晚,力量不足,國家級項目少。

這種狀況與寧夏對文化事業的發展要求差距不小,亟須迎頭趕上。在充分論證寧夏地方文獻檔案學術價值及整理研究現狀的基礎上,以寧夏大學胡玉冰教授爲首席專家的科研團隊,依托自治區"古文獻整理與地域文化研究"人文社科重點研究基地以及自治區重點學科"中國語言文學"、重點專業"漢語言文學"的人才優勢,全面設計了寧夏地方歷史文獻檔案整理研究與編纂出版的重大項目——《〈朔方文庫〉編纂》,并於 2017 年 11 月申請獲批立項爲國家社科基金重大項目,這一項目的啓動,得到了國家的支持,也有了更高的學術目標要求。

　　編纂這樣一部大型叢書,涉及文獻數量大、種類多,時間跨度長,且對學科、對專業的要求高,既是整理,更是研究,必須要有長期的學術積累、學術基礎和人才支持。作爲項目主持人,胡玉冰教授 1991 年北京大學畢業後,一直在寧夏從事漢文西夏文獻、西北地方(陝甘寧)文獻、回族文獻等爲主的古文獻整理研究工作,他是寧夏第一位古典文獻專業博士,已主持完成了 4 項國家社科基金項目,包括兩項重點項目,出版學術專著 10 餘部。從 2004 年主持第一項國家社科基金項目開始,到 2017 年"《朔方文庫》編纂"作爲國家社科基金重大項目立項,十多年來,胡玉冰將研究目標一直鎖定在地方文獻與民族文獻領域。其間,他完成的國家社科基金項目結項成果《寧夏古文獻考述》,是第一部對寧夏古文獻進行分類普查、研究,具有較高學術價值的成果,爲全面整理寧夏古文獻提供了可靠的依據;他完成的《傳統典籍中漢文西夏文獻研究》入選《國家社科基金成果文庫》,爲《朔方文庫·漢文西夏史籍編》奠定了研究基礎;他完成出版的《寧夏舊志研究》,基本摸清了寧夏舊志的家底,梳理清楚了寧夏舊志的版本情況,爲《朔方文庫·寧夏舊志編》奠定了研究基礎。在項目實施過程中,胡玉冰注重與教學結合,重視青年人才培養,重視團隊建設。在寧夏大學人文學院,胡玉冰參與創建的西北民族地區語言文學與文獻博士學位點、中國古典文獻學碩士學位點,成爲寧夏培養古典文獻專業高級專門人才的重要陣地。他個人至今已培養研究生 40 多人,這些青年專業人員也成爲《朔方文庫》項目較爲穩定的團隊成員。關注相關學術動態,加強與兄弟省區和高校地方文獻編纂同行的學術交流,汲取學術營養,也是《朔方文庫》在實施過程中很重要的一則經驗。

　　《朔方文庫》是目前寧夏規模最大的地方文獻整理編纂出版項目,其學術意義與社會意義重大。第一，有助於發掘和整合寧夏地區的文化資源，理清寧夏文脉，拓展對寧夏區情的認識，有利於增强寧夏文化軟實力，提升寧夏的影響力，促進寧夏經濟社會全面發展；第二，有助於深入研究寧夏歷史文化的思想精髓和時代價值，具有歷史學、文學、文獻學、民族學等多學科學術意義，推動寧夏人文學科的建設與發展；第三，有助於推進寧夏高校"雙一流"建設，帶動自治區人文社科重點研究基地、重點學科、重點專業以及學位點建設，對於培養有較高學術素質的地方傳統文化傳承與創新的人才隊伍有積極意義；第四，在實施"一帶一路"倡議大背景下，深入探討民族地區文獻檔案傳承文明、傳播文化的價值，可以更好地爲西部地區擴大對外文化交流提供決策支持。

編纂《朔方文庫》，既是堅定文化自信、鑒古開新、傳承和弘揚中華優秀傳統文化的需要，也是服務當下經濟社會文化發展的需要，是一項功在當代、澤溉千秋的文化大業。截至2019年7月，本重大項目已出版大型叢書兩套、研究著作，依托重大項目完成碩士研究生學位論文9篇。叢書《朔方文庫》爲影印類古籍整理成果，按專題分爲《寧夏舊志編》《歷代人物著述編》《漢文西夏史籍編》《寧夏典藏珍稀文獻編》《寧夏專題文獻和文書檔案編》共五編。首批成果共112册，收書146種。其中《寧夏舊志編》32册36種，《歷代人物著述編》54册73種，《漢文西夏史籍編》15册26種，《寧夏典藏珍稀文獻編》10册7種，《寧夏專題文獻和文書檔案編》1册4種。《寧夏珍稀方志叢刊》共16册，爲點校類古籍整理成果，由中國社會科學出版社、上海古籍出版社分別於2015年、2018年出版。《朔方文庫》出版時，恰逢寧夏回族自治區成立60周年，這也説明，在寧夏這樣的小省區是可以辦成、而且已經辦成了不少文化大事，對於促進寧夏文化事業的發展、提升寧夏知名度起到了重要作用。同時也要看到，由於基礎薄弱，條件和力量有限，我們還有許多在學術研究和文化建設上想辦、要辦而還未辦的大事在等待着我們。

國内出版過多種大型地方文獻的影印類成果，但尚未見相應配套的點校類整理成果。即將由上海古籍出版社推出的《朔方文庫》點校類整理成果，是胡玉冰及其學術團隊在影印類成果的基礎上的再拓展、再創新。從這一點來説，國家社科基金重大項目"《朔方文庫》編纂"開創了一個很好的先例，即在基本完成影印任務的情況下，依托高質量的研究成果，及時推出高質量的點校類整理成果，將極大地便于學界的研究與利用。我相信，《朔方文庫》多類型學術成果的編纂與出版，再一次爲我們提供了經驗，增強了信心，展現了實力。衹要我們放開眼界，集聚力量，發揮優勢，精心設計，培養和選擇好學科帶頭人，一個項目一個項目堅持下去，一個個單項成績的積累，就會給學術文化的整體面貌帶來大的改觀，就會做成"大文化"，我們就會做出無愧於寧夏這片熱土、無愧於當今時代的貢獻！

2020 年 7 月於銀川

（陳育寧，教授，博士生導師，寧夏自治區政協原副主席，寧夏大學原黨委書記、校長）

目　　錄

總序 ………………………………………………… 陳育寧　1
整理説明 …………………………………………………………　1

御製祭文 …………………………………………………………　1
欽賜勇略將軍兵部尚書兼都察院右副都御史雲貴總督一等精奇
　尼哈番謚襄忠趙良棟碑文 ……………………………………　2
自序 ………………………………………………………………　3
趙襄忠公奏疏序 …………………………………………………　4
趙襄忠公奏疏存藁序 ……………………………………………　6
趙襄忠公奏疏存藁叙 ……………………………………………　8
趙襄忠公奏疏存藁序 ……………………………………………　10
趙襄忠公奏疏存藁叙 ……………………………………………　12
趙襄忠公奏疏存藁序 ……………………………………………　14
趙襄忠公奏疏序 …………………………………………………　16
趙襄忠公奏疏序 …………………………………………………　18
奏疏存藁卷之一 …………………………………………………　20
　籌兵慮餉疏 ……………………………………………………　20
　坐名題帶將備疏 ………………………………………………　21
　密陳地方情形疏 ………………………………………………　21
　招撫河東地方疏 ………………………………………………　23
　糾參貪婪營將疏 ………………………………………………　24
　恭謝銀米疏 ……………………………………………………　25

奏疏存藁

- 審度進剿機宜疏 …… 26
- 帑餉交明道庫疏 …… 27
- 題留兵馬并請軍需疏 …… 28
- 招撫河南一帶地方疏 …… 29
- 設法擒縛元凶疏 …… 30
- 題請會審貪官疏 …… 31
- 亟請戰馬盔甲疏 …… 32
- 題報擒斬元凶疏 …… 33
- 特參貪劣營弁疏 …… 34
- 特參浮冒行糧疏 …… 35
- 捐造盔甲器械疏 …… 37
- 恭辭房屋銀兩疏 …… 38
- 自陳進兵獨當一路疏 …… 38
- 攻克密樹關恢復徽州報捷疏 …… 39
- 用奇破險渡江疏 …… 41

奏疏存藁卷之二 …… 46

- 恢復略陽縣城克捷疏 …… 46
- 恭報偽鎮官兵歸誠疏 …… 47
- 請叙投誠以廣招徠疏 …… 48
- 恢復陽平關報捷疏 …… 49
- 條陳收川方略疏 …… 51
- 恭謝扁額手卷疏 …… 52
- 備陳調遣官兵情形疏 …… 53
- 題報得獲賊糧接濟軍需疏 …… 55
- 題請投誠官兵俸餉疏 …… 56
- 報明略陽起行日期疏 …… 57
- 題報會師入川進剿疏 …… 58
- 密陳悖旨并報分兵進剿疏 …… 59
- 恭報入川進剿日期疏 …… 61

白水壩浮水過江敗賊報捷疏 …… 62
　　青川石峽溝大敗逆賊報捷疏 …… 63
　　克取成都報捷疏 …… 64
　　題請安插投誠官兵疏 …… 67
　　恭謝將軍敕印疏 …… 68
　　續報招撫僞鎮官兵疏 …… 68
　　續報招撫并請土司號紙印信疏 …… 69
　　請設蜀省經制官兵疏 …… 71
　　遣員招撫逆渠疏 …… 72

奏疏存藁卷之三 …… 75
　　題報恢川清出賊遺糧餉疏 …… 75
　　招撫建昌、叙州、馬湖文武疏 …… 77
　　控辭雲貴總督疏 …… 78
　　報明被執滿漢官兵疏 …… 80
　　題補松潘、建昌兩鎮疏 …… 81
　　題請川蜀司道疏 …… 81
　　恭謝欽賜弓馬疏 …… 82
　　再瀝愚誠疏 …… 83
　　預籌進滇機宜疏 …… 83
　　招撫建昌五衛地方疏 …… 85
　　招撫永寧一帶地方疏 …… 87
　　題報官兵守禦永寧情形疏 …… 90
　　會議進勦機宜疏 …… 93
　　建昌官兵堅守城池疏 …… 95
　　查獲賊遺馬騾補給分賞疏 …… 98
　　官兵應援永寧飛報大捷疏 …… 99
　　獎薦僞員以勵後效疏 …… 101
　　接任雲貴總督謝恩疏 …… 102

奏疏存藁卷之四 …… 107

密陳統馭官兵情節疏 ………………………… 107
永寧復敗逆賊大破勁敵疏 …………………… 108
遵諭再遣官兵堵剿疏 ………………………… 110
彙繳投誠偽敕印劄疏 ………………………… 112
特參降弁冒功疏 ……………………………… 113
再題川省文職疏 ……………………………… 123
亟言秦糧當運敘府疏 ………………………… 125
請給征兵家口坐糧疏 ………………………… 127
恭謝聖恩寵眷疏 ……………………………… 128
恭謝欽賜弓矢詩文圖說疏 …………………… 129
恭謝欽頒《四書解義》疏 …………………… 130
題報偽將軍通款并請速備軍需疏 …………… 130
偽將軍歸誠差人齎繳印劄疏 ………………… 132
遣發鎮將聲援建昌疏 ………………………… 134
投誠文官降等授銜疏 ………………………… 136

奏疏存藁卷之五 142

投誠鎮將出首逆書疏 ………………………… 142
請敕嚴催各路進兵疏 ………………………… 143
題報偽將軍已抵禮州疏 ……………………… 146
初報庸鎮退兵疏 ……………………………… 148
特參庸鎮輕棄汛守疏 ………………………… 151
題報敘府危急疏 ……………………………… 155
題報投誠川弁復首偽諭疏 …………………… 158
建昌官兵堅志守城疏 ………………………… 159
遵奉上諭回奏情由疏 ………………………… 161
報明收集官兵疏 ……………………………… 164
請寬營弁以收後效疏 ………………………… 165
題請實授要鎮疏 ……………………………… 166
成都起行進剿日期疏 ………………………… 167

報明統兵前赴嘉眉先滅重賊疏 …………………… 168
奏疏存藁卷之六 …………………………………………… 175
　　報明三路進兵夾剿逆賊疏 ……………………………… 175
　　奉遣官兵疑畏不前擒拿正法疏 ………………………… 176
　　題報建昌官兵自行撤出疏 ……………………………… 177
　　協剿官兵屢敗逆賊克捷疏 ……………………………… 178
　　報明官兵無糧撤出銅河疏 ……………………………… 183
　　攻克關山象嶺捷報疏 …………………………………… 184
　　報明官兵渡江前進疏 …………………………………… 187
　　督率渡河官兵先行進剿疏 ……………………………… 188
　　再復建昌捷報疏 ………………………………………… 189
　　懇請另簡督臣疏 ………………………………………… 191
　　題報身到建昌遣發官兵疏 ……………………………… 191
　　親身督兵先進大衆候糧疏 ……………………………… 192
　　報明入滇日期疏 ………………………………………… 193
　　備陳官兵偏苦情形疏 …………………………………… 194
　　報明量帶官兵赴省疏 …………………………………… 199
　　報明已抵雲南省會疏 …………………………………… 200
奏疏存藁卷之七 …………………………………………… 203
　　備陳三事蚤期蕩平疏 …………………………………… 203
　　恭謝欽賜《書經解義》疏 ……………………………… 205
　　恭報得獲滇省外護情形疏 ……………………………… 206
　　恭報克復雲南省城疏 …………………………………… 206
　　南服已靖再請休致疏 …………………………………… 208
　　題報發回秦省官兵疏 …………………………………… 209
　　報明前赴曲靖疏 ………………………………………… 211
　　題報起程進京日期疏 …………………………………… 211
　　請明先後進京日期疏 …………………………………… 212
　　指參不救永寧疏 ………………………………………… 212

請敘入川官兵功績疏 ……………………………………… 221
　　請敘平滇官兵功績疏 ……………………………………… 222
　　乞骸歸里疏 ………………………………………………… 225
　　竭效愚忠疏 ………………………………………………… 226
奏疏存藳卷之八 ………………………………………………… 231
　　剖明心迹疏 ………………………………………………… 231
　　辭敘功績疏 ………………………………………………… 265
　　懇辭恩榮疏 ………………………………………………… 266
　　恭謝世恩疏 ………………………………………………… 266
　　遵旨明白回奏疏 …………………………………………… 268
　　欽召赴京恭陳下悃疏 ……………………………………… 272
勇略將軍總督雲南貴州等處地方軍務兼理糧餉兵部尚書兼督察院右副
都御史世襲一等精奇尼哈番襄忠公奏疏存藳後序 ……………… 274
襄忠公奏疏存藳後識 …………………………………………… 276

附錄 ……………………………………………………………… 277
　　叙 …………………………………………………………… 277
　　勇略將軍總督雲貴大司馬襄忠趙公疏藳序 ……………… 278
　　趙襄忠公奏疏存稿序 ……………………………………… 279
　　趙襄忠公奏疏存藳叙 ……………………………………… 280

參考文獻 ………………………………………………………… 283

整理說明

《奏疏存藁》八卷,清趙良棟撰。趙良棟,字擎之,號西華,寧夏鎮(今寧夏回族自治區銀川市)人。明天啓元年(1621)十月出生於陝西延綏安邊堡(今陝西省定邊縣安邊鄉),其先世世居陝西。順治三年(1646),隨英王入關中,之後任潼關守備,不久,從征秦州、鞏昌,升爲寧夏屯田水利都司,遂從定邊安邊堡遷徙寧夏,入籍寧夏。之後,趙良棟歷任高臺遊擊、雲貴督標中營副將、雲南廣羅總兵官、山西大同總兵官、天津直隸總兵官。康熙十四年(1675),寧夏兵變,提督陳福被殺,康熙命趙良棟征討寧夏,次年任寧夏提督。十八年(1679)授爲勇略將軍,十九年(1680)正月陞爲雲貴總督,加兵部尚書銜。三十六年(1697)三月,趙良棟病故於寧夏,賜謚襄忠。《清史稿》卷二五五、《清史列傳》卷七有專傳。其生平資料參見《〔乾隆〕寧夏府志》卷一三《人物·鄉獻》、《小倉山房文集》卷六《勇略將軍趙襄公傳》、《嘯亭雜録》卷九《趙良棟》、《國朝先正事略》卷一一《趙襄忠公事略》、《國朝耆獻類徵初編》卷二七六《趙良棟》、《碑傳集》卷一四《趙良棟墓志銘》、《滿漢名臣傳·漢名臣傳》卷一《趙良棟列傳》、《〔民國〕朔方道志》卷一六《人物志一·鄉宦》、《清代人物傳稿》卷七《趙良棟》,以及寧夏博物館藏《趙氏家譜》。

《奏疏存藁》收録了奏疏一百二十六篇,記載了趙良棟在平定寧夏叛亂、征川、征滇二十年中的主要戰事和重大歷史事件。卷首録《御製祭文》《欽賜勇略將軍兵部尚書兼督察院右副都御史雲貴總督一等精奇尼哈番謚襄忠趙良棟碑文》,次爲陳元龍等所撰序文及趙良棟自序,書末有趙弘燦和趙之垣所撰兩篇《後識》。

本書最早刊刻於康熙三十五年(1696)。根據康熙四十八年刻本趙弘燦等《勇略將軍總督雲南貴州等處地方軍務兼理糧餉兵部尚書兼都察院右副都御史世襲一等精奇尼哈番襄忠公奏疏存藁後序》(以下簡稱《奏疏存藁後序》)載:

"見有手定《奏疏存藁》六卷,剞劂於江南就醫之日。蓋亦檢點行笥,錄其攜存者耳。""江南就醫之日"指良棟在揚州、江寧就醫(卷八《欽召赴京恭陳下悃疏》),時康熙三十四年(1695)。且《奏疏存藁》良棟自叙作於"康熙三十五年歲在丙子孟春上元前二日",符合一般刻書規律。此本今惜不傳。桂林圖書館藏本在陳元龍等人七篇序後、趙良棟《自序》前多刊刻了一篇雍正七年(1729)唐執玉《趙襄忠公奏疏序》(以下簡稱唐序),此序九行二十字,文中"聖祖"均三擡。頁碼獨立於前七篇序而獨立編排,共四頁。序中凡從"真"之字如"鎮""滇"等一般都缺最後一筆避諱,顯係避雍正皇帝諱,但不避"弘"字諱。依據唐序落款時間及避諱情況可以確定,桂林圖書館藏本爲清雍正七年(1729)刻本。在目前筆者所見版本中,桂林圖書館所藏雍正七年刻本內容最全,保存完整,刊刻精良,是《奏疏存藁》所有版本中最善者,筆者整理所據即爲此本。此外,此書還有康熙四十八年刻本、五十一年刻本(當爲四十八年刻本之修補本)、康熙後期刻本,六十年刻本(當爲趙良棟長孫趙之垣校勘),以及清抄本傳世。總體來看,《奏疏存藁》包括六卷本和八卷本兩個系統:六卷本系統包括康熙三十五年刻本、四十八年刻本、五十年刻本、康熙後期刻本等;八卷本系統包括康熙六十年刻本、雍正七年刻本等刻本,以及清華大學圖書館藏清抄本、天津圖書館藏清抄本等抄本,抄本均抄自或源自康熙六十年刻本。

　　本書作爲趙良棟唯一傳世的文集,是趙良棟親身指揮或經歷戰事的實錄,史料價值極高。第一,奏摺內容多爲清初戰事情況,可彌補有關史料的不足。第二,《奏疏存藁》中記載了衆多人物,爲相關研究提供難得的史料。第三,《奏疏存藁》中有關於寧夏兵變的記載,爲研究寧夏古代史提供了一手資料。

　　學界研究趙良棟其人,主要集中在生平事迹、家世情況和他在平定三藩之亂中的作用等問題上,對其文集《奏疏存藁》的文獻著錄、版本和價值鮮有人研究,僅刁俊、田富軍撰文研究過該文集,王敏有該文集的整理成果。

　　《〔乾隆〕寧夏府志》卷一三《人物·鄉獻》、《〔民國〕朔方道志》卷三一《志餘下·著作》、《清史稿》卷一四六《藝文志二·詔令奏議類》、《販書偶記·詔令奏議類》、《清華大學圖書館藏善本書目·史部·詔令奏議類》、《山東師範大學圖書館館藏古籍書目》、《中國古籍善本書目·史部·詔令奏議類》、《中國科學院圖書館藏中文古籍善本書目·史部·詔令奏議類》等對《奏疏存藁》有著錄。

　　本次整理,以桂林圖書館藏清雍正七年(1729)刻本为底本(简称雍正七年刻本),中科院國家科學圖書館藏康熙四十八年刻本(簡稱康熙四十八年刻本)、北京大學圖書館藏康熙五十一年刻本(簡稱康熙五十一年刻本)、臺灣"中研院"歷史語言研究所傅斯年圖書館藏康熙六十年刻本(簡稱康熙六十年刻本)、清華大學圖書館藏清抄本(簡稱清華抄本)、天津圖書館藏清抄本(簡稱天圖抄本)爲參校本,并參考了《平定三逆方略》《聖祖仁皇帝親征平定朔漠方略》《康熙起居注》《清實録·聖祖仁皇帝實録》《十二朝東華録》等文獻。因八卷本系統係趙之垣校勘,較六卷本系統文字多有修改,表達多有不同,除少量考慮文意通暢、表達確切,據康熙四十八年刻本或他本改動底本外,一般不改底本。爲儘量保留六卷本原貌,體現早期版本趙良棟語言風格,出校保留康熙四十八年刻本原文,方便研究人員使用。《奏疏存藁》傳世版本多,各版所收前序不太一致,排序也互有參差,因其均自編頁碼,有的具體寫作年代無考,無法確定到底是原書排序還是後人重裝不一,故以底本前序順序爲准,將見於他本而底本未收之序文附録於後,且依照他本先後排列。

御 製 祭 文

康熙三十六年閏三月初六日，皇帝敕諭，遣文華殿大學士兼吏部尚書伊桑阿致祭於故勇略將軍、總督雲貴、兵部尚書、兼都察院右副都御史、世襲一等精奇尼哈番趙良棟之靈曰："朕於國家宣力之臣，無不恩篤始終，誼周存殁，矧其爲老成宿將，績著封疆，方眷倚之是殷，期榮休於有永。遽聞溘逝，能無盡傷。爾趙良棟剛鯁賦資，精强勵職，粵從蚤歲，克展壯猷，嗣歷戎行，洊膺重寄。屬當逆氛熾虐，禁旅交馳，惟爾首倡入蜀之謀，提孤軍以進取，力奮克滇之勇，激諸將以爭先。公論歷久逾明，朕心深嘉乃績，詔崇世秩，懋獎成勞。比者來覲闕廷，時攄忱悃，倐以抱痾邸舍，遂乞旋歸。自卧林泉，遥頒藥物，每陳章疏，輒答襃綸，尚冀調攝漸痊，何意哀音驟至。兹朕躬臨朔方，籌畫軍務。經爾里第，惜黃髮之乍凋；念爾音容，憸丹心之未燼。特命皇子親視几筵，爰沛宸章，用申諭祭。嗚呼！禮隆異數，示朝廷非常恤賚之仁；光溢閭門，彰勞臣畢世忠勤之報。爾靈不昧，尚克欽承。"

欽賜勇略將軍兵部尚書兼都察院右副都御史雲貴總督一等精奇尼哈番諡襄忠趙良棟碑文

朕惟靖亂宣威者，奉公之顯績；褒勛眷舊者，逮下之弘仁。若夫忠勇丕彰，膚功屢奏，恩能馭衆，貞以行師，雄名久重於巖疆，勁節彌堅於篤老，積勤既茂，寵錫宜崇。

爾趙良棟剛鯁性成，果毅間出，奮身裨佐，從我宗藩。分扼潼關，別征鞏寇，旋弭亂羌於湟水，嗣擒僞將於肅州。尋赴滇黔，徇馬乃，平隴納，拓水西，咸與有功。及代郡秉麾，津門移節，惠威并用，軍悅民懷。迨逆臣干紀，煽動邊隅，兵叛惠安，戕其主帥，簡爾提督，綏靖朔方，首惡受誅，餘黨悉定。會王師進討，首倡入川，密符朕算。獨率所部，乘間擣虛，奪密樹關，拔徽州，克略陽，威慴秦隴，用是授爾爲勇略將軍。既而麈陽平，破青川，取龍安，轉戰千里，未及浹旬，遂復成都，聲震巴蜀，用是擢爾爲雲貴總督。當大兵圍滇，爾至則決議急攻，潛渡新橋，摧鋒三市，醜徒大潰，立下省城，實茲戰之力，用是論定酬庸，累畀爾以世職。

朕於行間功伐素篤不忘，矧爾所在征討大小數十餘戰，厥績茂著，而部伍森嚴，秋毫不犯。軍資悉以餉士，幕府曾無私財，潔廉自矢，尤堪嘉美，以故自勞還，以至予告，恩禮所加，始終優厚。邇歲北征有事，兩預戎韜，白首籌邊，丹心益勵。洎聞衰病，藥膳頻頒，遺疏籲恩，悉從所請。比朕追滅噶爾旦，道由靈武，經紀爾家，特命皇子視奠，宰臣致祭，以昭異數。茲復舉易名鉅典，賜爾諡曰"襄忠"。

嗚呼！矢誠蓋於一生，樹勛猷於萬里，爲國良將，垂五十年。事久而乃績逾彰，人往而朕心長眷。生則寵光倍至，沒則軫恤加深。用以優爾勞臣，亦且風於有位，勒諸貞石，永視豐功。

自　　序[1]

　　予不學無術,且性秉迂梗,止知忠君報國,不知附勢趨炎,處世既不取與,同事又不連黨,故人所不喜。至勇往滅賊,恢疆不殺,禁止搶掠,出民水火,以廣皇仁,到處不合,蓋亦情勢所不免者,夫復何尤。癸亥冬,①告歸田里,方期杜門靜攝,終此餘年,乃蒙聖恩優隆,頻加存問,是以感激彌深,艱危不避。當漠北多事,奉命遠出邊庭,時年七十有四矣。再蒙恩詔,復得瞻覲天顏,拜颺之下,喜慰萬狀。自揣衰年朽質,景逼崦嵫,竭效愚忠,盡此矢報未竟之心,不期讒謗又起,甚於從前,鑠金銷骨之毁,於是不得不有瀝血控籲之一疏。原爲剖明心迹,見白於終身,詎意至聖至明之主一覽洞悉,不獨昭雪從前,於今更一命再命,疊下恩綸,此又余顛連抑塞於萬難處之際,幸逢聖主當陽,毅然獨照於萬里之外,子孫當取爲鑒戒,慎勿奉以爲法,恐盛世難遇,聖主難逢也。

　　今就醫江南,於呻吟寂寞中,檢閱歷年奏牘,諸賜如天翰詩字、匾額、龍袍袞褂、天冠寶刀、上駟、撒袋、御用等件,暨下"忠臣、純臣、老臣"之旨,尤振古人臣所難邀者。追效力行間,恢疆滅賊,歷荷溫旨,褒嘉屢沛,酬庸之典,不能殫述。用是并輯成書,藏之家塾,留之子孫。俾知余一介武人,遭時如是而邀聖君明鑒矜全如是,庶幾感興思奮,共相砥礪忠勤,仰佐國祚靈長於億萬斯年爾。

　　時康熙三十五年歲在丙子孟春上元前二日關中西華氏棟自序於金陵客舍。②

【校勘記】

[1] 自:原作"白",據康熙六十年刻本改。

---

① 癸亥:康熙二十二年(1683)。
② 本篇原位於以下八篇序後,今據寫作時間及康熙四十八年刻本體例調整至此。

趙襄忠公奏疏序

熙朝治平日久，修文耀德，而天子尤加意將帥之臣，其以拓土戡亂著者，每軫念不忘，蓋國家武功赫濯，超越百代，實多命世大臣策勛於其始，而襄忠趙公爲尤著。

公當吳逆搆難時，首倡入蜀之策，率寧夏卒五千直搗成都，扼賊之門户，風行電掃，會四路之軍，由黔而達滇，叛臣授首，西南抵定[1]。自己未歲之四月，①訖辛酉歲之九月，②用兵兩年而大功成，奏疏具在，可考而知也夫。公之定滇，豈肯以陰符秘計及屠戮爲事哉！維聖主神武不殺，興王者仁義之師，而授其權於閫外，維公仰體皇上伐罪救民之心，而播雲霓於萬里之天，收錄降將，優恤戰士，撫綏無罪之民，完保其家室，誅其渠魁，而宥其脅從。不敢自以爲德也，必具疏入告我后，既罔不符合於宸衷，而後奉俞旨以行事，上下一德，兵民各得其所，而天下寧。是以公之勛業銘旂常，威惠浹邊陲，慶流子孫，名冠宇宙。嗚呼！讀其書不可想見其爲人哉！趙營平，漢之名臣也，當羌戎之叛，至金城，圖上方略，陳利害。所傳"屯田三奏"，雖不至其地者，讀之瞭然在目；非用兵之人，讀之亦犁然有當於心。彼豈執筆學爲曲折暢達之文耶？發其忠悃，抒其高識，而情事畢顯，雖文士無以加。公之奏疏六卷，皆是類也。然營平始見讓，往復再三，而後報可；而公有言必合，不啻都俞之在一堂。則遭際之盛，不遠出營平上耶！

元龍嚮從史官後，稔知公之豐績偉伐，既撫西粵，與滇黔接壤，邊鄙之人，皆能道公之戰功不衰。而公冢嗣，今大司馬制府公適屬予以序公之《奏疏》，夫其所指陳，皆平吳逆之謀策，所與廟謨睿算心契而吻合者，煌煌大篇，非劉向

---

① 己未：康熙十八年（1679）。
② 辛酉：康熙二十年（1681）。

《封事》、陸贄《奏議》之所可比,①而僅得以文章目之哉?予不敏,何足以序公。猶記揚子雲之頌營平曰②:"屢奏封章,料敵制勝。鬼方賓服,罔有不庭。"③而末以方、召爲比。夫方叔之征蠻荊,④召虎之伐淮夷,⑤不聞有單詞片言之奏,而其功炳然,昭於二雅,豈武功果不在文辭哉?乃營平以封章見稱,載在班史,至今如見其磨盾握管時,則文之垂於後亦不可闕失也。公之勛大於方、召,而文多於營平,他日國史備載其篇,公之後人固不得私之以爲家集,而凡爲人臣者,皆願書萬本、讀萬遍矣。

康熙五十一年歲次壬辰陽月之望,賜進士及第光禄大夫巡撫廣西等處地方提督軍務兵部左侍郎兼督察院右副都御史加三級前翰林院掌院學士兼禮部侍郎海寧陳元龍謹序[2]。

【校勘記】

[1] 抵定:康熙五十一年刻本作"底定"。
[2] 海寧陳元龍謹序:康熙五十一年刻本作"年家眷侄陳元龍頓首謹序"。

---

① 《封事》當指劉向《極諫用外戚封事》。《奏議》當指陸贄《陸宣公奏議》,又名《翰苑集》。
② 揚子雲:揚雄(前53年—前18年),字子雲,西漢後期著名學者,哲學家、文學家、語言學家。
③ 出自揚雄《趙充國頌》。
④ 方叔:西周周宣王時賢臣。此典故是指方叔先後征伐蠻荊,擊退北方少數民族的侵擾。
⑤ 召虎:即召穆公,周朝諸侯國召國國君。此指召虎領兵出征,平定淮夷之事。

趙襄忠公奏疏存藁序

我皇上御極以來，海寓乂安，四民樂業，而神功廟算，反側蕩平，固已軼唐虞而駕軒昊矣。方滇逆之不靖也，蹂躪天南川、黔、楚、粵之間，囂然煽動。我皇上知人善任，握算廟堂之上，決勝萬里之外，天威所震，醜類悉平。洱海風恬，錦江浪静，則襄忠公之所以報主知者，厥功偉也。公之功在社稷，黃童白叟歷歷能道之，而濤讀公之疏稿，益知皇上之於公寄之心膂，委之方召，湛恩異數，勿替頻頒，古君臣一德之隆，蔑以加兹，則公之智勇兼備，而皇上之所以眷倚公者，千載一時也。逆以滇爲巢穴，川黔實其門戶，而成都爲省會，沃野千里，人民財賦之鄉。白水壩距成都一千餘里，爲川江上流，關隘緊要，與昭化唇齒，蜀不破則滇不搖，白水壩不得則成都未易猝拔也。中間若青川、若石峽溝、若明月江皆賊聚兵之所，亦賊必防之地，蜂屯蟻聚，踞水營山。公既破密樹關，復徽州，決之於心，請之於朝，提一旅之師，星馳電激，於元日浮水渡江，奪白水壩，不計山險，長驅深入，破青川，奪石峽溝，渡明月江，披其門戶，擣其腹心，僅十日而成都底定矣。夫李愬之雪夜鵝池，狄青之上元燈火，平吳蔡，下崑崙，史册榮之，後世稱焉。然機乘一戰而功烈已號崇隆，公則於十日之内，五破關隘，晝夜轉戰，馳驅千有餘里，所向披靡，勝獲無算，高山密箐履若坦途，惡石大江視猶平地，兵機迅速，敵號爲神，是公之功較之昔賢而有進也乎。若夫籌取滇之機宜，離逆氛之羽翼，燭照數計，歷歷奏功，而矢志報國，閲遲暮而不衰，讒謗洊乘，君恩昭雪，皇上知公之深，任公之重，擢之節鉞，晋之大司馬，錫賚駢蕃，恩榮奕禩，猗歟聖德，雖堯舜於皋夔，而文武於周召不過是矣。然則皇上之所以優渥公而眷倚公者，寧獨公之感且泣也哉！寧獨公之後人之感且泣也哉！

濤曩在西清，熟聞公於軍旅擾攘之際，皆手自削稿，以故章疏陳奏，披對剴切，質直不支，有西漢董賈之風焉。今制府大司馬公念君恩之深重，凛嚴訓之勤拳，壽之梨棗，昭示來今，且命濤序之。濤也受讀之下，咏嘆公之功烈文章，而尤咏嘆我皇上之所以眷倚公而優渥公也。附名篇末以垂不朽，與有榮施已。謹序。

　　賜進士出身廣西承宣布政使司布政使前翰林院編修濟南李濤拜撰[1]。

【校勘記】

［１］"賜進士"至"拜撰"：康熙四十八年刻本作"濟南後學李濤頓首拜撰"。

趙襄忠公奏疏存藁叙

國家受天明命，奄有九有，乾施坤生，陽開陰闔，跂行喙息之類，莫不順則。惟是甲寅、乙卯之間，巨憝作逆，西南弗靖，隴、蜀、滇、黔渝胥及溺，三秦大震，其間悍卒桀校摩牙砥掌而起，欲爲不善者相接迹。聖天子撫髀太息，疇咨旰食，於是有名世之佐曰："關中趙襄忠公蓋天所篤生以戡亂救民者也。"公兼資文武，性秉忠孝，天子委之以朔方，寄之以鉦鉞，公不動聲色，俄頃而定軍亂。獨抒壯猷，首建入蜀之策，上協睿謨。遂從隴西、漢中懸軍深入，轉戰千里，數載之寇、百萬之衆一時奔蹯，不二十日遂舉成都，略定庸蜀，由是滇黔失勢，迄服天刑，實惟公之烈爲多。嗚呼！人徒知公嫺於貙劉之禮，明於握奇九變之法，攻無完城，戰無堅壘，乘機應會，捷出若神，以爲古名將弗能過，豈知其求民莫、定國是，不爲威怵，不爲利疚，竭王臣之蹇蹇以仰報主知，有迥非才略智計之士所能窺較者乎！

今讀公奏疏，籌兵籌餉，拊勵將士，轉驕惰之伍屹爲勁旅。至於安反側，廣招徠，覆軍實，修戎備，攻城略地，舉無遺策，而其所惓惓入告者尤在民心之得失。其《備陳三事疏》有云：聖恩寬大，人得自新，使城早開一日，活無限之生靈，省無限之民力。又云：朝廷命師討逆，原救民於水火，若不分逆順妻孥一概入軍，則此無民之空城，國家又焉用之？嗚呼！爲上爲德，爲下爲民，可謂至矣。我皇上天幬地載，神武不殺，卒之君臣同德，克奏膚公，湛恩汪濊，拯茲愁墊，仁言之利，豈不溥哉！愚竊以爲公用兵神速如李衛公，寬厚愛人如鄧高密。昔者權德輿讀唐文皇所賜衛公手敕，至於嘆息流涕，曰："嗟乎！君臣之際，乃至此哉！"

今觀公奏牘，咸蒙報可，蓋我皇上鑒公之忠，知公之直，深敉大功，斥遠譖沓，雖至遺榮投老，而邊璵戎機，靡不訪逮，知遇之隆，殆千古一轍矣。而公暮年釁甲兵，敦儒學，不修產利，教養子孫，皆可爲後世法，復與鄧高密相埒。今嗣公膺四岳之寄，謹率庭訓以宣贊雍熙，對揚休命，而聖天子酬庸念功之意，益篤不忘，寧非公忠義之誠，仁心之摯，發爲崇論鴻議，以抒靖獻者，有以立邦家萬年基而并詒後人以無疆之慶者哉。發生也晚，願爲公執鞭而不可得，辱承制府公命，俾預校讎之役，敬識數語，廁名簡末，蓋不勝欣幸云。

　　翰林院庶吉士崑山徐昂發謹叙[1]。

【校勘記】

[1]"翰林院"至"謹叙"：五十一年刻本作"崑山後學徐昂發頓首謹叙并書"。

趙襄忠公奏疏存藁序

《趙襄忠公奏疏存藁》皆公平朔方、平蜀、平滇時所建白，公手定爲六卷，其《自序》稱是集直書胸臆，仰荷聖天子優容嘉納，得盡所長，以展報效。公之長公，今總制兩廣都御史密庵先生復取《御製碑文》《祭文》冠於首卷，鏤版傳世，蓋非徒叙述運籌決勝、奮身報國之本末，實所以具録聖朝睿算神謨，昭於日月，任人使能，始終罔間，而欲凡爲臣子者相與炷薌稽首，敬頌我皇上聰明仁厚之盛德於無窮也。

謹案集中，公以單騎入寧夏城，撫定亂軍，縛其首惡而整飭其曹伍[1]。既已變驕惰爲勁兵，則建議入川，統之獨當一路，以二十日間自徽州至陽平，扼蜀水陸之吭。遂建議分兵兩路，一由廣元取保寧收川東，一由陽平下成都收川西，務出賊不意，毋使賊萃於一道，用盤龍山故智困我。因先率孤軍出奇疾戰，以十日克成都。及中間瀘州再陷，永寧繼失，公親提戈援嘉、眉，戡賊大衆以保叙府，曬鋒關山、象嶺，超大渡河，復掇建昌，全川再定。乃從建昌直壓滇中，建議城宜速取，以奇兵大躁城南，盡奪其險要，不三日而巨憨授首，南服底定。凡公之乘機應會，勢如風雨，八年逋寇，由公殄滅，迅掃川滇之疆土以還之天子，大抵皆力排衆議，以獨建此奇功也。蓋其"決策入川、請當一路"之疏，逆孽之平實胚胎於此，而獨倡奇謀於逡巡畏沮牢不可破之時，遂爲衆心所忌，競起相撓。其"分兵兩路，以取川東川西"之疏，屢泥於異議，至抗疏自陳，拔軍獨進，其復取建昌，再定全川，則又救人之敗而挽之成。及從建昌直抵雲南，斟酌賊勢輕重，并力以攻僭號者於都會，又與大帥相左，復至抗疏，自明其慮師老糧匱，亟期蕩平。疏入，亦多疑信不一。至其力戰城南，主帥亦再議三議，不得已用公，而公遂以平賊，且公以孑立之孤蹤，其不足以敵異議者衆多之口亦已明矣。蓋公獨賴上有九重之聖明，灼見幾微於萬里之外，而曾未嘗少爲所隱蔽。兹者，集中首載《御製碑文》褒公剛鯁[2]，稱公果毅，有曰："王師進討，首倡入川，密符朕算。獨率所部乘間搗虛，奪密樹關，拔徽州，克略陽，威懾秦隴，用是授爾爲勇略將軍。既而鏖戰陽平，破青川，取龍安，轉戰千里，未及浹旬，遂復成都，聲震巴蜀，用是擢爾爲雲貴總督。當大兵圍滇，爾至，則決議急攻，潛渡新橋，摧鋒三市，醜徒大潰，立下省城，實兹戰之力，用是論定酬庸，累畀爾以世職。"又曰："自勞還以至予告，恩禮所加，始終優厚。"又曰："特命皇子視奠，宰臣致祭，以昭異數，兹復舉易名鉅典，賜爾謚曰'襄忠'。"又曰："爲國良將，垂五十年，事久而乃績逾彰，人往而朕心長眷。"份反覆熟讀，爲之撫卷流涕，不覺嘆息失聲曰："自古明主之隆於用人，未有如此其極者也。"嗚呼！古之以智勇爲將者，往往機權失於廟堂之遥制，事功喪於同事之齟齬；其幸得展布所能，克成厥勳，則又猜忌叢生，惴惴終日，甚者不免其身。惟公遭逢盛世，身事聖君，力排群議，適符廟算，謀無不用，言無不行，故其心無所畏避，其身無所撓屈，指揮縱横，無不如志，以能至於有成。及功成謗起，幾蹈傾危，又賴聖明鑒察，曲賜保全，恩禮始終優厚。歿世之後，聖心長眷，異數頻加，身爲功宗，澤流子孫，長公、次公同時秉鉞南北，疆土相望，自古君臣之際，其孰能及之哉？在《易·師》九二曰："在師，中吉，无咎，王三錫命。"《象》曰："在師，中吉，承天寵也。王三錫命，懷萬邦也。"《程傳》曰："在師中吉者，以其承天之寵任，人臣非君寵任之，則安得專征之權而有成功之吉？王三錫以恩命，褒其成功，所以懷萬邦也。"①今公以剛中之德，上與聖謀符合，協德一心，而獨邀寵任，得有成功之吉；而天子信公之深，眷公之久，錫以褒功之恩命至於三而未已，深有合於《師·九二》《程傳》歸功天寵之義，故曰是編之鏤版傳世，所以昭宣我皇上聖德之聰明仁厚以耀於無窮也。

　　長公嘗銜詔旨，問公入川方略，當再定全川入滇劃刮之時，身在行間，佐佑嚴親，樹立偉績，今刻是編，以承先志而揚主德於史法，皆當得書。份，史臣也，方將濡筆撰次公家兩世盛事，以垂之竹帛。今因長公之請，姑先爲是編之序云。

　　康熙五十三年十月初七日廣西考試官翰林院編修襄洲汪份序。

【校勘記】

[1] 縛：原作"膊"，當爲形近而訛，據文意及本書卷一《設法擒縛元凶疏》改。
[2] 骽：查御製碑文爲"鯁"，"鯁""骽"同，天圖抄本亦作"骽"。

---

① 出自《伊川易傳》。

趙襄忠公奏疏存藳叙

蓋聞聖代肇興，必産熊羆之佐；元臣錫命，特膺圭瓚之榮。勛著股肱，自雲臺之圖像；功存社稷[1]，斯麟閣以標名。至若說禮敦詩，本同邵穀；輕裘緩帶，宛似羊公。韓全義班師而自謝無功，曹侍中領衆而民皆有喜。豈止與蕭、曹、絳、灌媲休偉烈壯猷，直可與韓、范、富、歐擅美文章經濟也。

恭惟襄忠公才兼文武，智絶古今。浩氣挾風霆，威行閫外；忠心貫日月，特契宸衷。素裕經綸，本學問以抒籌略；任專節鉞，推心腹而總師干。適當用武之秋，因奉特簡之命。刀破馬頭之霧，躬犯崎嶇；甲衝人面之山，目無叢箐。兵從天降，不十日而下成都；軍有神機，幾五旬而舉全蜀。由提軍以晉制府，尚有權輕責重之虞；統饑卒以守空城，更多顧此失彼之慮。而乃出奇設險，所向無前，拉朽摧枯，靡堅不破。碧雞金馬，重開諸葛之營；玉案青螺，載頌韋皋之績。自出師以至奏捷，章疏維煩；若請餉暨乎調兵，條陳甚夥。迨乎功成身退，休老姑臧，年邁血衰，就醫建業。凡茲封事，都荷溫綸，雖累牘以連編，皆手批而獨斷。陸宣公之奏議，未能剴切如斯；孫武子之兵書，安得精詳若此。生前榮寵已沾三錫殊恩，殁後褒嘉更灑九重翰墨，此真盛世之休風，亦史册所希覯者矣。

督憲大司馬，玉友金昆，俱承宸眷；清風峻望，更畀嚴疆。幼讀父書，奏牘知關乎國是；今邀簡任，謨猷悉本乎家箴。故於退食之餘，時焉三復；自公有暇，手惟一編。更加意以勘讐，遂鳩工而剞劂。妙選雲藍之紙，重施烏玉之煤。自兹廣播寰區，匭珠枕寶；抑且流傳奕禩，户璧家珍。門下嗣協，吳苑鄙儒，嶺南末吏，幸依墻屏，仰荷帡幪，雖獲校對乎鴻篇，何敢妄深夫蠡測。展牙籤而夜讀，空效蘇秦；對錦帙以無詞，仍同游夏。欲令濡毫滌硯，難撰裴公平蔡之碑；就使瀝髓搜腸，敢希漢代功臣之頌。

廣東廣州府新會縣知縣長洲顧嗣協謹識[2]。

【校勘記】

［１］存：康熙五十一年刻本作"在"。
［２］長洲顧嗣協謹識：康熙五十一年刻本作"門下晚學生顧嗣協沐手肅拜謹識"。

趙襄忠公奏疏存藁序

　　維今上甲寅、乙卯之間，①湛恩頻濡，鯨鮑膽張，此唱彼和，敢於操戈，狂妄無知，儼然以唐世河北三鎮自擬。皇上赫然震怒，乾綱獨斷，鞠師陳旅，用討弗庭。維時心膂股肱之臣，彪虎熊羆之士，宣力邊疆，多有其人，而收川滇於既覆，擒梟獍於深巢，舉半壁之天下，携而歸之廟堂之上，則不得不爲襄忠公屈第一指焉。其在當日戰功赫濯，遠邇震懾，婦人女子、走卒下隸亦無不嘖嘖稱嘆，以爲神勇絶倫，衝鋒陷堅，叱吒風雲，裹瘡浴血，如古名將之所爲。而至於識卓見蚤、謀深計長、方略籌畫媲於漢之諸葛武鄉侯者，則概未之悉也。

　　己丑，②來章奉部檄調取入京，過端江，謁辭制府大司馬公函丈之下，從容論文，語次因及襄忠先公奏疏，遂出《存藁》，俾來章讀而序之。大司馬，襄忠公之冢君也。藁計六本，爲襄忠公所手定，前列《自序》，原以傳家庭，訓子孫。大司馬取《御製碑文》《諭祭文》冠於簡端，表特達之知，深存歿之感，付諸剞劂，珍同琬琰，意至深遠矣。來章再拜展誦，見藁中所載寧夏河東撫叛卒，殲渠凶，相機籌畫，隨地建績，謀無不中，功已奇矣，姑不具論。至如預陳入川之策，親破白水壩，直搗成都，定取滇之計，奪得勝橋，敵窘因生内變，尤爲得算者。臨滇之日，首陳三事，離其黨羽，固結人心，成敗得失，如指諸掌，識者比之金鑑石畫，以故能掃蛟蚪之窟，奏蕩平之勛。玉斧所界，金甌無缺，西平汾陽，蓋稱鼎足焉。嗚呼偉矣！公生平尤以廉潔忠貞自矢，忘軀報國，不避嫌忌[1]，滇城垂破，駐軍郭外，子女、玉帛一無所私。以視諸葛公，鞠躬盡瘁，死而後已，不別治生以長尺寸，清風高節，亦約略相似。來章擬公於武鄉，識者以爲知言，蓋以此也。

---

① 甲寅：康熙十三年(1674)。乙卯：康熙十四年(1675)。
② 己丑：康熙四十八年(1709)。

來章嘗聞公於大小奏章,皆手自削草,不假捉刀。今讀《存稿》,明白洞達,如話家常,皆從肝膈流出,絶無文士書生經營粉飾之習,殆亦《出師》二表之流亞歟！雖然,建樹本於謀猷,功業則成於遭際。公之忠,上能知之;公之策,上能行之;公之被讒招謗,上能昭雪而洗濯之。噫,向非上之廟算周詳,洞見萬里,公雖長才偉略,亦烏能奏奇勛而享高爵哉！讀斯編者,又當知都俞吁咈之風,見於干戈擾攘之際,公之所遇,蓋有可慶幸者已。
　　中州李來章謹序[2]。

【校勘記】

［1］忌：康熙四十八年刻本作"怨"。
［2］中州李來章謹序：康熙四十八年刻本作"謹序中州後學李來章頓首拜撰"。

趙襄忠公奏疏序[①]

伏讀寧夏襄忠趙公奏疏，慨然而嘆興也。吁嘻！天生非常之材，佐國家、平禍亂而安生民，名炳金石，後嗣蒙其廕。才與智固超軼倫類，其忠義本乎天性，足以結聖主之契，始終一德，有景雲之從而無陰雨之漂。公之德固殊，而公所值之時，數百年一見，何其盛耶！

當逆藩負固，士憤民怨，公奮起戎行，自西陲立功，勘定滇、黔、巴、蜀，既而總制文武，填撫西南[1]，天子信任公在親賢之列，有奏必批答，所議無不允行，遠隔萬里如在一堂。覽其文辭，灼然見心腹，公誓以身報，苟利於國，何惜乎它人，禍福不能奪，進退得其正。天子眷公之深，嘗伸公而屈左右，榮顯安逸其身，而恩及其子孫罔替也。公子多顯位，長敏恪公開府廣東、西，敏恪長子之垣今任刑部郎中管光祿寺卿。大受不及見襄忠暨敏恪，喜與光祿交[2]，材術氣度[3]，盡得其家法[4]，竊謂襄忠後必再興。與論襄忠爲人，有狄忠襄、韓魏國之風，而遭逢聖代，宮鼓商應，古堯舜之都俞，皋益之颺拜，其氣象見於筆札之間，傳之天下萬世，觀感嘆慕，以爲其德之異，而所值之時尤隆也。

公自少喜讀書，雖在軍旅不廢，手自評《通鑑綱目》，古今治亂，邪正不爽毫髮，大受讀之憮然。自古聖賢豪傑，明理義而通經濟，非徒呫嗶章句而已。其教子孫方嚴，親訓課其業，光祿至今凛不忘，刻其《奏疏》，欲使祖德光於天壤，人人知天子之恩逮有功，即其一家而聖德普遍群族，騶虞之仁，所爲王道之成也。大受既重公功業，讀公之書，交公之孫，庚子歲奉命主四川試，[②]今視學貴州，輿馬所至，縱觀山川城郭，皆公所百戰及其設屯駐節之處，耆儒野老歈歔道公事，實如與公接，三復其遺文，行軍治民，事上安下，恍見其畫掌開口，慷慨正

---

① 文亦見於清張大受《匠門書屋文集》卷二〇，題作《趙忠襄公奏疏序》。
② 庚子：康熙五十九年（1720）。

直之概,援毫而三嘆,其能已乎。

康熙歲在辛丑仲冬月朔日,①欽命提督貴州學政翰林院檢討加一級嘉定張大受拜書於鎮遠試院。

【校勘記】

［1］填:清華抄本作"鎮"。
［2］交:《匠門書屋文集》作"交愛"。
［3］材:《匠門書屋文集》作"其材"。氣:《匠門書屋文集》作"器"。
［4］盡得:《匠門書屋文集》作"想見"。

---

① 辛丑:康熙六十年(1721)。

趙襄忠公奏疏序

　　國家致治，文武兼資，自古命世之臣，遭時應運，銘勒旂常，未有不立德、立功、立言并垂不朽者也。

　　關中趙襄忠公束髮從戎，大小百十餘戰，拓土疆，靖氛逆，偉績殊勛，照耀寰宇，爲時名將，爲國重鎮，壯猷元老，五十餘年，遭逢聖祖仁皇帝聖明簡在，一德一心，以功名終始，本朝雲臺麟閣必以公爲首。及讀公《奏疏存藁》，凡公之方正以率僚佐，廉介以杜苞苴，勤敏以蒐軍實，詰戎備，誠信以撫將士、服吏民，軍容營制，嘉謀碩畫，無不躍然行楮間。至於因事指陳，料敵制勝，所以符聖祖仁皇帝之廟算，而克奏膚功者，忠愛之誠流露充溢，洋洋纚纚動數千言，輒能達其意所欲出，雖文人學士執筆爲之不能過也。公之戰功，入川進滇最著。當其疏陳收川方略也，分兩路進師，一由廣元取保寧，下重慶，收川東；一由陽平取龍安，下成都，收川西。其後阻於王進寶而有分兵進剿之疏，捷於白水壩而有浮水過江之疏，青川之報捷有疏，成都之克取有疏，此公蕩平全蜀之大局也。其疏籌進滇機宜也，分四路進師。一自廣西泗城州，由安籠出雲南之交水；一自廣西思南府，由廣南府出雲南之維摩州；一自四川成都府，由建昌、會川、金沙江出雲南之武定府；一自四川保寧府下重慶，出雲南之霑益州。其後一誤於同舟之撓阻，再誤於庸鎮之趑趄，建昌復陷，叙府孤危，是攻關山、象嶺，克黎州，渡金沙江，駐軍武定，圍逼滇城，取土橋，進攻東寺、三寺街，而遺孽始平。則公《題明叙府危急疏》中所爲一腔忠赤，①入川苦心；《再復建昌捷報疏》中所爲一身一心，安内防外，期以身殉，東奔西馳，兼顧兩路，數月以來，心血已枯，人力用盡；《備陳官兵偏苦情形疏》中所爲痛臣孤忠，爲衆所忌者，皆足以見公元功宿將，綢繆揣拄之艱，而卒仰籍聖祖仁皇帝信任之深，遂以排衆議而建大

---

① 明：趙良棟原題作"報"。

功,亦公一念忠愛之誠,有以結之,此公克復雲南之大局也。公之勛名過於英、衛,而當其馳驅戎馬之場,磨盾援毫,投戈吮墨,以敷陳入告者,又不異長沙敬輿。昔人有言,天下有文人之文章,有豪傑之文章。然則公之《奏疏》固豪傑之氣,雲蒸虎變而不可掩抑者耶!《崧高》之詩美宣王之賞申伯也,其首章曰:"崧高維嶽,駿極于天。"《傳》云:"嶽降神靈和氣,以生申、甫之大功。"其末章曰:"文武是憲。"《傳》言:"有文有武也。由申伯有文有武,故得與文武之人爲表式。"公秦人也,三峰崒崔,神靈磅礴之氣,鬱積勃發於公,有文有武,宜其與申伯後先相望也。先襄文公在明嘉靖時以一代才人寇上第,歷宮坊,退歸陽羨山中,讀書十餘年,一旦起自田間,視師江浙,躬泛海舟,自江陰抵蛟門大洋,一畫夜行六七百里,意氣自如,倭泊崇明三沙,督舟師邀之海外,斬馘沉舟,海氛以靖。其後廟灣、姚家蕩先後數戰,皆親躍馬布陣,持刀斫賊,大功出儒者,一時不敢以書生目之。以視襄忠,非皆所稱文武是憲者乎?

唯是公之令嗣大司馬敏恪公、制府肅敏公,冢孫中丞公,皆以榮戴世其家聲,又能刊其奏疏以傳世。先襄文著述等身,執玉嘗哀刻文集數卷,今方將以衰病餘年盡發篋笥遺書,更爲彙輯,會承恩命,攝鎮畿南,適皆公令嗣冢孫節鉞所蒞,奉蕭規之不逮,望祖武以增慚。斯則執玉序公之集所不禁逡巡而滋愧者矣。

雍正七年歲次己酉六月中澣,署理直隸總督印務都察院掌院事毘陵唐執玉謹序。

奏疏存藁卷之一

籌兵慮餉疏

密奏爲直陳愚忠，以期萬全，以重封疆事。

臣思寧夏官兵兩番失利，人心渙散可慮，兵膽摧挫難收，若不善加撫心[1]，從容練膽[2]，終難爲用。是臣自聞新命以來[3]，圖報之志固堅，而訓練若輩，恐驟難收心得力，於是拳拳不安於寢食者，切以封疆爲重也。伏乞皇上鑒臣愚忠，容臣身到地方相機撫循，然撫心練膽之要首在月餉及時。查寧夏兵餉領自西安，復由鞏昌，今平凉逆賊負固，漢南川賊出沒，餉道不無阻梗。臣懇討內帑十萬[4]，隨臣前去，到彼交付寧夏道收庫。如寧夏經制官兵俸餉壓欠，准即按月補給；如無壓欠，該道報明督撫收貯，以備軍餉作正開銷，俟放完之日仍於西安、鞏昌照舊擡領。至臣肩任剿撫，全憑兵將應手，臣請於大同鎮屬營路挑選馬兵二百名，就令參將王明池統領，天津鎮屬四協各營挑選馬兵二百名，就令守備高雲統領，押護內帑，隨後起行。臣先帶官丁一百名，懇給驛馬一百匹，以便兼程前往，俟抵任後，再將兩鎮官兵應留、不應留之處，另疏題請。而兩鎮官兵隨臣遠行[5]，准放本兵餉銀三個月，沿途賞給糧單，家口懇准坐糧，使無內顧，各兵既肯踴躍前去，而臣少省照管之心[6]，庶得一意料理地方。

以上情節臣不得不冒昧仰懇，總爲封疆至計[7]，伏乞皇上睿鑒敕議，仍祈不拘常例，允賜施行。

康熙十五年二月初四日奉旨："户、兵二部速議具奏。"

坐名題帶將備疏

密奏爲破敵衝鋒必需勇將,指臂得力[8],全在親旅,臣懇准帶親信將弁,以期滅賊,蚤奏蕩平事。

臣思逆賊王輔臣素有梟名,今計窮負固,知其不能生[9],必下死力。皇上不以臣爲不才,簡用提督,雖軍機緩急有大將軍等調度,然寧夏切近平慶,且官兵兩經事故,臣敢不竭盡心力,籌思萬全,仰副我皇上西顧耶[10]。

臣查大同鎮標參將管遊擊事王明池,久經戰陣,諳練戎行;直隸提標參將管遊擊事裁缺候補趙彝鼎,年富力強,堪資親信;霸州營中軍守備高雲,才識明敏,善知火攻;寶坻營守備吕自魁,膽勇素著,足備禦侮。天津鎮屬經制千總師帝賓,把總王朝幹、楊大孝、張汝青,大同鎮標經制把總王隆,暨部劄功加都司謝應魁、千總馬武、李世勛、密自強,隨征官楊魁春、李坤、韓正魁等,或經臣熟試,可寄心膂,或隨臣多年,曾著戰功,皆能充以指臂[11],臣請帶赴軍前報效,遇有相應員缺[12],具題補用。今各官既舍現缺前往,與尋常隨征不同,伏乞皇上不拘常格,不靳優賞,各准實陞一級,照銜給俸,而諸弁頂戴天恩[13],自是奮身爭前殺賊,[14]臣亦藉以鼓舞,得收蕩平之效矣。

至趙彝鼎,係臣族侄,例應回避,但值多事之時,臣身孤孑,左右必須親信。查前經略臣洪承疇曾將前標總兵南一魁之胞弟南一才題補南一魁標將,行間用人,惟期指臂得力[15],或不在常例論也[16]。合并叙明,仰祈睿鑒,敕部議覆施行。

康熙十五年二月初四日奉旨:"兵部速議具奏。"

密陳地方情形疏

題爲密奏滿漢官兵,并報地方情形,仰祈睿鑒事。

窃思臣本庸質散材，原無寸長可紀，蒙我皇上不世寵遇[17]，委以巖疆重任，一切軍務地方[18]，以及邊外蒙古，聽臣相機而行[19]，臣敢不竭盡心力，期出萬全耶[20]。如前此陛見[21]，微臣慮及寧夏人心渙散，官兵疑懼，驟難為用，孰期逆賊猖獗，竟敢長驅直犯寧夏，而河東一帶屯堡蹂躪不堪，地方震動，人心洶洶。臣於三月十一日抵定邊，副將柯彩同士民留臣候兵，不可輕進。十二日到花馬池，接副將賴塔稟報，內稱"有賊兵二千、偽總兵二員從甜水河前來劫臣、劫餉"等語。寧夏既知有賊前來[22]，竟不發兵，臣若疑畏不前[23]，勢必誤事。

今臣已疾趨抵任矣[24]。人心粗定，地方稍安，皆仰仗我皇上天威[25]。惟逆賊雖遁[26]，尚未解散；兵民雖定，尚有疑懼。臣思逆賊一日不滅，臣心一日不安，細繹天語有臣"不便離寧夏。選責勇幹副將一員，帶兵一二千名，同滿洲兵丁，令副都統揢塔統領進剿固原"之旨，值此賊遁[27]，使之尾隨[28]，固亦用兵之機。但滿洲、蒙古馬匹瘦弱之甚，隨據員外郎拉都虎口稱："蒙古馬匹不獨瘦損，其十分中無馬者竟有八九。"副都統揢塔口稱"滿洲兵丁十分中無馬者亦有一二"。臣查自提督臣陳福進兵以來，民間轉運糧草於花馬池、定邊等處，甚是苦累，而固原兵潰，不獨車牛、糧草棄失[29]，民夫亦多被害。及至惠安之變，人心渙散，催徵不前，以致滿洲、蒙古馬匹瘦斃，良有由也。

今寧夏道臣黃宣泰告病守制，新道未至，兵糧為重，臣豈敢以非其職任，膜外視之。隨曉諭士民，嚴責衛官，急急催車，官兵糧米已按日供給，料豆亦在催辦。惟是草束[30]，地方用盡[31]，除招買三十萬之外，再難搜刮。查據滿洲、蒙古各章京口稱"日用草一萬五千束"計之，則此三十萬招買止足二十日之用[32]。臣再四思維，滿洲、蒙古兵苦，必須入城休息，馬瘦必須上槽喂養。今不獨草束無出，而疑懼之兵民甫定，又恐生變，且滿洲、蒙古馬匹，臣未到之先，業已放青矣。趁此青草漸茂，馬匹於沿河東、西兩岸就場牧放，而臣亦在急急鼓勵將士操練兵馬。

至下馬關，係寧、固交壤要地，自惠安變後，亦被賊脅從，并同心城等處,臣俱差人發示招撫,觀其向背,再行相機[33]。此寧夏滿漢官兵并地方情形,臣謹具實入告[34]。伏乞皇上睿鑒,敕諭微臣,遵奉施行。

康熙十五年四月十一日奉旨:"覽卿奏,已抵寧夏到任,并鼓勵將士料理地方情形,知道了。該部知道。"

招撫河東地方疏

題爲密奏報明逆賊蹂躪地方、潛遁情形并安撫過屯堡,仰祈睿鑒事。

臣查自提督臣陳福遭變之後,逆賊直犯寧夏,而河東上八堡、下八堡以及韋州、惠安等堡俱被賊脅從,止有靈州一城固守,賊勢猖獗,民命不堪。臣於三月十二日到花馬池入境,十五日抵鎮任事。查據署花馬池副將事參將高忠報稱[35]:"於本月十五日午時,有韋州把總張大合帶領家人一名,騎馬三匹,從賊營盤逃回,口報'賊於本月十二日先發步賊,十三日馬賊俱已起營往南去訖'。"又據靈州參將楊三虎報稱:"本月十五日據本營原差管隊倪友回報,'探得十三日,賊自靈州起營,至漢伯、忠營,金子山下營①;十四日從金子山起營往南張恩、鳴沙等堡去訖'。"又據玉泉營遊擊柳生甲報稱:"據防河鎮標前營守備周鼎、玉泉營千總閻成龍報稱,捉拿浮水人口稱逆賊李黃鷹十八日統領馬、步賊,起身往南去訖。"又據參將楊三虎報稱:"本月二十日據兵丁郭萬忠回報:'探至威武堡地方,賊於十八日自威武堡由四口子②、香山去訖。'"各等情到臣。臣一面批行再加偵探,一面備查地方

---

① "金子山":當指"金積山"。《〔嘉慶〕靈州志迹》卷一《地理山川志第三》載:"金積山,在州西南一百餘里。"

② "四口子",當指"寺口子"。據《〔道光〕續修中衛縣志》卷二《建置考·堡寨》載:"寺口子,爲通蘭州、平涼擔茶聽要路,設有汛防。兩山雄峙,一溝中通。南達靈州白崖口,東北通寧安、永宣諸堡,山坡石徑頗崎嶇,下惟流水溪澗。"

情形。隨據吳忠堡民馮卜俊、馬從儒赴臣處討示安民，臣念驚魂不定之民[36]，准發告示安撫去後，而鳴沙、張恩、宣和、常樂、新舊寧安、永康、威武、吳忠、棗園、新接、金積、秦壩、忠營、漢伯、鹽池、紅寺、隰寧、惠安、韋州二十餘堡堡民田產鳳等相繼投首，討示安撫。又田產鳳、何友才、楊茂春等前後繳到僞劄四十八張，臣俱一一仰體皇仁，給示安撫訖。除僞劄咨送督臣看明酌其焚毀[37]，人民令其各安農業外[38]，惟是地方蹂躪，民生不堪，耕牛俱失，秋成無望，應俟督撫查明具題。

臣謹將逆賊侵犯并遁去月日以及安撫過地方人民據實入告。至河東，堡小民稀，又處星散，赤身百姓[39]，原非強賊之敵，一時被脅，情有可原[40]。臣叩懇聖明，俯賜鑒宥，大開寬赦，使驚魂甫定之民，頌我皇上如天之仁，丕美萬萬世矣[41]。

康熙十五年四月十一日奉旨："覽卿奏，逆賊潛遁并安撫過地方情形。知道了。餘着議奏。該部知道。"

糾參貪婪營將疏

題爲貪官違禁扣餉，已干功令，律載不貰，當此地方有事，猶敢大肆剝兵[42]，法所難容。[43]臣謹據實糾參，仰祈聖明亟賜乾斷，立加處分，以正人心[44]，以奠封疆事。

臣查提督臣陳福遭變遇害，原因兵餉不清，用人失當，良由營將朦蔽，左右匪人[45]。而中軍一官爲六營八路首領，[46]如遊擊李目，提臣在日，不能善爲輔佐以正引導[47]；提臣歿後，不念封疆爲重，撫安地方，輒敢大肆作奸，竟將遊擊陳民實領到餉銀五萬兩、毛盛生領到餉銀六萬二千兩不送道入庫，照例領放，亦不由署鎮主持，乃私派，每兩扣銀一錢。查放過餉銀八萬三千餘兩，計扣過餉銀八千餘兩。及其事發，乃李目猶言，尚有未扣營帳五千三百餘兩，公然造冊用印呈臣，及閱冊開內多各衙門禮節暨諸私取、私用等項。

窃思督撫提鎮交際，應出己資，原無尅扣兵餉之理，況當多事之時，各衙門未必尚踵陋習。再後營遊擊毛盛生赴省領餉，敢開各衙門使費并盤纏銀二千一百餘兩；又擅將領出餉銀私動三千兩買布，在省每匹價銀二錢二分，至寧散兵每匹作銀四錢，字識施尚志開報與臣訪聞無異。至各營除總扣八千三百餘兩之外，又有私扣，馬兵一名每月扣銀一錢二分，步兵一名每月扣銀八分，中後兩營字識顧進義、袁朝弼開報與臣訪無異。臣思二弁不特扣餉[48]，是時賊寇臨門，兵心洶洶，竟不念朝廷封疆功令國法[49]，是誠何心，奸貪既爲國法所難寬，應照貪官例革職拿問，請敕嚴加治罪[50]，懲一警百，爲天下奸貪戒。伏乞皇上鑒臣愚忠，亟賜乾斷，立加處分。而臣復有請者[51]，副將賴塔、參遊彭宷等均有失查扣餉之咎，理應指參，但念地方多事，正在用兵，并守備、千、把、卑員，叩懇聖明俯賜寬宥。至閫鎮武弁既均在扣餉之列，李目、毛盛生自不便循例批審，及逐一開款，牽累多人，合并叙明。伏乞皇上睿鑒，敕議施行。

康熙十五年四月二十五日奉旨："這所參遊擊李目、毛盛生等侵扣餉銀等項情弊，大干法紀，俱着革了職，該提督嚴提究擬具奏。餘着議奏。該部知道。"

恭謝銀米疏

奏爲恭謝天恩事。

竊臣欽奉簡命，兼程履任，因家眷不便携帶，奏請移住在京，仰邀皇恩，撥給房屋，隆施望外，已倍尋常。今於本年五月初一日接臣子趙弘燦等家書[52]，內云"蒙皇上仁慈，在京家口每年准給米三百一十五石，銀三百兩。應支銀米照官員例，兩季給發"等情。臣披覽之下感繼以泣[53]，雖皇上不靳殊恩，寵賚稠疊，然以微臣當之，實有悚仄難安於懷者，臣惟有盡瘁疆場，矢心圖報已耳[54]，謹具奏聞。

康熙十五年六月初四日奉旨："覽卿奏謝，知道了。該部知道。"

審度進剿機宜疏

　　密題爲進剿之機宜不可失，官兵之得用與否尤須審，謹報明目前情形，仰慰聖懷，并請睿裁事。

　　竊臣奉命兼程，星抵寧夏，逆賊潜遁情形并撫安過大小城堡，繳報過僞劄，業經具題，知蒙皇上電覽[55]。臣又於四月內陸續撫安過香山等堡，暨堡民文士龍、秦緒周、馬邦選等繳到僞劄十九張；又從賊營投出原任鎮標右營千總邢國賓繳到原領部劄一張、前鎮委牌一張；賊營投出僞都司房顯志繳到僞劄二張、僞票諭帖二紙、自刻木關防一個，容臣另疏彙題。查同心城下馬關尚係賊踞。臣思固原一帶地方多係回民，而叛將單繼唐原是回籍，臣推廣皇仁，先示招撫，今繼唐雖以朱龍投順見殺爲辭，未回臣字，然不敢據守同心城，退回固鎮、紅古地方，似有悔罪畏怯之心。隨有同心城民周大朝遣子周泰求撫，臣已經發示安撫外，其下馬關李訓雖不敢明顯差人，亦暗行具字與靈州參將楊三虎，訴其被脅情由，該參將將原字稟報到臣。臣隨於原稟中批"賊勢猖獗，下馬關孤城自不能支，理勢必然。查李訓、方正、馬翰如、宋計斗等擒獻陳江，功績不小，朝廷嘉其忠義，俱照銜授職，部覆通行在案，歷歷可考。今委牌雖失，情出勢迫，然始終不開城門，保全百姓，尤爲有識有見，仰該將即與回字，令其安心，固守城池，仍將逆賊向往情形不時具報，俟本提督提兵會剿之日再爲接見"等語去後。而李訓、方正等復即具稟，備陳"受朝廷豢養之恩，不敢背國"等語。臣亦即發諭，令其安心守城，將固原、平涼情形密探馳報在案。今於五月十五、十六等日，李訓、周大朝遣人具稟到臣，內大略云"探得逆賊前去通渭已大敗一陣，中傷攩回者甚多，固原無多賊，蔡元去救秦州、平涼。賊不比昔日，近來劫掠客商，民心慌懼甚怨，盼望我兵"等語。

　　臣思逆賊王輔臣負固日久，目前雖下死力，然以孤城坐困，終屬釜底遊魂。臣恨不能滅此朝食，以仰釋皇上西顧，[56]而臣亦得稍展愚忠矣。[57]無奈寧夏人情雖已粗定,然疑畏之心,臣終不敢謂其盡釋,而地方之安危,又寧敢置之悠忽。至於營伍,大壞已極,不獨無用之兵驕[58],無能之將悍[59],抑且盔甲、馬匹、火器、什物無一應手。如臣自入城以來,兩月於玆,無一日不操點兵丁,更調可用;無一日不督造器械,務期實濟;更無一時不申嚴將弁,告誡地方。臣之心力於此竭盡無餘矣。而釐剔整頓尚須時日,況敗績之弱旅,未盡撫練;起事之元凶,未即殲除;四境尚有餘氛,兩河不無伏莽。臣若輕出,萬一有變,所取者小,所失者大。是臣鰓鰓焉慮此而不能徑情直遂於進兵者,誠有所大不得已於今日者也。夫進兵速則於根本之重地有關,進兵遲則於剿賊之機宜稍礙。臣再四籌之,但使慎重[60],足計萬全[61],臣何敢徑情直遂,徒用不得力之官兵,而以封疆重計為嘗試也。[62]

今撫遠大將軍已到平凉,各路兵馬齊集,將軍臣畢力克圖以蒙古兵馬計日可到,期於六月中旬即便前進。臣於綠旗官兵中酌其可隨將軍先去者,至期挑選遣發,另疏題報。臣暫守寧夏,保護地方,一面整練兵馬,修繕器具,宜進、不宜進,臣當審時相機以定[63]。或別蒙皇上睿裁,臣未敢擅便,謹將目前情形理合先為奏聞。伏乞睿鑒敕議行,臣遵奉施行。

康熙十五年六月初四日奉旨:"議政王、貝勒、大臣會議具奏。"

帑餉交明道庫疏

題為報明事。

竊臣前赴寧夏,慮及餉道阻梗,疏請內帑十萬兩到彼[64],交付寧夏道收庫[65],如寧夏經制官兵俸餉壓欠,即准按月補給;如無壓欠,該道報明督撫收貯,以備軍餉作正開銷。俱蒙俞允,奉旨欽遵在案。臣於本年三月十五日抵任受事,所有押護帑餉十萬兩,於四月十一日到寧,當令副將王明池、都司高雲眼同寧夏道副使黎士弘兌足十萬兩之數,收貯道庫,旋從庫支領出官兵俸餉三個月,已經給散訖。其支過数目应听宁夏道衙门报销外，今将交付过饷银缘由，理合报明，仰祈睿鉴施行。

康熙十五年六月二十一日奉旨："该部知道。"

题留兵马并请军需疏

密题为请留现在之兵马剿贼，恳讨绥地之军需破敌，仰祈睿鉴，俯允敕议事。

窃臣前疏题请随带天津、大同马兵四百名，俟抵宁夏之日，将应留、不应留之处，容臣另疏题请，业经部覆，奉旨钦遵在案。今平凉负固，川贼出犯，陕西正在用兵，而天津、大同两处咸称承平无事之地[66]，合无将此随带现在之兵暂留军前，随征剿贼，粮饷仍食原旧之粮饷，兵马仍为两镇之兵马，俟平凉、固原克复之后，再议发回。如此，饷不用增添[67]，兵不烦更调，可为两便。再臣前因驰驿兼程，启行仓卒[68]，所请官兵俱存于后，押饷徐进，而官兵竟未随带盔甲。今臣在宁，虽刻日督催打造，每日止成三顶副，尚不足补宁夏官兵之用。时日既已急迫，制造实属艰难，若将各兵现成之盔甲请讨前来以应急需，更出省便。至于破强敌，备战守，得力全恃火攻。今宁夏全无储备火药[69]，制造又复缺乏硫磺。忆臣昔在云镇时，备知大同、阳和两处库贮硝磺甚多，今请讨一万斤。在彼库贮多年，置为无用[70]；在此克城破敌[71]，深属有益。倘蒙俞允，臣敢复有请焉[72]。查二镇各营有年远之旧盔甲，有继造之新盔甲，当此用兵需甲，合无于全镇盔甲中挑选新甲各二百顶副，差拨经制千把一员，并硫磺一同押送，沿途更恳准拨车夫，庶便攸往。

臣从封疆至计起见，不得不一疏再疏，激切恳请，仰祈我皇上睿鉴，敕议施行。

康熙十五年六月十五日奉旨："该部速议具奏。"

招撫河南一帶地方疏

題爲報明撫安過地方并投誠僞官繳到僞劄，謹彙敘情由，仰祈睿鑒敕議事。

竊臣撫安過河東、河南一帶屯堡以及堡民繳到僞劄，業經題明在案。臣續於四、五兩月遍行出示曉諭，并申嚴告誡地方官不得指借從賊搜求已安之民，不得差人下鄉追問既往之事，各宜宣布皇仁，廣示招徠。而香山民人文士龍、秦緒周、馬邦選、王滿倉等前後就撫，共計招安過村莊、堡寨五十餘，水頭文士龍等計繳過僞劄一十九張。又自固原奔回香山民何一秋等二十二名原係逆賊陳彭煽惑招去者，計繳到僞劄二十一張。又原任同心城守備董蕃被賊迫脅，今携子三人奔出投誠，計繳到僞劄六張。又同心城民周大朝率子周泰、周春并掌教鄉約周自禮、楊瑞赴鎮投誠，又從單繼唐賊營内奔出兵民周欽等五名投誠，繳到僞劄二張。臣俱已分賞花紅銀牌，一一撫安訖。今將前由并前報過逃回右營千總邢國賓繳到原領部劄一張、前鎮委牌一張，賊營投出僞都司房顯志繳到僞劄二張、僞票諭帖二紙、自刻木關防一個，相應敘明彙題。及查守備董蕃係僞參將劄付，鄉民何一秋係僞遊擊劄付，文士龍、陳起策、朱進誠、房顯志係僞都司劄付，秦緒周、鄭英、任得貴、高宗智、梁自熊、朱自耀、魏憲章係僞守備劄付，孔一通、杜三貴、張友倉、俞海、芮量、何大時、姬見友、祁伏友、景應舉、梁奉義、周欽、馬世禹、張玘係僞千總劄付，張洪、朱印、陳國敏、高應魁、周君相、李文學、陳弘友、黄奉、胡進榮、朱自雄係僞把總劄付，劉鶯、葉貴、張信道、劉生榮、周浩、金榜魁、池中奎、李尚智、陳良貴、張含玉、王萬雄、馬邦選係僞百總劄付。

臣思兵民被賊脅從，隻身投誠繳劄，原無議敘之例，惟是平涼、固原逆賊尚爾負固，應否量授微銜，隨標效用，以廣招徠。再同心城民周大朝當賊踞城之時，能暗行遣子生員周泰前來投誠，備訴被脅情由,仍不時密報逆賊虛實,實有保全百姓之功,應否量行加恩,以示激勸。至守備董蕃,印劄雖失,然未隨賊去,今奔回投誠,并千總邢國賓未失部劄,均應作何議覆,統聽部奪。除僞劄五十張、僞票諭帖二紙、木關防一個咨送總督查照銷毀,邢國賓原領部劄一張呈繳兵部外,理合具題。伏乞睿鑒,敕部議覆施行。

康熙十五年七月初七日奉旨:"覽卿奏,招撫過地方人民情形并投誠僞官、繳到僞劄,具見實心,任事可嘉,知道了。餘着議奏。該部知道。"

設法擒縛元凶疏

密題爲請旨事。

竊照寧夏自惠安之變,官兵驕縱,地方疑畏,逆賊乘機直犯,而河東、河南各堡俱被脅從,花馬池、興武營以及橫城一帶爲賊梗塞,[73]一時人心洶洶,咸謂不可收拾。臣以君恩深重,何暇計及此身,故不避危險,輕騎入城,除撫安過地方暨群賊遠遁情形,臣屢疏題報在案,今幸無事[74],總皆仰賴我皇上威靈、國家洪福所致。惟是提督陳福乃係朝廷封疆大臣,雖因激變兵心爲衆所害,誅之不可勝誅,然起事必有首倡,不誅何以申其國法?又慮事出闆鎮官兵,舉動大有關碍,速圖則恐輕率,易致僨事;緩圖則恐遲久,懷疑生變。況寧、固接壤,賊近門庭,保無奸宄暗相串通者乎?臣念封疆爲重,期於萬全,是不得不先用撫安之策以慰其心[75],繼用抽練之法以分其勢,想頒敕筆帖式金圖回京復命,自仰邀我皇上洞鑒矣。臣查起事首倡者則平羅營外委把總彭昌年、糧名劉得也,打倒提督、割取其首者則平羅營兵閻國賢、陳進忠也,知情不行舉首、明係主使者則平羅營參將熊虎也。

臣接臣子家信,雖奉有"遲拿蚤拿,聽臣酌行"之密旨,然無令臣就近擒斬元凶,赦其餘黨之天語。臣思事機貴密且不宜遲,原擬設法將元凶誘至鎮城,會同將軍臣畢力克圖一面擒斬四賊,一面出示安衆,然後再請寬赦。而熊虎於六月初四日進城,正在安頓舉行間,乃於初七日准撫遠大將軍移文,內云:"王輔臣請降納款,已經具題請旨。"本月二十日又准大將軍移稱,王輔臣已降,固原地方俱撫,大將軍正在撫安人心。於是微臣又不得不將前後情節據實奏明,請旨定奪。至提督陳福原係激變兵心爲衆所害,若論知情則五營八路隨去官兵孰免其咎,若論起事則十三營皆變,是夜火把如晝,直到天亮,動手豈止四人?臣叩懇聖明,允臣所請,惟將元凶四人就近處斬,傳首京師以徼天下,其餘官兵概請寬赦,以廣我皇上好生之仁。倘蒙俞允,懇請近臣一員幷頒赦旨,星馳赴寧,會同微臣一面擒斬四賊,一面宣明赦旨,以安衆心,地方幸甚,封疆幸甚。再參將熊虎實爲罪魁,疑懼特甚,此番入城大費周折,再難輕放,遂引以他事,於六月十二日摘其印信、派撥官兵看守於公所訖。合幷叙明,伏乞皇上亟賜睿裁,行臣遵奉施行。

康熙十五年七月初九日奉旨:"議政王、貝勒、大臣會議具奏。"

題請會審貪官疏

題爲貪官違禁扣餉,已干功令,律載不貰,當此地方有事,猶敢大肆剝兵[76],法所難容[77]。臣謹據實糾參,仰祈聖明亟賜乾斷,立加處分,以正人心[78],以奠封疆事。

康熙十五年六月二十九日蒙兵部劄付,內開"'職方清吏司案呈奉本部送兵科抄出,該本部覆寧夏提督趙良棟題前事'等因。康熙十五年四月初六日題,本月二十五日奉旨:'這所參遊擊李目、毛盛生等侵扣餉銀等項情弊,大干法紀,俱着革了職。該提督嚴提究擬具奏,餘着議奏。該部知道。欽此。'將遊擊李目、毛盛生等侵扣餉銀情弊應行該提督嚴提究擬,其員缺應聽靖逆將軍侯張勇、提督趙良棟遴選題補。再失察扣餉賴塔等幷守備、千、把等官均應議處,但該提督旣稱'地方多事,正在用兵,俯賜寬宥'等語均免議處。奉旨:'依議。欽此。'"臣思糾劾奸貪[79]、爲國家除害乃臣子應行之事，從公究擬，爲朝廷執法，尤職分所不當辭。臣伏讀俞旨，仰測聖明，蓋以寧夏地方甫定，陝西寇氛未靖，既不循例批發督、撫，令臣就近究擬，總皆皇仁之逮下[80]，可謂無微不屆[81]。而臣亦謂此案株連人衆，[82]若去鞏昌、西安，往返數千里，不獨道路遙遠，提審不便，抑貪官自是支吾破調，[83]承讞自是按事提人，今日調官，明日調兵，勢必經年不了。臣以糾參扣餉之貪官原爲整練營伍、鼓勵士卒，若牽混多人，挨延時日，是整練營伍而營伍反不清，鼓勵士卒而士卒反吃累[84]。

今蒙我皇上敕令，微臣嚴提究擬，臣恨不能蚤結此案，速申國法，以儆奸邪[85]，以安兵心，又何敢辭！但臣自參自審，不無嫌疑，是臣又不得不據實奏明，仰候聖裁。伏乞皇上俯鑒微臣下情，或敕差部員赴寧夏鞫審，或令微臣會同寧夏道官究擬，務使此案蚤結，臣未敢擅便，謹題請旨。

康熙十五年七月二十三日奉旨："該部議奏。"

亟請戰馬盔甲疏

密題爲亟請戰馬盔甲，整飭營伍，以重巖疆征防事[86]。

竊照强兵必資馬力，制勝全憑盔甲，二者三軍之威[87]，缺一不可。臣查寧夏一鎮制設五營八路，自經略臣莫洛用兵以來，計抽調過官兵十四次。繼提督臣陳福進兵於花馬池、定邊以及固原、惠安，兩番失利，而闔鎮官兵馬匹、盔甲竟有不可言不可問者矣，容臣徐爲查明，逐一另疏奏請。如現在存營官自馬匹經臣點閱，不獨中多碎小不堪，抑且齒過病廢，甚至兒馬、騍馬充數，無事徒糜餉乾草料，有事全不得用。因查陝西既中茶馬，寧夏亦應領中，何不請領茶馬以實營伍，而反將無用之私畜虛糜朝廷有用之金錢耶？臣請將寧夏缺額馬一千九百五十二匹中先准撥給茶馬一千匹，將五百匹補額，將五百匹汰更不堪兒、騍自馬[88]。

至闖鎮盔甲,自鎮臣桑格於康熙八年內打造過鐵甲一千七百二十五副,以及多年舊盔甲內有經略抽調者、提督遺失者。今現在存營盔甲不獨多係有甲無盔,甲袖、甲裙不全,抑且俱皆破爛,不堪披戴。臣思盔甲尤為喫緊,勢難緩待,請准造鐵甲一千副,先為分發各營路以備征防。伏乞皇上俯念寧夏嚴疆,為三邊要害,且地方初定,營伍廢弛已極,允臣所請,敕下撫臣,將茶馬准於莊浪、西寧二處就近領中,仍懇比照甘肅提鎮領中事例,選中上號戰馬,或將已中之馬撥給,或俟臣差官到彼選中,務期身大齒嫩,堪以騎征。其打造盔甲錢糧,准動官兵扣存朋合銀兩在於寧夏道庫就便支領,務期應時製造。臣從整練營伍、嚴疆至計起見,仰祈睿裁,敕部議覆施行。

康熙十五年八月十三日奉旨:"該部議奏。"

題報擒斬元凶疏

題為飛報遵旨擒斬元凶,赦其餘黨,地方安堵,人心帖服,仰慰聖懷事。

竊惟提督陳福惠安之變原係激變兵心[89],為眾所害,備載前疏,不敢復贅。今於康熙十五年七月二十四日,臣差官密自功先到,備傳奉旨遣官前來。臣接部文,隨傳集五營及效用領兵各官於後堂,宣明皇上好生之德,凡屬脅從,無論知情、不知情一概寬赦不究,爾在事各官當思朝廷兩番赦宥之恩,可將元凶從實指報,以分首從。而各官亦指平羅營首先倡亂,臣遂將元凶前後設法擒拿,熊虎亦復加鎖。二十七日筆帖式色爾圖齎捧敕諭到寧,臣率闖鎮文武官員於郊外跪迎入城,至公所開讀聖旨,曉諭官兵畢,臣即同筆帖式色爾圖、寧夏道黎士弘并文武各官,將梟弁熊虎,凶兵劉得、閻國賢、陳進忠斬首訖。隨出示,遍行曉諭,仍謄黃頒發各路大小城堡兵民通知外,今將擒斬過元凶日期理合飛報,仰慰聖懷。至地方幸獲安堵,元凶不致漏網,雖臣百計籌畫,實皆仰賴我皇上天威遠播所致,而其間效忠人員隨臣同心盡力、共襄成事者，臣何敢泯，相應一并題明，應否議叙，以鼓後效，伏乞皇上睿鑒，敕議施行。

康熙十五年八月十四日奉旨："覽卿奏，察拿首惡正法，安靖地方，具見籌畫周詳，知道了。餘着議奏。該部知道。"

特參貪劣營弁疏

題爲特參貪劣營弁，以儆官邪，以重封疆事。

臣查寧夏一鎮，自固原、惠安失利變故後，官兵驕縱，人心渙散，營伍廢弛，大費整頓，使營官人人洗心滌慮，盡改前非，急急補救，尚恐不逮，豈堪猶然泄泄[90]。如左營遊擊彭寀原係靈州營中軍守備，乃前提臣拔於卑員中，可謂有恩之知遇矣。而惠安之變，不聞有忠言死力以報，反隨衆爲亂，及至回鎮，猶敢通同大肆扣餉。此固仰邀我皇上弘仁，允臣所請，三頒寬赦矣。豈劣弁全不以君恩國法爲重，猶然不改。且本官既無衝鋒禦侮之才，却有欺公藐法之膽，事事作奸，營伍仍然不整[91]，以致民訕兵怨，穢蹟貼於街市，應照不謹例革職。興武營遊擊李登相無才無膽，難勝邊將之任，且存心不正，性復貪污，竟將該營兵丁十五年六月分月糧米石暗行私折，大膽侵吞。又邊汛不嚴，縱令蒙古偷掠民駝，既經追獲，却暗令兵丁挑選好者寄藏於近邊蒙古之家。把總陳應武，字識徐成儒，管隊喬什七，通事薛科，兵丁楊玉、周德可審證。此一官者當照貪例革職提問。後營守備龍繡縱兵窩隱奸細，既知馬如松係毛盛生家人，事未發不能覺察，事已發匿而不言，且敢虛兵冒餉，亦應革職提問。花馬池營中軍守備杜呈澤自知無才，屢以病辭，營伍廢弛；興武營中軍守備鍾秉宸、平羅營中軍守備黃榜弓馬不嫻，戰陣罔識。三員衛所催征之傳，原非衝邊營備之才，應作何議處，統聽部奪。至千、把總雖係微弁，然皆有領兵之責，若中有弓馬不堪，才力不及，容臣逐一呈送兵部照例斥逐，相應一并題明。臣緣以整練營伍[92]，收拾人心，切重封疆至計起見[93]，伏乞皇上睿鑒,敕議施行。

康熙十五年九月二十七日奉旨:"這所參彭寀等,着分別議處具奏。兵部知道。"

特參浮冒行糧疏

題爲婪弁通同浮冒行糧料草,臣謹遵旨,據實糾參,仰祈睿鑒,亟賜處分,以申國法事。

臣伏讀上諭,諭吏、戶、兵三部:"邇年以來,各處大兵征剿,軍需浩繁,一切供應皆出民力,凡領兵將軍、將弁及地方督撫、文武大小各官俱當以國計民生爲念,潔己奉公,加意撙節,表率屬員,恪遵法紀,以副朕戡亂救民之意。乃有不思剿寇安民,平定地方,專營私射利,糜費錢糧,軍前所用米豆、草束等項,自將軍以下有以自行販買,囑託地方官多取價值,地方官徇其情面浮冒開銷者。亦有地方官販買、支放、多行開銷者。有已備本色不行收納,折價入己者。有民間運到米豆、草束,地方官故意遲延揑勒,及至軍前,又將解官多方刁難,恣意需索,方肯收納者。至於購買馬匹不開實價,以少爲多,濫行銷算,種種情弊,難以枚舉,皆由大小各員互相徇庇,惟知貪利圖便己私,大不合理,應嚴加禁飭處分,以清積弊。以後此等事情發覺者,照貪官例治罪;有能舉首者,從優議叙。着議政王、貝勒、大臣會同逐一詳確定議具奏。特諭。欽此。"該諸王會議:"營私射利,浮冒開銷錢糧等項情弊,販買米豆、草束,囑託地方官收買等項情弊,督撫、提鎮如有射利徇私者,均照貪官例處分。"戶部劄行,臣衙門刊刻告示,通行曉諭在案。

臣查署中營參將事隨征副將王明池呈送驗册三本。據右營守備黃夢龍經造《康熙十四年官兵出征支過行糧料草報銷數目》一本,內開:自十四年三月二十三日起至本年十月二十五日止,官五十四員,兵六千三百四十一名,馬三千四百六十五匹,共支過行糧米豆、草束五十五萬一千四百兩零[94]。册尾登答：以上糧料草束奉文免行扣還。一本自十二月十三日起至本月二十二日止，官五十四員，兵六千三百四十一名，共支過行糧米豆、草束一萬七千有零。册尾登答：十四年分糧米各兵支訖，應於十五年估計糧米内扣除草豆，已在十四年料草内照數扣抵訖。一本開係設防官兵支過糧料草束，又在六千三百四十一名之外，册頭不列總數，册尾不開登答，臣以報銷之數與各兵實支之數不對，訪得夤弁通同朦蔽，虛冒多端，遂發參將趙彝鼎，遊擊柳生甲，都司高雲、呂自魁、周鳳翱審明。據營路字識王建鼎等供出浮冒各款，而黃夢龍始稱原有前提臣用過米豆一千七百三十五石九斗四升，草三萬五千一百八十五束，無處開銷，有中營王副將説寧夏道教灑派在各兵名下，故與原支數目不符。及問王明池，亦以寧夏道爲辭，又稱"原不曾呈請本提督，自己錯了"等語。

　　竊思倉糧升合爲重，設使前提臣果有用過行糧料草，營官據實開明題請，倘念勞臣盡瘁疆場，准其開銷，皇仁浩蕩，恩施自出聖裁，臣下豈可擅私？臣細閲審詳各役供招，内開"提督臣陳福於軍前行糧内原用過料豆八百四十九石九斗四升、草二萬五千八百八十五束，夤弁將中、左、右三營不曾出兵時在鎮城各倉私借自用過豆八百八十六石、草九千三百束。彭寀、劉伯玉、沈鶴混入行糧内開銷，又將十月二十六日起至十二月十二日止，四十五日原係餉銀已到之後，月日所有支過行糧料草，應行扣除還官。夤弁串通倉場，抽換原領，俱那造入餉銀未到之前報銷數内，計虛冒米豆九千五百九十二石五斗三升、草一十三萬九千九百六十七束。又三月内去花馬池、定邊官兵不滿三千，七月内去下馬關、固原官兵不滿四千，竟一概混造六千三百名。字識雖報加兵九百七十名，加馬四百七十三匹，尚屬支飾。又黃夢龍串通己親生員高乾昇私折私兑，雖報折米四百石、草二千束，未必止於此數。又黃夢龍、彭寀、劉伯玉、沈鶴、周鼎等通同將各兵十四年正、二、三、八、九、十、十一、十二各月馬匹、草豆、乾銀暗行抵兑，扣除不放。又抽換原領，改造册籍，種種弊竇，頭緒多端，今該將等呈請必俟刑訊,方得確實"等情到臣。該臣看得人臣事君以忠,分宜廉潔,況國家多事之秋[95],軍需浩繁之際,煌煌天語尤宜省惕,乃貪官婪弁全無警戒,猶然大膽,可謂不法極矣。黃夢龍應照貪官例革職,并主筆之高乾昇亦應革去生員提問,劉伯玉、沈鶴、周鼎應行解任,同已參之彭宷、龍繡均當聽審。至王明池通同作奸,情罪尤甚,臣不敢以臣請討隨征之員寬庇[96],合并指參,應作何處分,統聽部奪。緣係貪官婪弁朋比虛冒行糧草豆,事關重大,臣謹據實糾參,伏乞皇上亟賜處分,敕議施行。

康熙十五年十月十四日奉旨:"這所參黃夢龍等通同浮冒行糧料草,大干法紀,着嚴察分別議處具奏。該部知道。"

捐造盔甲器械疏

題為微臣督率將弁捐造軍器,以資征防急用,仰祈睿鑒敕議事。

竊臣前奉特旨,撫安寧夏,爾時人心渙散,營伍廢弛,經臣兩疏題明,奉旨在案。臣思收拾人心、急救廢弛首在清餉恤兵[97],整頓利器,而馬匹、盔甲尤屬急需。如缺額馬匹,仰邀俞允,准給茶馬,現在陸續牽領;盔甲全不堪披戴,先請准造一千副,缺數尚多。至各兵兩經變故後,軍器什物不獨不全,抑且多不堪用。臣遂督率將弁捐造過緞蟒甲一百副,梭蟒甲二百副,破陣長杷刀四百把,鐮鎗、鈎鎗、長鎗、挑刀四百桿,弓二百張,戰箭一萬枝,鳥鎗、線鎗四百桿,行營砲十位,過山鳥機十桿,綿簾四十牀,馱騾二十頭,通共用過銀五千五百三十兩。內參將趙彝鼎捐銀五百兩,遊擊高雲、呂自魁、李尚翠、胡攀桂各捐銀四百兩,都司周鳳翱捐銀三百兩,守備師帝賓、龔玉柱、李鎮鼎、顧隆、王洪仁各捐銀二百兩,臣捐銀二千一百三十兩。除備造清册呈送兵部外,相應題明,請敕部議。至臣前抵鎮時,人心洶洶[98],各懷疑懼,雖臣宣布皇仁,概邀赦免。然元凶未擒,是非未定,終有疑貳,是臣不得不設法鼓舞安其心,選拔更調分其勢。又不得不藉以選拔,加以賞資，以示親信。查賞過鞍馬、什物、紬緞、袍帽、銀牌等項，共計費過銀一千七百餘兩；又起發奉調湖廣官兵賞過鞍馬、什物銀兩共計六百餘兩：以上皆臣捐資，鼓勵兵將計安反側、仰報國恩萬一者，不敢開冊。惟謹敘明，伏乞上皇上睿鑒施行。

康熙十八年二月十一日奉旨："據奏督率各官捐資製造盔甲、器械等項并賞過銀兩，具見急公可嘉。着議敘具奏。該部知道。"

恭辭房屋銀兩疏①

密奏爲君恩有加無已，臣心揣分難安，謹披瀝下情，仰祈睿鑒慈允事。

竊臣庸愚武夫，荷國厚恩三十餘載，捐軀難報。而前此寧夏變故，皇上不以臣爲不才，特簡馳驛撫安，復蒙皇恩，慮臣內顧，欽賜房屋，優給銀米。爾時臣惟有勉竭駑鈍，以圖報稱，不暇他顧，即年來撫安地方，收拾人心，以及兩次出兵，尤臣子公爾忘私，國爾忘家時也。今寧夏已安，陝西已定，臣思欽賜房屋乃勛臣舊第，極其高大，且左係起修未完之空房，右則緊逼王府。臣之三子雖長成，率皆閑散平人，居處不安，甚非所宜。又時值用兵，需餉浩繁，臣於俸祿之外，在京家口復支欽賜銀米。雖皇恩浩蕩，不靳高深，然臣揣分難安，謹并披陳，仰懇我皇上聖明慈鑒。令臣子自尋平常房屋居住，將欽賜銀兩敕部停止，以充兵餉，留欽賜之米爲臣在京家口養贍，而臣心稍安，則一家大小咸沾皇恩浩蕩矣。伏乞皇上鑒臣愚忠，慈允施行，臣不勝悚切待命之至。

康熙十八年正月二十八日奉旨："該部議奏。"

自陳進兵獨當一路疏

密奏爲微臣年歲漸老，報效日短，願竭愚忠，仰答君恩事。

---

① 康熙四十八年刻本無此篇。

竊臣邊鄙武夫,韜鈐罔諳,仰荷國恩,歷官總兵,自分庸愚,每懷覆餗,我皇上不擯譾材[99],復簡任提督,在京家口又蒙恩給豢養,是臣感激高深[100],捐糜益切[101]。今湖南既定,漢興應服,在皇上救民水火盡有深籌,大將軍已抵寶雞,現在調度,臣則惟有靜聽,不當冒陳。但臣行年五十九歲,素多疾病,自知報效日短,若不乘時努力,更待何時。臣請於本標所屬挑選馬、步官兵五千員名,統領軍前,隨師進剿。倘蒙俞允,臣願當一路,竭效愚忠,仰答君恩。

　　再查寧夏官兵,自固原、惠安兩經變故後,不獨膽氣不振,抑且驕縱成風,動舉乖張,驟難爲用。而臣三年訓練,首先清餉,繼嚴紀律,似覺漸次知法,咸有思奮之心。合并奏明,伏乞皇上睿鑒施行。

　　康熙十八年五月初八日奉旨:"議政王、貝勒、大臣會議具奏。"

攻克密樹關恢復徽州報捷疏

　　題爲報明官兵奮勇,大破賊險,恢復州城,謹報明仰慰聖懷事[102]。

　　竊臣另進一路,仰荷俞允,欽遵在案,繼准撫遠大將軍公臣圖海咨,分派臣取徽州,進八堵山一路,亦經大將軍總疏題明。又准大將軍咨開,内云"貴提督前取徽州,當與平逆將軍畢、涼提孫協力共取。得城之後,約定日期一同起身,平逆將軍等往略陽一路,貴提督往八堵山一路,各自前進"等因。又准平逆將軍臣畢力克圖咨,云"貴提督進取徽州成縣之時,着滿洲大兵分派一股協取"等因。臣至秦州二十里鋪,副都統臣俄克濟哈、護軍統領臣傑印、副都統臣覺和托、提督臣孫思克會臣面議進取。臣以秦州入山進取徽州成縣,其路東則密樹關,現有僞左鎮總兵把守;西則黃渚關,現有僞中鎮總兵把守。又僞杜將軍屯扎大、小焦山,往來接應。若我兵分兩路前進,則賊自不能首尾相顧,副都統俄克濟哈等議隨大兵俱至小川子,再爲分取成縣。查臣一路官兵無多,勢難再分兩路,故從密樹關一路單取徽州,以正兵攻其險要,設遊兵於黃渚關以牽賊勢。臣於初九日抵密樹關,逆賊恃其山險打臣招撫之牌，竟敢出關迎敵。我兵奮勇攻擊，逆賊力不能支，敗遁柞內，猶然架使鎗砲。臣督兵親至柞口，見壕塹柞木層叠，難以用力，即挑選精健兵丁，身背鳥銃，從兩山林木中攀援而上，抄出險隘之後，逆賊始不能敵，我兵破開關柞，填其壕塹，毀其木樁，步步攻進。至魚洞兒關口，逆賊復行拒守，仍敢於林木中伏兵以待，俱被架梁官兵躍出殺敗，奪其關口。查自初九、初十兩日連破關口五道，拆毀柞木樁簽、填平壕塹三十餘處。臣謂兵貴神速，即山險崎嶇，陰雨泥濘，未敢少停。十一日抵江落壩，據鄉民稟稱：“有僞王總兵帶兵於今日蚤逃奔，守關的余副將、馬守備於飯時敗出，未由大路，從南山走了。”又稱：“紅川現有僞杜將軍、王總兵、雷總兵、屈副將下營紅川，係往成縣去的大路，離此五十里，徽州離此九十里。”臣慮敗遁逆兵，若盡入徽州拒守，攻城不易，而紅川現有逆賊扎營，豈可不剿？臣遂分兵兩股，令參將胡攀桂等帶兵從徽州大路前進，臣帶兵由紅川前進，俱於二更起行。於十二日黎明，據前探回報“離此十里對面大山寨子上傳砲有賊”等語。臣即督率官兵，急行間，又據前探引到投出僞遊擊高士英等四名，稟稱[103]：“紅川原係僞將軍杜學，僞總兵王福臣、雷豐，僞副將屈大伸帶兵三千在此扎營，原要前去堵口子，聽的說官兵打開口子進來了，昨夜已將大營起行了，留下的係收後精兵，此大山後修了一條小路，可通略陽、白水江，步人走得，馬兵走不得，他修下這條小路也備人趕他，此路已修下一月了”等語。及臣到，賊俱遁去。臣見其山形勢壁立，林木重重，賊既去遠，難以窮追。又慮胡攀桂等前去兵單，此賊有詐，遂留兵一千防備逆賊，令兵稍緩片時，臣連夜復去徽州。十三日已時接胡攀桂等飛報“有僞總兵王進才、姜廳祿帶賊兵二千，在徽州城外山頂列隊，卑職等掌三股頭子直前，將賊殺敗，徽州已得，令兵把守。除陣斬逆賊不開外，生擒僞遊擊、守備徐成龍等八名，僞兵三十一名，其得獲馬匹、盔甲、交鎗、器械甚多，查明另報”等情到臣。該臣看得，是役也，以臣一身力敵衆渠[104]，官兵數千，敗賊計萬，攻破賊險，恢復州城，實皆仰仗我皇上威靈、國家洪福所致也。除一面招撫百姓，宣布皇仁外，所有首先登山破險官兵、奮勇殺賊官兵及陣斬逆賊，得獲馬匹、盔甲、器械及生擒僞官、投誠僞官以及僞劄等項，并傷亡官兵，臣一時不能備叙，容查明另奏。謹將破險殺賊，恢復州城情節先爲題報，仰慰聖懷。至大將軍進兵舊縣關，距臣甚遠，臣既另進一路，理宜先爲題報，合并聲明，伏乞睿鑒施行。

康熙十八年十月二十九日奉旨："覽卿奏，親率官兵首先進取四川，於密樹關等處地方擊敗賊衆，恢復徽州城，具見籌畫周詳，調度有方，官兵奮勇，深爲可嘉。在事有功人員，着議叙具奏。該部知道。"

用奇破險渡江疏

題爲恭報官兵復敗逆賊，用奇破險渡江，追剿情形事。

竊臣自敗逆賊克復徽州之後，因念地方爲賊盤踞六載，而新復人民須當加意安輯，敗遁餘孽潛入山林，尤宜速靖根株。又慮賊既大敗，兵貴神速，事機不可待緩[105]，遂一面遣發官兵尾追剿殺，一面推廣皇仁遍示招徠，仍痛禁官兵不許搶掠[106]，即雞犬不許驚動。止嚴限三日[107]，盡皆剃髮歸正。招撫安輯間，十八日接據前發官兵呂自魁、王洪仁等塘報内云，一敗逆賊於打火店，再敗逆賊於王家臺，連奪兩處關柞，斬殺甚多，得獲盔甲、交鎗、馬綿、大刀、鳥機等件，并生擒逆賊解驗到臣。又續報"追賊已抵白水江，賊於對岸扎五個營盤，沿江一帶俱下石囤，木椿木柞，設備甚堅，江水浩大。據生擒逆兵及投出僞兵說稱'略陽先來一個僞張將軍帶兵三千[108]，後來一個僞譚五將軍帶兵五千'"等情，請示前來。臣隨留副將石福、守備陳陞會同知州李夢白招撫百姓，嚴謹地方。臣即於十九日率兵起行，二十日抵白水江，見賊對岸營盤、河下設備果屬嚴密，在賊不過恃以山險，[109]憑其水勢，而我官兵委難馳馬，即步兵直前攻取，亦恐無益。臣遂遍詢鄉民，於沿江上下一帶躧水，於稍可過渡之處伏兵，而逆賊處處拒守。[110]於二十一日起至二十五日夜，官兵方始破險，得渡過江，其間攻戰敗賊,語句繁多,不及備敘。再詢投誠僞知縣李㞾言稱:"僞張將軍名雖帶兵三千,支糧實有一千七百;僞譚五將軍者即譚侯第五個兒子,兵名雖五千,支糧實係三千。三個將軍俱皆不大和睦,況略陽倉糧止有大麥七百石,豌豆四百石,此外并無餘糧,不過數日支持。"

臣思逆賊屢敗,已屬喪膽,若略陽乏糧,愈無戰心,兵多易亂,不足爲慮。惟是三路官兵不知遠近,而臣一路官兵尾追前進,似覺深入,然機會不可錯,倘遲疑少停,萬一川糧一到,賊心一堅,復出守險,再言進兵,甚非容易。臣遂不計山險,不計深入,只得督兵前進,總欲蚤期蕩平,仰副我皇上救民於水火之至意也。除破險立戰官兵,奮勇過江官兵,并擒斬逆賊得獲盔甲、器械、馬匹,容臣查明另爲題叙。今將渡江追剿前進情形先爲題明,伏乞皇上睿鑒施行。

康熙十八年十一月初九日奉旨:"議政王、貝勒、大臣會議具奏。"

【校勘記】

[1] 撫心:康熙四十八年刻本作"安撫其心志"。

[2] 練膽:康熙四十八年刻本作"訓練其膽氣"。

[3] 是:康熙四十八年刻本無此字。

[4] 討:康熙四十八年刻本作"發"。康熙四十八年刻本"十萬"後有"兩"字。

[5] 而:康熙四十八年刻本作"其"。

[6] 少省照管之心:康熙四十八年刻本作"亦免顧後之計"。

[7] 至計:康熙四十八年刻本作"起見"。

[8] 指臂:康熙四十八年刻本作"臂指"。

[9] 其:康熙四十八年無此字。

[10] 副:康熙四十八年刻本作"紓"。

[11] 能充以指臂:康熙四十八年刻本作"堪克臂指之用"。

[12] 應:康熙四十八年刻本作"當"。

[13] 而:康熙四十八年刻本作"在"。

[14] 身:康熙四十八年刻本作"力"。

[15] 指臂得力:康熙四十八年刻本作"人力堪以衝鋒"。

[16] 或不在:康熙四十八年刻本作"似不當以"。

[17] 不世：康熙四十八年刻本作"非常"。
[18] 軍務地方：康熙四十八年刻本作"地方軍務"。
[19] 行：此字原無，據康熙四十八年刻本補。
[20] 康熙四十八年刻本"萬全"後有"以少答聖明之隆遇"等八字。
[21] "如前此陛見"及下句之"微臣"等七字：康熙四十八年刻本作"微臣前此陛見"等六字。
[22] 康熙四十八年刻本"寧夏"前有"惟是"二字。
[23] 康熙四十八年刻本"不前"後有"示之以怯"等四字。
[24] 已疾趨：此三字原無，據康熙四十八年刻本補。
[25] 皆：康熙四十八年刻本作"是皆"。
[26] 惟：康熙四十八年刻本作"但"。
[27] 賊遁：康熙四十八年刻本作"逆賊奔遁"。
[28] 使之尾隨：康熙四十八年刻本作"尾追"。
[29] 康熙四十八年刻本"棄失"後有"無存"二字。
[30] 康熙四十八年刻本"是"後有"所需"二字。
[31] 康熙四十八年刻本"地方"後有"業已"二字。
[32] 康熙四十八年刻本"招買"後有"之草"二字。
[33] 再行相機：康熙四十八年刻本作"再爲相機行止"。
[34] 具：康熙四十八年刻本作"據"。
[35] 查：康熙四十八年刻本無此字。
[36] 不：康熙四十八年刻本作"未"，句末有"急須安撫"四字。
[37] 其：康熙四十八年刻本作"量"。
[38] 康熙四十八年刻本"人民"前有"各堡"二字。
[39] 赤身百姓：康熙四十八年刻本作"孤子小民"。
[40] 情有可原：康熙四十八年刻本作"情可矜原"。
[41] 丕美萬萬世：康熙四十八年刻本作"將頂戴於生生世世"。
[42] 猶敢大肆："猶""大"，康熙四十八年刻本作"仍""恣"。
[43] 康熙四十八年刻本"法"字前有"猶爲"二字。
[44] "正人"：康熙四十八年刻本作"安兵"。
[45] "兵餉"至"匪人"等十八字：康熙四十八年刻本作"營將蒙蔽，任用匪人，以致兵餉不清，兵心生變"。
[46] 而：康熙四十八年刻本作"且"。
[47] 以正引導：康熙四十八年刻本作"道之以正"。
[48] 二弁不特扣餉：康熙四十八年刻本無此六字。
[49] 竟：康熙四十八年刻本作"二弁"。
[50] "功令國法"至"治罪"：康熙四十八年刻本作"爲重，功令國法可畏，尚敢恣意扣餉、剥

削穷兵，其心可誅，其罪亦斷難貸矣，相應請旨革職，拿問究擬”。
[51]　“奸貪戒”至“臣復”：康熙四十八年刻本作“貪弁之戒，臣再”。
[52]　康熙四十八年刻本“趙弘燦”前有“廕生”二字。
[53]　繼以泣：康熙四十八年刻本作“極涕零”。
[54]　“實有”至“者臣”：康熙四十八年刻本作“中懷慚愧，寢食難安”。“矢心圖報”：康熙四十八年刻本作“勉圖報稱於萬一”。
[55]　電：康熙四十八年刻本作“睿”。
[56]　以：康熙四十八年刻本無此字。
[57]　矣：康熙四十八年刻本無此字。
[58]　康熙四十八年刻本“兵”字後有“甚”字。
[59]　康熙四十八年刻本“將”字後有“偏”字。
[60]　但使慎重：康熙四十八年刻本作“務使計劃慎重”。
[61]　足計：康熙四十八年刻本作“謀出”。
[62]　重計爲：康熙四十八年刻本作“大事輕爲”。也：康熙四十八年刻本作“耶”。
[63]　康熙四十八年刻本“以定”後有“行止”二字。
[64]　到彼：康熙四十八年刻本作“隨臣攜帶”。
[65]　交付：康熙四十八年刻本作“到時交”。
[66]　稱：康熙四十八年刻本作“屬”。
[67]　餉：康熙四十八年刻本作“則餉”。
[68]　啓行倉卒：康熙四十八年刻本作“倉卒啓行”。
[69]　康熙四十八年刻本在“火藥”前有“之”字。
[70]　置爲：康熙四十八年刻本作“久置”。
[71]　在：康熙四十八年刻本作“當”。康熙四十八年刻本“破敵”後有“之時”二字。
[72]　臣敢復有請焉：康熙四十八年刻本作“伏祈敕部行知，抑臣更有請者”。
[73]　以：康熙四十八年刻本無此字。
[74]　今幸無事：康熙四十八年刻本無此四字。
[75]　是：康熙四十八年刻本無此字。
[76]　猶：康熙四十八年刻本作“仍”。大：康熙四十八年刻本作“恣”。
[77]　康熙四十八年刻本句前有“尤爲”二字。
[78]　以正人心：康熙四十八年刻本作“以安兵心”。
[79]　奸貪：康熙四十八年刻本作“貪弁”。
[80]　逮：康熙四十八年刻本作“恤”。
[81]　屆：康熙四十八年刻本作“照”。
[82]　而：康熙四十八年刻本無此字。
[83]　抑：康熙四十八年刻本作“而”。

[84] 吃：康熙四十八年刻本作"受"。
[85] 奸邪：康熙四十八年刻本作"貪殘"。
[86] 康熙四十八年刻本"征防"前有"以備"二字。
[87] 威：康熙四十八年刻本作"急需"。
[88] 自：似當作"之"。
[89] 原係激變兵心：康熙四十八年刻本無此六字。
[90] 猶：康熙四十八年刻本作"仍"。康熙四十八年刻本"泄泄"後有"從事"二字。
[91] 然不整：康熙四十八年刻本作"不整頓"。
[92] 緣以：康熙四十八年刻本作"因"。
[93] 切重封疆至計：康熙四十八年刻本作"鞏固封疆"。
[94] 兩：康熙四十八年刻本作"有"。
[95] 康熙四十八年刻本"況"字後有"當"字。
[96] 寬庇：康熙四十八年刻本作"姑寬曲庇"。
[97] 恤：康熙四十八年刻本作"練"。
[98] 洶洶：康熙四十八年刻本無此二字。
[99] 菲：康熙四十八年刻本作"菲"。
[100] 是臣：康熙四十八年刻本和清華抄本作"臣之"。
[101] 益：康熙四十八年刻本作"愈"。
[102] 謹報明：據康熙四十八年刻本無此三字。
[103] 稟稱：清華抄本作"概稱"。
[104] 力敵衆渠："力"，原作"立"，據康熙四十八年刻本改。"渠"，康熙四十八年刻本作"賊"。
[105] 待緩：康熙四十八年刻本作"緩待"，清華抄本作"稍緩"。
[106] 痛：康熙四十八年刻本和清華抄本作"嚴"。
[107] 嚴：康熙四十八年刻本無此字。
[108] 説稱：康熙四十八年刻本作"稱説"。
[109] 以：康熙四十八年刻本作"其"。
[110] 而：康熙四十八年刻本無此字。

奏疏存藁卷之二

恢復略陽縣城克捷疏

題爲官兵大敗逆賊，直抵略陽，恢復縣城，恭報克捷情形事。

竊臣督兵破險渡江，追賊前進，業經題報在案。查自十月二十五日夜渡江，二十六日黎明追賊抵八堵山入箐，臣見地勢險要，將官兵分爲三敵，仍嚴諭整肅前進，步步防備，逆賊果於八堵山、大梁一帶排列陣勢以待。臣慮山高陡險，逆賊全憑火器，隨傳令後哨官兵於兩山及溝箐攀樹而上。逆賊雖大砲齊發，官兵以綿簾遮當，直攻近前，賊恃檔木爲牆，堅守不退。我兵用火礶噴筒，方始克敵，賊遂大敗，陣斬滾崖不計其數，生擒及倒戈投降者三百餘名，得獲盔甲、馬匹、鳥機、刷刀等項甚多，餘孽滾崖而逃。隨據陣擒逆兵供稱，"杜將軍敗回，原不敢迎戰，因吳將軍發來譚五將軍下交鎗手一千前來，於八堵山接應廝殺，又聽得說從九股三川發兵，要抄大兵之後"等語。臣以勝兵直下，不暇他顧，遂於二十七日戌時抵略陽。見城內大火燭天，隨據投誠僞副參李作相等迎臣馬前供稱，"吳將軍同張、譚二將軍都在城外山上扎營，聽得大兵已過八堵山，殺敗接應之兵，各自拔營逃奔"等情。臣即發遊擊呂自魁、李尚翠，守備龔玉柱，隨征參將周世通等帶兵追剿，仍令官兵入城救火，於二十八日出示撫安百姓，遍招四山落草僞兵。

查原任略陽僞知縣李扈，官兵未到，能假催糧之便渡江，繳印繳劄投誠，順義可嘉。臣以地方新復，急須能員料理，遂委署知縣，撫安百姓。至投到僞總兵、副、參、遊、都、守、千、把等官約計百員,僞兵二千餘名,并得獲馬匹、盔甲、器械、印劄等項,以及生擒僞官、僞兵,傷亡官兵、跌死馬匹、有功官兵,均俟臣查明,另疏題報。臣謹將恢復克捷情形先爲題報,伏乞皇上睿鑒施行。

康熙十八年十一月十三日奉旨:"覽卿奏,率領官兵追剿逆賊直抵八堵山,斬殺甚多,賊寇敗遁,恢復略陽縣城,得獲馬匹、器械、印劄等項,具見調度有方,將士奮勇,深爲可嘉。在事有功人員着議叙具奏。兵部知道。"

恭報僞鎮官兵歸誠疏

題爲恭報僞弁率領全鎮官兵投誠,順義可嘉,微臣仰遵敕諭,照銜給牌招撫,謹題明[1],伏懇從優叙録,以廣招徠,以利收川實效事。

竊臣督兵大敗逆賊,於十月二十七日抵略陽,恢復縣城,即遣官兵追賊,并遍示招撫情形業經題報在案。十一月初一日,據臣原差招撫千總王國興、隨征都司江澤長領到逆賊王屏藩下僞中鎮改戎旗左鎮總兵官王進才差人并投到僞官兵册一本、稟一件,傾心投誠。臣即遵照敕諭謄黃宣布我皇上寬仁,回札即令前來去後,於初三日該總兵到略陽,隨帶左、右二營領兵僞遊擊二員,僞守備三員,僞千總三員,僞所千總一員,僞隨征都、守、千、把、通判、知縣等官二十三員,馬、步兵丁一千二百三十五名。繳到僞鎮銅關防一顆,僞中軍遊擊銅關防一顆,僞所官銅方印一顆,僞劄四十八張到臣。該臣看得,叛賊變亂之後,凡貪名圖利、亡命之輩希僥倖於一時者有之,被脅煽惑、雖悔而不能自由者有之。如僞總兵王進才者,前據投誠僞副將屈大伸、僞守備馬一心皆言久有向化之心,爲賊衆防範甚嚴,而徽州士民咸稱爲人忠實,不縱兵擾民。及臣面見,材質雄壯,談吐老成,且備陳川蜀虛實,大有可用。臣叩懇聖明,敕部從優議叙,以廣招徠,以收實效。所有繳到僞印三顆、僞劄四十八張送部外。至於該總兵所帶之兵與臣陸續招到之兵約計三千餘名，欲全留在營，苦略陽無糧，欲盡令解散，深為可惜。臣遂挑選堪以充戰者留營，應解散者盡皆給照，令其回籍為民，其陸續招撫投到偽總兵、副、參、遊、都、守、千、把以及知府、知縣、雜職等官均俟招撫完日，移送大將軍總為彙題，合并聲明。伏乞皇上睿鑒，敕部議覆施行。

康熙十八年十二月初二日奉旨："議政王、貝勒、大臣會議具奏。"

請叙投誠以廣招徠疏

題為恭報投誠文武官員仰懇從優議叙，以廣皇仁，以信招徠事。

竊臣仰仗天威，克復徽州、略陽，已經題報在案。所有投誠官員，臣遵奉敕諭，宣布皇仁，遍示招撫，凡有翻然悔悟爭先來歸者，許以原官，仍按功叙錄。查逆賊偽將軍吳之茂下領兵副將屈大伸帶子偽遊擊屈匡并偽守備、千、把王星等六員、兵三百名於十月十四日首先投誠，繳到偽劄一十二張；徽州偽知州蔡廓於十五日率領偽州判張贊、偽吏目張起鳳投誠，繳到偽銅印一顆，偽劄三張；鳳縣偽城守副將管參將事郝俊龍帶兵八十名，於二十一日前來投誠，繳到偽銅關防一顆，偽劄四張；略陽營偽守備馬一心帶兵二十三名，於二十二日軍前投誠，繳到偽劄一張；略陽縣偽知縣李扈於二十三日前來投誠，繳到偽銅印一顆、偽劄二張、偽牌三張，各等情到臣。該臣看得偽知州蔡廓、偽州判張贊、偽吏目張起鳳、偽副將郝俊龍不隨賊去，傾心投誠，理當遵照敕諭題叙，嘉其效順。至於偽副將屈大伸久有向化之心，礙於牽制，今帶兵來歸，實為首先倡義；而偽知縣李扈官兵尚未到略陽，假以催糧之便，捐棄妻子過江迎臣投誠；暨偽守備馬一心與我兵對岸拒敵，乘夜帶兵來歸，均宜優加恩賚以獎其誠。臣叩懇聖明，敕部不必拘其常例，在外量給劄付，即准從優叙錄，給以原銜部劄，以信招徠，如此則從逆官員仰望皇恩，靡不奔馳恐後矣。緣係文武傾心，首先歸誠事理本應咨呈大將軍彙題，但大將軍隔遠，而臣急在平定地方，鼓勵人心，合并敘明。其陸續招撫到僞遊擊、都司、守備、千、把、知縣、教官五十七員，并僞兵二千三百餘名，多係徽、秦土著之人，俱經查明，應留營者留營，應解散者，當即剃髮，令其回籍爲民。再前後生擒僞官、逆兵二百六十七名，臣亦皆仰體皇上好生之德，俱令剃髮存營，以示招徠。所有繳到僞劄、牌票八十八張，統俟平定漢興之日總報大將軍彙題，聽候部議。如臣捐資賞過袍褂、靴帽、鞍馬、銀牌等項另爲題報，[2]今將繳到僞印三顆、僞劄一十二張、僞牌三張具文送部外，相應具題。伏乞皇上睿鑒，敕部議覆施行。

康熙十八年十二月初五日奉旨："該部議奏。"

恢復陽平關報捷疏

題爲恭報續遣官兵分路追剿，恢復過地方，并敘明前後敗賊情形事。

竊臣大敗逆賊，恢復略陽，暨分遣官兵追剿情形已經題報在案。臣思沔縣、陽平、寧羌爲川蜀水陸咽喉，而略陽四面皆山，敗散逆賊潛伏自多，尤宜速靖根株。臣隨於續到官兵内挑選稍堪前行馬匹、兵丁，令遊擊吳志、王洪仁，隨征遊、都馬成虎、許洪德等統領，於三路繼發，接應前發官兵，并偵探漢中逆賊情形，以及棧道官兵遠近，再分遣步兵於四山搜剿去後。於十一月初二日，據遊擊呂自魁等塘報，"卑職等二十八日離縣追剿八十里無賊，二十九日前進間，忽聽東山砲聲，據橫塘探馬報稱東山有賊，卑職等隨撤兵入山追剿[3]，果見步賊約有二千，率多拐子交鎗，倚山恃林扎站，抵敵官兵。卑職等見山勢陡險，馬匹不能直前，遂督率官兵并馬分路攻殺，逆賊大敗。當陣斬殺及滾崖跌死二三百名，生擒三十餘名，餘賊鑽林滾崖而逃，因天晚收兵。據生擒逆賊供稱'我們俱是四川人，係譚將軍下兵，發來略陽應援的，原是三千，十五日漢中起身，十八日到略陽。二十二日發我們一千去八堵山，一千從九股三川小路上出，去許家壩過河，要在徽州來的路上抄大兵之後邀截斷糧。二十六日到河上，聞得說大兵二十五日從乾溝過江，我們遂不敢前去，奔回半路上又遇着八堵山敗遁的兵合夥，大家不敢往略陽去，亦不敢上大路走，要從山裏逃回入川'等語。卑職等因山大林深，且馬匹難行，仍撤兵由大路前行，三十日於沮水地方，離沔縣四十里，與棧道一路前探官兵相抵。有下馬關參將郝善、隨征副將徐大仁云稱奮威將軍於十月二十七日到漢中進城，他們二十八日起身到沔縣。查漢中府到沔縣一百里平路，略陽到沔縣一百八十里山路，一并報明，卑職等今暫扎營於沮水候示"等情。初三日又據前遣遊擊李尚翠等塘報"卑職等自接官亭分路，除沿途追剿零賊不計，於三十日抵陽平關，逆賊正在過江，望見我兵，分頭迎敵。卑職等奮勇直入，殺敗逆賊，擁過江去，當陣斬殺及水淹約計千餘，生擒八十餘名，卑職等隨督兵過江追殺二十里，天晚收兵。往前係四川龍安地方，據生擒逆兵供稱，'吳之茂於二十九日蚤已過江，往白水壩奔龍安去了，此係後隊并八堵山敗回之兵，張、譚二將軍未從此路來'等語。其生擒逆賊得獲馬匹、盔甲、器械并陣亡、帶傷兵丁卑職等查明，另爲具報"等情。臣隨飭令遊擊呂自魁等統兵亦赴陽平關，協同遊擊李尚翠、吳志等把守關口，偵探逆賊，安撫百姓。又初四、初五等日，節據搜剿官兵所報，斬殺過逆賊，招撫到僞官、僞兵總叙不開外。該臣看得逆賊屢敗，勢如破竹者，究以財盡力窮，兵民離怨，我皇上命師征討救民水火，正其時也。

今漢南既復，陽平、略陽又爲川蜀水陸咽喉，而敗遁餘孽不過釜底遊魂，旦夕可滅，太平之兆於此見矣[4]，總皆我皇上洪福齊天，念切生民之所致耳。至臣自十月初九日攻克密樹關，破險殺賊，恢城前後各案，生擒逆賊五百餘名，陣斬水淹、滾崖六千餘名，得獲馬、騾七百餘匹頭，鐵盔一千餘頂，鐵甲三百餘副，皮盔八百餘頂，綿甲、馬綿一千四百餘件，交鎗、鳥鎗八百餘桿，長槍、刷刀、撒袋、弓刀二千餘件，鳥機三十餘桿，大炮六位，火藥四千餘斤。招撫到僞官，除總兵王進才等、副將屈大伸等另疏題請外，未經題報總兵、副將、參、遊、都、守、千、把潘九蘭、海自文、趙邦祿、趙芳、李作相、丁麒、郭永泰、魏驊等，僞知府、同知、通判、知縣、雜職田大有、鄭文元、張研芳、尹先聲、周文郁等三百餘員，僞兵五千餘名，并各案破險、恢城殺賊有功官兵及傷亡官兵、滾崖跌死馬匹，臣均行令各將弁備查明確，造册詳細呈報去後。俟呈報到日，容臣核明，另爲繕疏題請。臣今分兵駐劄略陽、陽平兩處，聽候大將軍示下，先將分遣官兵追剿、恢復陽平關地方緣由暨前後敗賊克復情形合再一并題明，伏乞皇上睿鑒施行。

康熙十八年十一月二十四日奉旨："覽卿奏，遣發官兵屢次擊敗逆賊，擒斬甚多，得獲馬匹、器械等項，恢復陽平關，招撫到僞官、兵丁人等，具見籌畫周詳，調度有方。將士奮勇，深爲可嘉。在事有功人員着議叙具奏。兵部知道。"

條陳收川方略疏

密題爲欽奉敕諭事。

康熙十八年十一月二十一日，內閣學士兼禮部侍郎臣希福等同臣子趙弘燦到略陽[5]，齋捧欽頒敕諭一道，臣郊迎至署開讀，并學士臣等口傳密旨，臣一一跪聽謝恩訖。我皇上不以臣爲不才，而臣敢不竭盡愚忠，仰答聖明戡亂救民之至意耶。今漢南既復，四川急宜進剿，機會正不可失。查陝西綠旗經制官兵八萬，四路進征，現在軍前暨各口接應約略四萬五六千名，應於此四萬五六千名中挑選四萬，分爲兩路進取四川：一路由廣元取保寧，下重慶，收川東；一路由陽平取龍安，下成都，收川西。其間小徑抄道，出奇制勝，又在統帥者臨時酌宜。而進剿之兵自不爲單，在汛之兵或亦可守。滿洲禁旅，國家根本，自逆賊叛亂以來，南征西討，可謂久苦於外，理宜休養。今收川多用步卒，地勢相宜，況其馬匹數多，需用糧草過倍於漢兵，若駐扎漢中、興安、沔縣，接應兩路，彈壓地方，深爲兩便。至於進川漢兵，行糧須當實切預備，不可緩視。臣請皇上敕令督撫，嚴飭司道，將西安撫臣所屬州縣糧草供給進剿川東一路官兵，將鞏昌撫臣所屬州縣糧草供給川西一路官兵。且兵行糧隨，勢不可缺，轉輸糧草全藉民力，自古于今不易之通理[6]。如前進取漢南，令兵自行裹帶一月之糧，甚非善計。即如漢兵，一馬豈能馱載三斗口糧披甲馳驅？而步兵背負三斗又可登山涉水、遇賊對敵者乎？今不免仍復運送前來，在民未減運糧之苦，在兵已抱裹糧之怨。況連年三邊換班之兵，調鳳翔，調寶雞，調秦州，調清水，以及西和、禮縣、通關、沙窩、香泉等處，曾無止息，所用糧草何往而非小民之力？與其經年苦累無休，何如一勞永逸。譚弘曾受國恩，世爵不小，前之反叛料出逼脅，聞譚詣之子原任花馬池副將，譚天叙現在西安羈候，臣未見其人，未識其面，既係譚弘之侄，皇上開天地好生之仁，赦其已往，召至京師備問詳細，發敕諭一道，令之招撫伊叔，使其來歸，則川東不煩大兵可傳檄而定。即或愚梗不化，留此一人何益？去此一人何損？吳之茂巢穴既在松潘，勢窮自必竊踞，然彼地番民土司久為所苦，我皇上亦發敕諭一道，赦其番族土司，擒賊獻首，亦未可定，是川西一路又省分兵攻剿矣。此臣淺見，俟在陝諸臣回奏，廟謨自有灼見，而命師遣將尤出聖明睿裁。再四川處萬山之中，地險人愚，首要得其民心，禁其搶掠，我皇上屢有嚴旨，臣不當重為奏請。然尚恐奉行未善，紀律未明，有失嘉惠元元之意，臣又不得不鰓鰓為慮。總之，餘孽不難撲滅，而民心一失，大費人力，我皇上敕諭密旨，令臣殫心詳議具奏，臣不揣謭陋，亦惟有矢此寸誠[7]，急在滅賊[8]，以報聖明殊遇之隆恩於萬一耳。除學士臣希福看明外，緣係備陳進剿機宜，貼黃難盡，伏乞皇上睿鑒全覽施行。

康熙十八年十二月初八日奉旨："議政王、貝勒、大臣會議具奏。"

恭謝匾額手卷疏

奏為聖眷有加無已，微臣自分難安，謹具疏恭謝天恩事。

康熙十八年十一月二十一日，內閣學士兼禮部侍郎臣希福、兵部職方司郎中臣吳黑等齎到欽頒敕諭一道，暨臣子廕生趙弘燦齎到御筆扁額手卷，并口傳密旨。臣於郊外叩迎入署，恭設香案，跪聽宣讀祗領，當即望闕叩頭謝恩。除敕諭開載事宜，容臣另疏回奏，仰達天聽外，伏念臣一介武人，才疏識淺，荷國厚恩，畀以邊庭重任，雖夙夜冰兢，恒慮不逮，有負我皇上知人之明。當此南服未靖，而臣以衰朽餘生，即勉承一路，竭蹶駑鈍，尤慮心長力短，委任罔效，乃蒙我皇上不遺譾劣，破格褒嘉，榮逾望外，從古帝王隆遇武臣未有如我皇上今日之盛者也。臣拜瞻聖翰，伏聽溫綸，感痛由中，涕零哽咽，莫知所以，惟有益加砥礪，克殫愚忠[9]，期以盡瘁疆場[10]，而隆恩優賜[11]，傳之子孫，圖報於生生世世耳。臣謹奏謝以聞。

康熙十九年正月十五日奉旨："覽卿奏謝，知道了。該部知道。"

備陳調遣官兵情形疏

密題爲欽奉上諭事。

康熙十八年十二月初五日，准建威將軍臣吳丹咨，"康熙十八年十二月初三日准兵部密咨前事，內開'康熙十八年十一月二十三日奉上諭："陽平關逼近寧羌，係入川之路，沔縣與漢中相近，觀提督趙良棟恢復徽州，直取略陽、陽平關，意欲進定四川，亦不可定。若進定四川，則滿洲大兵不可不隨繼其後。此事關係重大，着議政王、貝勒、大臣會議具奏。欽此。"欽遵。該臣等會議得，"近經臣等遵奉上諭會議，請敕將軍王進寶、提督趙良棟等將已入漢中等處各鎮官兵作何遣調，恢取保寧，平定四川事宜，詳加商定，知會大將軍公圖海等酌量而行；令大將軍公圖海遵旨統兵一半駐扎鳳翔，鎮守陝西全省；將護軍統領吳丹授爲將軍，統領大兵一半，爲將軍王進寶、提督趙良棟等後應，接濟糧餉，務期不致斷絕，與總督哈占等相商而行；令提督孫思克止領伊屬兵馬，遵旨駐扎原汛，防守地方"等因具題，奉旨欽遵行文在案。提督趙良棟仰副皇上擢用，親統官兵，恢復徽州，繼取略陽，今又取陽平關，遣兵往取沔縣。觀趙良棟由徽州路直入，大殺逆賊，平定地方，似欲相機進定四川，倘若不及與將軍王進寶等相商，即乘機進定四川，則滿洲大兵當尾隨殿後，輓運糧餉，源源接濟，此事所關最為重大。'上諭：'允當相應遵行，請敕將軍吳丹、總督哈占等速統大兵，為進定四川兵馬後應運送糧餉，源源相繼，毋誤軍機可也'等因。康熙十八年十一月二十三日題。本日奉旨：'依議速行。欽此。'為此合咨貴將軍欽遵施行等因，准此擬合咨商，為此合咨貴提督，煩為查照。作何相機而行、的於何日起程，希速咨覆前來，以便即發接濟貴提督後應官兵而行"等因到臣。

　　臣查略陽乃大將軍原派四路所指之地，而陽平又為川蜀門戶，且係大江緊要關口，理當急取。至逆賊敗遁，尤宜乘時進剿，蕆定四川，仰副我皇上戡亂救民之意。故臣於恢復略陽之後，即分遣官兵直抵陽平關追殺逆賊過河，并發往沔縣官兵亦檄調俱守陽平關，以備入川，此臣急欲恢疆滅賊，愚忠業蒙我皇上聖明蚤已洞鑒矣。且欽奉上諭，敕令將軍臣王進寶暨臣將已入漢中等處各鎮官兵作何遣調，恢取保寧、平定四川事宜詳加商定，知會大將軍公圖海等酌量而行。臣仰承天語，益當努力，如大將軍前題進剿漢南，綠旗官兵除接應不計外，原進興安一路一萬，小川子一路一萬，棧道一路一萬二千，而臣進八堵山一路五千，四路共計三萬七千，提臣孫思克遵旨帶回原汛五千，尚該三萬二千，無論何標何鎮，盡數派出，通融分撥，令臣兩人統領前進，後繼滿洲大兵，可以平川。如再從此三萬二千中減略，不獨四川一省九府地方遼闊，山險人愚，抑且緊鄰雲貴，不可不防，不可不重。今准將軍臣王進寶回臣咨覆內云，"本將軍轄屬官兵，因彼時軍機緊急，無論衝緩，概為檄調，業經酌將衝要地方官兵量行發為汛防，并重傷病弱者亦即令其各歸原營矣。所存標路止有五千有餘，并延綏鎮屬一千四百名，又調後應延綏、漢中、興安官兵二千六百名以資進剿外，其貴提督一路官兵應聽貴提督酌裁調遣"等語。是將軍臣將棧道一路已入漢南官兵發回原汛、原營者五千六百名矣。又文叙移准大將軍暨總督皆稱不便,"懸定越議,應請貴將軍暨寧提趙裁酌而行",却皆不言原進興安一路官兵。又秦州副將楊三虎呈稱,"原帶西寧鎮官兵五千員名内,遊擊趙元輔帶兵一千五百名,奉提督孫遣發去階文,不知遠近;遊擊趙光榮帶兵一千名,奉提督孫留防小川子一帶,防護糧路;又撥兵二百五十名貼防成縣;卑職止帶馬兵五百名,步兵一千七百五十名。今奉總督部院牌行,令卑職打造船隻、料理糧運"等語。以此觀之,是臣通無可以調遣之兵矣。臣欲止帶本屬官兵取路前進,而臣五千官兵中又豈無傷亡病弱者?不獨兵單,不敢輕忽,抑恐有辜上諭,欲備陳請旨,而進剿機宜不可再緩,臣只得將興安一路官兵指出,再文請調四千并申飭楊三虎速速飛調官兵,聽候挑選入川,不得推阻。除咨呈大將軍移文總督暨將軍臣吳丹、王進寶請速發去後[12],俟調撥官兵到日,臣即起行先赴大安驛會齊,遵旨進取保寧,平定四川。應如何破險殺賊,分取地方,均俟將軍臣吳丹、王進寶暨臣確議,另爲題報。臣因進取四川,事關重大,且兩奉上諭嚴切,謹將在外調撥官兵前後情形一并題明。緣係兩奉上諭,調撥官兵事理,貼黄難盡,伏乞皇上睿鑒全覽施行。

康熙十八年十二月二十一日奉旨:"議政王、貝勒、大臣會議具奏。"

題報得獲賊糧接濟軍需疏

題爲欽奉上諭事。

康熙十八年十一月二十六日奉兵部劄付前事,"康熙十八年十一月十四日奉上諭,諭:'户、兵二部前據大將軍等疏内曾稱"王屏藩等於漢中、興安等處率賊數萬堅守抗拒"等語,以此觀之,必有數年儲備糧餉。今我大兵驟入殺敗賊衆,恢復地方糧餉,諒多得獲。當逆賊已敗,彼中猜疑,人心渙散之際,破滅賊寇、恢復地方尚似不難。惟川路運糧所關最爲緊要,於恢復城池村落,遍訪賊積米糧,查收節用,是爲緊要,進川官兵不誤支給,則於國家大事裨益非淺,各將軍、大臣等各宜盡心聚糧，將漢中等處所獲錢糧節省支用，副朕滅寇安民至意，以後所至地方惟以收賊糧餉爲急務。爾二部即遵諭速行。欽此。'合劄該提督欽遵施行"等因。臣隨行臣標中軍參將胡攀桂等查報去後，據稱"自十月初九日攻克密樹關起，至三十日恢復陽平關止，凡攻破逆賊營盤、恢復城池，有賊放火燒毀者，有原無積貯餘糧者。查紅川營盤内得獲麥豆八十七石，打火店廟内得獲小麥一百八十六石，略陽得獲火燒灰土大麥、雜糧一百三十石，陽平關遊擊李尚翠、守備龔玉柱續報得獲火米京斗一千一百二石，四起共糧米一千五百零五石，因前行糧米未到，有支給進剿官兵者，有支給投誠官兵者。至追賊駐扎陽平官兵，行糧不及運送前去，全支此項糧米。已行遊擊呂自魁、李尚翠開報細數，到日另爲呈報"等情到臣。臣查前在白水江與賊對壘攻戰時，因兵糧不接，已將打火店小麥按兵給散接濟訖，其陽平關糧米亦因行糧料豆不接，准其動支。所有進剿官兵支過糧米自於各官兵應支行糧米内扣除，而投誠官兵臣因見其窮苦，除當即解散者不計外，應留於軍前以備入川者，每名每日准米一升糊口，如此項投誠官兵支過糧米應否恩准開銷，或仍於各官兵俸餉起支之日照數扣除，統聽部議，伏乞皇上睿鑒敕部議覆施行。

康熙十九年正月二十五日奉旨："將軍趙良棟擊敗賊寇、撫定地方，將賊各處所有糧米盡行收取，支給兵丁，星速前進，有裨進剿機宜，深爲可嘉。該部議奏。"

題請投誠官兵俸餉疏

題爲請明投誠官兵隨師入川，懇照例議覆，以資進剿，以期克效事。

竊臣自敗逆賊，克復徽州、略陽、陽平以來，前後招撫投誠官兵，如僞總兵王進才率領全鎮官兵來歸，副將屈大伸、參將郝俊龍、守備馬一心等首先投誠，經臣題疏并繳印劄，仰懇從優叙錄，迄今未奉部文。今奉上諭，急在進兵，臣思入川必須量用投誠官兵，不獨熟悉道路，抑且推廣皇仁以示招徠。查王進才爲王屏藩下内標中鎮改戎旗左鎮，其人老成練達，素有膽勇，備知川中虚實，臣請照漢中、興安投誠總兵事例，准帶兵入川，以期克效。其副、參、遊、都、守郝俊龍、賈明經、趙邦禄、馬登仕、魏驊、席宗林、李守春等均堪領兵，臣因兵餉浩繁，亦不敢過爲請留，止選得勇壯鳥鎗手兵丁五百名以備入川，亦懇照漢中、興安事例，令王進才等如何統領，并如何准給俸餉，均俟部議定奪。伏乞皇上睿鑒，敕部議覆，速爲行臣遵奉施行。

康熙十九年正月初四日奉旨："該部議奏。"

報明略陽起行日期疏

題爲報明微臣起行日期事。

竊臣欽奉上諭，酌量遣調入漢官兵暨在外官兵情形，并求於原進興安一路官兵一萬中派撥四千，檄調楊三虎所統官兵到日即便起行，先赴大安驛會齊，遵旨進取保寧，平定四川等緣由，已經具疏題明。續准撫遠大將軍公臣圖海咨覆，内開"除移文總督將伊標并興安鎮標官兵酌量調遣外，今將隨本大將軍、靖寇將軍并隨征總兵王好文、趙名友三標共挑選一千名，候文到即行遣發"前去。又准總督臣哈占咨覆，内開"興安一路原進官兵一萬之内，興安鎮屬官兵，興安既復，俱留本汛固守新復地方。希貴提督徑行興安鎮取調一千員名，靖寇將軍標下官兵係隨大將軍標下之官兵，本部院不便擅行挑撥，本部院標下原帶馬兵四千名、火器步兵二千名，因運送軍需，沿途需用重兵防護，且漢興新復地方，解散投誠官兵頗多，又須重兵彈壓，本部院每慮兵數不敷，但進剿關係重大，當爲挑選一千名，俟貴提督起行之日，先文即令馳赴貴提督軍前，跟隨進剿"等因到臣。

臣思進定四川，兩奉上諭，何等嚴切，理當乘時急取，仰慰聖懷。今督臣以運送軍需，沿途需用重兵防護，漢興新復，必須重兵彈壓，於已入漢中、現在就近六千標兵中止撥一千，却令臣遠於興安移調，又必等候階文官兵，是以入川進剿逆賊爲緩爲輕，而以防護留守爲急爲重矣。時日迫切，再難往返。遊擊趙光榮、趙元輔，守備孫國祥官兵遠自階、文、西和催調前來，於十五、十六等日方始到略陽，臣即於十七日起行，前赴大安驛會兵外，其所統入川官兵數目，臣先到大安驛候各處官兵到齊，見數另爲酌定具題。謹將微臣自略陽起行日期先爲題報，伏乞皇上睿鑒施行。

題報會師入川進剿疏

密題爲恭報微臣已抵大安，會師入川進剿事。

竊照進取保寧，平定四川，兩奉上諭，而臣調集官兵於十二月十七日自略陽起行，已經具疏，題報在案。今於本月二十日抵大安驛，二十一日會同將軍臣王進寶、吳丹、佛尼勒，參贊臣傑印，副都統臣覺和托面議進剿機宜。臣以川路狹隘，且逆賊吳之茂、杜學、汪文元等現屯扎於白水壩、青川一帶，在我肘腋之下，自踵昔年故轍，於陽平、朝天、廣元、昭化斷我糧路，此川西之患不可不防，而寧羌通巴州，又川東要隘，不可不慮。故臣前於欽奉敕諭一疏，有從兩路收川之條奏，如一路由廣元取保寧，下重慶，收川東；一路由陽平取龍安，下成都，收川西。兩路聽奮威將軍臣王進寶任擇進一路，臣進一路，不獨使狡賊首尾不能相顧，抑且收功迅速。而將軍臣等以兩路并進相去太遠，又稱糧運接應不前，況聞王屏藩現在金屏山下營，應從一路先取保寧、白水壩，止可撥兵二千於對江扎營，俟兵到廣元、昭化再議分剿。至臣請於原進興安一路官兵一萬中派撥四千，屢文移催，今到大安驛，止有靖寇將軍標兵一千名、總督標兵一千名，臣只得於臣原進八堵山一路寧屬官兵五千名中盡力挑選四千名，又於續調寧屬後應守兵一千中挑選五百名、略陽營挑選四百名、陽平營挑選二百名，并甘、寧撫標四百名，副將楊三虎、遊擊趙光榮、趙元輔等所統西寧鎮官兵挑選三千五百名，共一萬一千名，臣統領於十二月二十一日自大安驛同將軍臣王進寶起行前進，其一切後應以及接濟糧餉聽建威將軍臣吳丹等分布外，相應具題，伏乞皇上睿鑒施行。

康熙十九年正月初五日奉旨："議政王、貝勒、大臣會議具奏。"

密陳悖旨并報分兵進剿疏

題爲密陳悖旨并報明微臣分兵進剿事。

竊臣前奉敕諭，條奏平定四川由兩路進兵，業經議政王、大臣會議，奉有敕下將軍臣王進寶同臣會議具題到日再議之旨。查兵部與將軍臣王進寶咨，係由鳳翔棧道、漢中御塘撥什庫於十二月二十日午後在大安驛送到之文，臣等會議在二十一日，乃將軍臣等竟不將奉旨部文拿出會議，亦不通臣知道。而兵部與臣之文，係由秦州、西和、略陽御塘承差於十二月二十三日酉時在寧羌方始送到。臣隨差官將部文送與將軍臣王進寶看并詢兵部與伊之文在於何日，雖將軍臣王進寶推查不能急口而應[13]，後改於二十一日[14]。而御塘底簿可查[15]，撥什庫可問，即使二十一日文到，亦當通臣知，同臣議，豈有將奉旨會議之事竟置不問，乃以"無容議"三字自行題覆，不獨欺臣無臣，抑且目無聖旨。更可奇者，本後自定取保寧、取成都，將臣及一路官兵不言一字。臣思朝天、廣元賊自不守，若白水壩、青川賊退，兵下龍安，則保寧之賊自無能爲矣，而成都係平坦川面，城池不堅，從來難守。重慶依山環水，譚逆土兵熟習火器水戰，白水壩爲全蜀之頭，有大江之險，且逆賊現有三個將軍、十數總兵把守。是取川西先難後易，取川東先易後難，顯而易見。前在大安議話時，臣當同將軍臣吳丹等面言，川東、川西兩路憑將軍臣王進寶揀擇一路，臣取一路，而將軍臣王進寶不肯分取，是不走川西，不任川東。今題本內云自取保寧，自取成都，是止擇其易者而爲之矣，不識置臣一路官兵當於何地，臣若不言，則師出無名無向[16]。況將軍臣吳丹等原議明兩路官兵先鋒營俱在前走，臣與將軍臣王進寶一處一日前行，臣隨言將軍自是前行，提督在後，惟是山大地狹，官兵歇頭下營處所必須通融妥便。原議大安驛起行，將軍臣王進寶先行至列金壩下營，次日臣至寬川鋪下營，又次日將軍臣於寧羌下營，又次日臣於黃壩驛下營。今將軍臣王進寶俱違前約，推以兵丁占歇，致臣一路官兵不分晝夜，至二十五日尚未到齊。查大安至寧羌止九十里，五日四夜馬未去鞍，人未停腳，而官兵咸以人不能住歇、馬匹不能喂養爲苦爲怨。至寧羌，到黃壩驛，應臣一路官兵起行下營之地，而將軍臣王進寶又復發兵起行占歇矣，臣之官兵只得擁擠守候。且本内不言臣一字，行走又復違越其約[17]，先鋒又不用臣一路官兵。臣窺厥乃心全無公念，如前遇城池，賊守則自候兵到，不守則自爲報功。在臣之心，惟有仰報聖明，終臣前疏則已[18]，原無望功之心，但所統官兵皆係朝廷官兵，人誰無心[19]？豈盡無功名之念，肯甘心尾隨人後，徒自受苦耶？更慮將軍臣王進寶報功本到，我皇上豈不問臣所統官兵竟在何處，是臣認咎不是，不認咎不是，將欲住守請旨，不獨軍機不可緩，而部文現有"若進定四川必分兩路，則趙良棟亦給與將軍敕印"，臣雖至愚，豈不慮自涉欲爲將軍之譏乎？但將軍臣王進寶將奉旨會議事理可以不通臣知，可以不同臣議，是心可忍孰不可忍？如此之事可行，何事不可行？此臣甚可寒心者。倘不急急分路，若仍在一處與之爭論[20]，不獨貽誤軍機，抑恐大負皇上倚任之重。況勢敗之賊所當分頭剿殺，一路滿漢三萬多兵實實擁擠不開。今臣只得遵奉議政王、大臣會覆上諭："觀趙良棟由徽州路大殺逆賊，平定地方，似欲相機進定四川，倘若不及，與將軍王進寶等相商，即相機進定四川。"又諸王會議："現今如有進定四川之機，即一面酌行，一面奏聞。"臣遂於十二月二十六日自寧羌起行，分路於陽平關，過江剿殺白水壩、青川之賊，相機平定地方、恢復城池外，所有微臣分兵前進及前後情形不得不備陳於我皇上聖明之前也。

總之，臣前以微臣年歲漸老，報效日短，願竭愚忠，仰答君恩事一疏獲罪於衆，迄今群起爲難[21]，而臣一忍再忍[22]，因進征爲重，封疆爲大。今將軍臣王進寶無理至此[23]，而臣不得不言[24]，不得不避。緣係陳明悖旨并分兵進剿前後情節，貼黃難盡，伏乞皇上睿鑒全覽施行。

恭報入川進剿日期疏

密題爲恭報微臣督兵過江，入川進剿日期，并再備細陳奏兩路進兵，務期萬全，仰慰聖懷事。

臣查白水壩乃川江上流第一緊要關口，與昭化脣齒相接，有白水壩則昭化可守，有昭化則保寧可守，是逆賊以重兵屯扎於此者，深有謂也。如我兵進取保寧，必須昭化過江，抄金山之後，如不能過昭化之江，直去保寧，自是兩持，則白水壩、青川之賊踵蹈往昔，出陽平、寧羌、朝天、昭化、廣元沿江一帶，抄我兵之後，斷我兵之糧，此十三年大兵於盤龍山乏糧受困之明驗也。臣前欽奉敕諭，條奏兩路進兵者，正所謂破賊狡謀，使其首尾不能相顧，出情勢所必然，亦前車之證驗。即在大安驛會議，將軍臣王進寶欺隱部文，臣雖未見奉旨之行，而兩路進兵自屬妥當，遂前後譬論言之，至再至三。且兩路任憑將軍臣王進寶揀擇一路，如願取川東，則臣取川西，如願取川西，則臣取川東，此臣公忠之心，將軍臣吳丹等可証可問。在將軍臣王進寶不走川東，不任川西者，窺測其心，既不舍保寧，又不肯下川東，欲貪取成都，又不肯走陽平，過三道大江，蓋彼題疏中自言"臣取保寧、臣取成都"已見其大意矣。而將軍臣吳丹等亦不欲兩路前進者，不過因兵單不便分開，惟是兩路官兵一路前進，加以滿洲後應之兵三萬有餘，且馱馬、帳房、米糧等項實實擁擠不開[25]，前進之兵既不照後，後隨之兵勢必夜行，不獨兵疲馬斃，有傷根本，抑恐狡賊於險隘抄出，即有後應之兵，豈能遍處防護，是白水壩應進一路官兵，勢不可少。臣前分兵時，倉卒繕疏，未及備陳，謹再詳細奏明，仰慰聖懷。

至臣與官兵此行益加激奮，務期破險滅賊，盡奏蕩平。臣於二十七日抵陽平，二十八日督兵過江，前發入川進剿。倘能仰副我皇上救民水火之仁，則白水壩險關一破，昭化之賊自遁，全蜀指日而定矣[26]。貼黃難盡，伏乞皇上睿鑒全覽施行。

白水壩浮水過江敗賊報捷疏

題爲官兵仰仗天威，奮不顧身，浮水過江，攻破險要，大敗逆賊，全蜀指日可定，謹報明克捷情形，仰慰聖懷事。

竊臣自寧羌分路抵陽平關，督兵過江入川進剿情形業經兩疏題明在案。臣於康熙十八年十二月二十九日率兵抵白水壩，逆賊隔江對岸下四個營盤，渡口用石囤、木柞、木簽架使槍炮，我兵綁皮袋筏子隔江攻奪渡口一晝夜，奈江水汹湧，逆賊死守，火砲重密，官兵難以用力。臣即傳諭各官兵："爾我激奮前來，原爲仰報朝廷，尚不用命，更待何時？"遂不用筏子，不拘渡口，挑選膽壯大馬，官兵重披馬綿，於十九年正月初一日黎明派定總兵王進才，參、遊、都、守呂自魁、王洪仁、趙元輔、劉虎、李洪、許洪德等各帶所部官兵，分三股頭子直擁過江，逆賊大砲齊發，出木柞石囤接戰，官兵奮不顧身，爭先勇往，溺水砲傷者固有，而勇敢之氣喊聲震天，滿江皆兵，逆賊膽落，不能抵敵，大敗奔山，連破兩個營盤，陣斬、滾崖、水淹約計千餘，生擒、倒戈者三百餘名，得獲盔甲、器械、旗幟、馬匹等項甚多。隨據生擒僞守備郭景儀等暨繼綁到重傷僞都司朱文玉等供稱，領兵係僞汪將軍、姜總兵、劉總兵、李總兵、王總兵、徐副將、沈副將，其青川尚有毛總兵、賀總兵、雷總兵下營，古城吳之茂下營等語。臣一面催令步兵綁木筏，速速渡江，剿殺奔山逃遁之賊，臣督大隊官兵前進追賊，因追賊緊急，不及備叙繕疏，已將大概情形塘報兵部，代爲先行啓奏訖。該臣看得白水壩乃川江上流第一緊要關口，與昭化脣齒，原係四川後門，俗語鐵門坎[27]，故賊用重兵把守。今既攻克，官兵可以直下成都，是破其腹心矣。腹心既破，則全蜀指日可定，總皆仰仗我皇上天威之所致也。其有功官兵、傷亡官兵及得獲盔甲、馬匹、器械等件，容臣查明，另爲題報，伏乞皇上睿鑒施行。

康熙十九年正月十七日奉旨："覽卿奏。率兵進剿四川逆賊，直抵白水壩，浮水過江，攻破逆賊營寨，擒斬甚多，得獲器械、馬匹等項，具見籌畫周詳，調度有方。將士奮勇，深爲可嘉，在事有功人員着議敘具奏。兵部知道。"

青川石峽溝大敗逆賊報捷疏

題爲再報官兵追剿，直抵青川，大破賊衆，陣斬僞鎮，逆渠喪膽，并報龍安文武投誠，恢復府城克捷事。

竊臣前於白水壩督兵過江，大敗逆賊，追殺情形已經另疏題報。臣因兵既深入，乘賊敗遁、驚散之際，難容遲緩，不計程途遠近，盡力追趕，如白水壩距青川三百里山路，我兵於正月初一日過江剿殺追賊起，曉夜奔馳，於初三日午時臣抵青川。據前探官兵報稱，"逆賊汪文元等自白水壩敗遁至青川，毛、賀、雷三總兵接應，共合兵四千有餘，不敢守城，適成都大路奔逃，卑職等并力追趕，離青川二十餘里，賊於石峽溝伏兵抵敵，卑職等現在攻剿"等情傳報前來。臣即嚴督後隊官兵馳至，果見兩山夾溝，逆賊恃其險要，憑其火器，甚是鴟張。我兵俱屯夾溝，難以用力，即令官兵并馬分爲左右上山。總兵王進才，遊擊黃進忠、馬登仕、吳志，都、守李洪、許洪德等領兵由左；參、遊、都、守呂自魁、王洪仁、龔玉柱、孫洪育、李世勛、周士通、馬成虎等領兵由右；俱令攀崖鑽林而上，直抄賊後；令參、遊、都、守胡攀桂、鄭羆、趙元輔、李尚翠、劉虎、孫洪謨等從正路夾攻，上下相應。逆賊見我兵登山，度不能支，即欲敗走，我兵堵截，大殺一陣，自未至酉，殺死約計七八百名，生擒倒戈者五百餘名。守備龔玉柱陣斬僞總兵劉得芳、把總李印芳，生擒僞副將徐棟，逆渠汪文元隻身滾崖而逃，其餘僞鎮各逆陣斬、滾崖跌死尚未分辨。除仍嚴督官兵分爲兩路，連夜追剿，直下成都,不可少緩。臣收兵安民繕疏間,龍安僞總兵姜應熊,松威道李成棟、錢受祺,知府宋永祚等文武投誠,容臣查明印劄,另爲具題。有功官兵、傷亡官兵及得獲盔甲、器械、馬匹、旗幟、劄付等項,查明另報。又據倒戈僞守備李復業供稱,"劉得芳係汪將軍下中鎮總兵,徐棟係姜總兵下右營副將,俱爲經制領兵官,今日殺死者尚有領兵官多"等語[28]。該臣看得青川一城乃川西四通首要之區,南去成都,北通階、文,東接保寧,西界松潘,爲賊聚兵之所,亦賊必防之地。而陽平一路官兵於白水壩渡江,實出不意,今直搗其腹心,用之得力,成都自不能守,是臣前疏全蜀可期蕩平之首驗也。惟是保寧距成都八馬站官路,不及六百里程途,而白水壩距成都一千一百里山路,遠近既殊,合并叙明,伏乞皇上睿鑒施行。

康熙十九年正月十七日奉旨:"覽卿奏。率領官兵追剿逆賊,直抵青川,大破賊衆,陣斬僞總兵劉得芳等,得獲盔甲、器械等項,恢復龍安府城,具見籌畫周詳,調度有方,官兵奮勇,深爲可嘉。在事有功人員,着議叙具奏。該部知道。"

克取成都報捷疏

題爲官兵仰仗天威,屢敗逆賊,直下成都,克取省會,文武投降,全城底定,謹恭報大捷情形事。

竊臣於正月初一日督兵破白水壩賊險,浮水過江,初三日大敗青川之賊,并龍安文武投誠緣由,臣一面繕疏具題,一面催督前探官兵急急尾追,直下成都,不可稍緩,使賊有備,再發二敵官兵接應。而龍安僞總兵姜應熊,僞川西道李成棟、前任道錢受祺,僞知府宋永祚,僞知縣張雲鳳,僞參將伏應登,長官司王鎮,土通判王啓睿等文武各官率領兵民、番族人等繳印繳劄投誠。除當即賞給袍帽、鞍馬等項并委副將石福帶兵一千名前去龍安駐防,招撫松潘一帶地方,又留遊擊馮德昌帶兵一千駐防青川,臣即督兵前進。隨接據前鋒總兵王進才,参、遊王洪仁、吕自魁等塘報，"卑職等追賊過青箐山，不分晝夜，不顧深箐、險隘冰滑，逆賊見我兵追急，於深箐、林木、險隘處所用鎗砲、大刀，拚命堵當，我兵俱是步步努力攻進。此山上下五十里，前後陣斬、滾崖跌死逆賊約計千餘，生擒二百餘名。初四日申時追至舊州明月江，有逆賊復來應援之兵斷橋守江，架使鎗砲，卑職等督兵浮水直擁過江，大殺一陣，擒斬四百餘名。據生擒偽官王見、李應龍等供稱，'偽將軍吳之茂於十二月二十四日自古城起身，二十八日到江油縣過年，總統王將軍調了他兩次，叫去昭化接應。初三日聞的說大兵過了白水壩的江，打發李總兵帶我們兵一千來此堵截拆橋'"等語具報到臣。臣以成都爲逆賊根本首要之地，若敗賊入城攻圍不易，遂傳令總兵王進才，參、遊王洪仁、趙元輔、吕自魁、李尚翠、吳志、柴英、李洪、劉虎、岳天壽等分兵兩路，直撲成都。臣督後隊官兵兼程前進，於初八日至綿竹地方，偽勁武將軍汪文元迎臣，繳印投降。初十日抵漢州，拿獲偽監軍同知楊逢志，執逆渠王屏藩與偽虎牙左將軍韓天福公文一角，據稱"奉差成都公幹王屏藩、譚弘俱在保寧設備死守，伊於正月初四日離保寧，大兵尚在廣元"。又稱"保寧實不知有此一路官兵從白水壩過江前來，連小的到漢州尚且不知"等語。及閱逆渠手札，係安慰逃官、逃兵之語。又據前探官兵王進才、王洪仁等報稱，"卑職等官兵追賊，不分晝夜，偽將軍吳之茂係在先逃走，汪文元追急就降。偽總兵王國臣、李國華、盧景泰、雷豐、毛正議等俱各大敗，四散入山奔逃。初九日追了一夜，黎明搶門入城，已將四門把守官兵遵令俱在城上列隊候示，有偽將軍韓天福在前奔逃，偽巡撫、總兵、文武兵民現在剃髮，伺候投降"等情到臣。臣即督兵連夜前進，十一日黎，偽四川巡撫張文德、偽成都鎮總兵王夢楨、王屏藩下偽前鋒總兵藍兆周、偽援剿後鎮總兵林國勝、偽坐鎮總兵費培壯、偽漢鳳鎮總兵張友成、偽靖蘆鎮總兵牟漢鼎、吳之茂下偽前鎮總兵郭繼祖、偽內標中鎮總兵張象華等，偽司道董定國、王律、南廷鉉、黃起廕等，偽副、參、遊、守陶國相、官進俸等文武大小官二百餘員，紳士、商賈、兵民數千，於二十里鋪迎臣投誠。臣遂一一宣布我皇上寬仁，各宜安心，不得驚慌，并痛禁兵丁不許搶掠。入城，即爲出示安民。查僞將軍一員，僞巡撫一員，僞司、道、府、州、縣二十二員，僞總兵一十八員，僞副、參、遊、都、守、千、把一百六十三員，各標營僞兵五千餘名，臣俱令各該總兵備細造册，容臣查點明白，酌定安插，而倉庫錢糧即委僞按察司董定國署布政司事，清查造册，不得欺隱。其文武僞官前後投誠緣由，繳到僞敕、僞印、僞劄數目，得獲盔甲、器械、砲火、馬匹等項，倉庫錢糧、撫司册報容臣查明，另疏題請開報。而屢捷殺賊、恢城有功官兵，沿途追賊、遇陣傷亡、水溺官兵，十三年旗下被難官兵、苦獨力，寶雞益門鎮帶傷、被執靖寇將軍標下官兵，亦俟查明具題。

　　至生擒僞官、僞兵，臣仰體皇上好生之德，俱令剃髮，示以不殺，以廣招徠外，該臣看得成都一府乃四川省會，爲雲南門户，既爲我取，則滇黔震動，且素稱沃野千里、人民財賦之鄉，逆賊失此則無所恃矣。至官兵不出十日而下，雖曰兵貴神速，然實由出其不意，總皆仰仗我皇上天威，國家洪福所致。惟是官兵不分晝夜，追賊緊急，如白水壩至成都一千一百里程途，而荒野蠻徑，兼之高山深箐，大江惡石，實有一千五六百里篤遠。馬匹沿途損傷、丟棄者不計，即已到成都者率皆疲乏已極。除遣總兵趙名友、遊擊趙光榮、守備于成龍帶兵一千前去中江縣潼川州收復地方，接應保寧，遊擊馬登仕、守備葉自昌帶兵五百名前去招撫黎雅通建昌之路。又令守備陳英同投誠副將蘇虎、遊擊馬忠帶兵五百名前去簡州、資陽招撫地方，偵探重慶之賊，再遍發告示、令旗招撫遠近州縣山林之民并敗賊落草僞兵，俟官兵到齊，馬匹稍歇，再爲分遣，相機進剿。臣繕疏間，復有吳之茂下僞左鎮總兵王國臣前來繳印、繳劄投誠，臣亦撫諭安插訖。相應一并題明，緣係官兵屢敗逆賊，恢復四川省會，恭報大捷情形，貼黃難盡，伏乞皇上睿鑒全覽施行。

　　康熙十九年二月初二日奉旨："覽卿奏，率領官兵沿途剿殺逆賊，星馳前進，直抵成都。僞將軍汪文元、僞巡撫張文德、僞總兵王夢楨等文武官員人等相率投誠,恢復省城,具見籌畫周詳,調度有方。首倡入川,長驅克捷,將士奮勇,深爲可嘉。在事有功人員着議叙具奏。兵部知道。"

題請安插投誠官兵疏

題爲成都既定,松潘招撫投誠文武官員理應請旨安插,以奠封疆事。

竊臣前欽奉上諭,條奏兩路進兵者,因十三年大兵於盤龍山乏糧受困,詢諸投誠官兵,咸稱逆賊從青川、白水壩出陽平、寧羌、朝天、廣元、昭化,抄我兵之後,斷我兵之糧故也。雖彼時進兵,諸臣不然兩路,而臣破白水壩之險,大殺青川之賊,直下成都,不十日而搗其腹心,全川底定,豈不爲奇正兼施、兵貴神速之證驗乎?聖明在上,自有洞鑒,臣何必頻言再奏。惟是將軍汪文元追急投降,成都文武不及戰守而順[29],官兵搶門入城,原與傾心投誠者不同,因雲貴尚在負固,人心尚在疑畏[30],此臣又不得不叩懇聖明,請開寬典,以廣招徠。

查臣自恢復龍安,克取成都,招撫松潘、黎、雅、邛直隸等州,投誠過僞將軍一員,僞總兵二十四員,僞副、參、遊、都、守、千、把三百餘員,兵五千餘名,僞巡撫一員,僞司道、府廳、州縣、雜職一百餘員,土司一十三處。臣思此項官兵必須安插穩妥,庶可無慮。臣請照漢中投誠事例,每總兵一員留兵五百名,下設遊擊一員、守備一員、把總二員,當選總兵六員,挑兵三千名隨臣征剿,爲國效力。其餘兵二千及庸常不堪之官,臣給執照,俱令解散爲民,其不領兵應隨征者,各照僞銜削去一級,換給劄付,隨征效力。所有僞文職、司道、府廳、州縣容臣試其才能,察其實績,堪任者另疏請旨,不堪任者,旗下官員勒令回旗,吳逆藩下之人請旨安插,而各省民籍之人無論科目別途,聽其自回原籍,以示我皇上寬仁。至僞巡撫張文德,正黃旗廕生,既係旗下人,又爲僞巡撫,不便留川,理應候旨回京。而臣復有請者,投降隨征武職官員，既不便一一請領兵部劄付，大將軍駐劄隔省，又復遠寫[31]，臣既為一路總統，應否准臣就近換給劄付，合并敘明，統聽議覆，臣未敢擅便。伏乞皇上睿鑒敕議行臣遵奉施行。

康熙十九年二月十六日奉旨："議政王、貝勒、大臣會議具奏。"

恭謝將軍敕印疏

奏為聖明恩遇過隆，微臣撫躬難安[32]，時以恢剿方殷[33]，謹仰承寵命，恭謝天恩事。

康熙十九年正月二十五日准兵部咨文，從御塘頒發到微臣坐名敕書一道、勇略將軍銀印一顆，臣率行間將弁郊迎至署，恭設香案，望闕叩頭謝恩訖。念臣邊鄙散才，碌碌常人[34]，謬任巖疆，每懷不逮，即前此請定漢南，今議兩路平蜀，實皆由我皇上念切民生，人心正合天意[35]，而臣不過盡其職分[36]，敢當敕諭褒嘉恩隆若是耶[37]。理宜具實引辭以安愚分[38]，但時當用兵[39]，正臣下努力之秋[40]，又不得不仰承寵命，益加黽勉。除臣祇遵開印任事外，謹恭謝以聞。

康熙十九年二月二十日奉旨："覽卿奏謝，知道了。該部知道。"

續報招撫偽鎮官兵疏

題為微臣遣發官兵，陸續招撫到偽鎮、偽兵，解散餘孽，仰慰聖懷，以靖地方事。

臣查續經招撫到毛正義係吳之茂下偽前鎮總兵官，李應魁係吳之茂下偽後鎮總兵官，雷豐係杜學下中鎮副總兵，王之翰、王之俊係汪文元下偽中、右二鎮副總兵。再副、參沈道通、白俊、楊福才等暨前陣斬之總兵劉得芳，生擒之副將徐棟，投降之總兵王國臣、姜應熊，將軍汪文元等，皆係前於密樹關、徽州、白水江、八堵山、略陽、白水壩、青川、舊州等處與臣一路官兵屢次對敵、守險抗拒領兵之偽官也。如自青川大敗後[41]，臣思成都爲腹心，若不急急追殺，使其入城拒守，不獨攻圍不易，而臣一路官兵似覺深入，於是嚴督官兵不許馱帶鑼鍋、帳房，止拿隨身乾糧、烘炒，不分晝夜，尾隨追殺。而逆渠有追急投降者，[42]有逃遁入山者，復慮此輩潛伏山林，蔓延爲禍，甚爲不便[43]，遂遣發官兵，多方招撫，方始陸續投順前來，臣一一仰體皇仁，發給照牌安插訖。又段登仕係王屛藩下僞右鎮總兵官，胡振雄係張起鳳下僞中鎮總兵官，劉振傑係張起鳳下僞右鎮總兵官，并副、參蘇虎、畢成英、龍見翼、朱相、姚應方、馬希旺、潘騰鰲、任定國、李先柱、楊玉等各帶兵不等，繳有印劄，投誠前來，查皆係保寧、昭化不戰，自回顧家之官兵，臣亦一一安插訖。二項官兵，雖非首先效順，亦當概請寬仁，應否照臣前疏奏請，各照僞銜削去一級，換給劄付，隨征效力，以廣招徠，伏候睿裁。

至於兵丁，亦止選其堪以入伍者留營，其不堪充兵者隨即給照，解散爲民，所有繳到僞印、劄付另疏彙繳外，相應具題。伏乞皇上睿鑒敕議行，臣遵奉施行。

康熙十九年三月初二日奉旨："該部議奏。"

續報招撫并請土司號紙印信疏

題爲微臣遣發官兵[44]，陸續招撫過各路地方文武官員，并土司、番族人等，謹恭報[45]，仰慰聖懷，以奠嚴疆事。

竊照微臣一路官兵十日之內克取成都，文武投降，全城底定，緣由已經具題在案，而松潘、威茂、黎雅、建昌、敘府、永寧等處臣復兩經遣發官兵去後。查松潘僞署總兵謝掄暨標下中、左、右三營僞遊擊王忠、韓可世、李士麒，漳臘僞遊擊史鳳，平番僞遊擊段成功，疊溪僞遊擊熊夢芳，小河僞遊擊馬守印，威茂僞參將王成庫，黎雅僞遊擊白玉顏，松潘衛掌印僞守備徐永翼，大渡河守禦所僞千總姚文蔚，茶馬僞通判馬俊德，威州僞知州劉星臨，茂州僞知州張懋德，石泉僞知縣熊士章，安縣僞知縣馬希上，漢州僞知州杜同春，綿竹僞知縣蘇龍門，彭山僞知縣朱偉，新繁僞知縣彭如珍，金堂僞知縣王鏞新，綿州僞知州何瀹，崇寧僞知縣楊兆昕，什邡僞知縣蔣玉俟，彭縣僞知縣張廷翰，灌縣僞知縣張以成，郫縣僞知縣王鳴瑞，崇慶州僞知州尚希堯，德陽僞知縣黃彪，彰明僞知縣潘驤，簡州僞知州裴繼遠，井研僞知縣洪瀰，資陽僞知縣王肅，內江僞知縣田鳴鳳，仁壽僞知縣涂應詔，溫江僞知縣宋應鴻，新都僞知縣李湜，資縣僞知縣尹嗣陟，邛州僞知州游恪，大邑僞知縣張蘊，保縣僞知縣潘國忠，汶川僞知縣張五典，洪雅僞知縣何瓊，眉州僞知州羅天柱，蒲江僞知縣蔡乾，夾江僞知縣史紫宸，中江僞知縣趙景清，丹稜僞知縣陳景藩，威遠僞知縣毛雲昇，榮縣僞知縣蘇景湯，雅州僞知州常念玆，名山僞知縣周維新，榮經僞知縣羅安，蘆山僞知縣張學堯等。又黎雅天全六番招討司高一柱、烏思藏大國師野什著麻、靜州長官司董應詔、隴木長官司何延禧、岳希長官司坤倫、長寧安撫司蘇天榮、水草坪土巡檢蘇廷賓、松溪長官司孫萬受、牟托土巡檢溫尚卿、寒水土巡檢高元鼎、瓦寺安撫司坦朋吉卜、雜谷安撫司桑吉朋、永平長官司李聯桂、壩底長官司唐國柱等各率所部官兵，漢土番民前來成都繳印、繳劄投誠，臣俱一一頒賞，換給執照、委牌訖。又僞親軍昭勇將軍劉之衛下中鎮僞總兵李芳述、前鎮僞總兵鄒九疇、右鎮僞總兵蔣榮德、僞坐營副將陳元叙、馬營僞副將蕭琛各率所屬遊、都、守、千、把，差人自叙府前來投誠。又僞川南道郭友龍率叙州僞知府夏允中、僞通判蘭薰，宜賓僞知縣王朝聘、督糧僞同知王基等亦差人前來投誠，臣俱頒賞給示，令其速行前來外。查自破白水壩、青川，恢復龍安，克取成都以來，招撫過僞將軍汪文元，僞巡撫張文德，僞總兵姜應熊、王夢楨、張友成、藍兆周、郭繼祖、費培壯、王國臣、毛正義、李應魁、胡振雄、劉振傑、段登仕、葉桐、張象華、林國勝、牟漢鼎、李執中、梁凝禔、蕭應舉、馬進玉、王美、楊應麟、劉光臣、陳元、孫攀孝、劉耀潘、彭鄭萬、梁履泰、王勝等，僞副總兵雷豐、王之翰、王之俊、陳賢等，僞副將、參、遊、沈道通、蘇虎、費重振、仲玉位、蕭秉隆、買升泗、陳守福、陶國相、官進俸、楊嘉珍等，僞司道董定國、李成棟、王律、南廷鉉、黃起瘊、張元凱等，僞府、廳王鼎、宋永祚、魏哲、王任弼，等以及州、縣、土司等官共六百八十二員，共繳到僞敕三道，僞金方印一顆，僞銀方印一顆，僞銅印、關防、條記一百三十四顆，僞劄六百八十二張，理應差官塡給火牌，另爲齎繳，相應題明。

至各路土司不比僞授文武官員，必俟投誠後，繳到印劄，方始具題請旨授銜。臣請將川省各路土司應得敕書、號紙、印信敕下該部，查照典例，速爲頒發行臣，就近一面招撫，一面即行頒給，使遠人夤睹聖朝舊制，遐邇歡騰[46]，則滇黔諸司無不望風響應恐後矣。伏乞皇上睿鑒，敕議施行。

康熙十九年二月二十八日奉旨："該部速議具奏。"

請設蜀省經制官兵疏

題爲川蜀既經恢復，經制、官兵理當速爲請設，急備征防，以安人心，以奠巖疆事[47]。

竊惟四川一省處萬山之中，有大江之險，與滇、黔、秦、楚爲鄰，得之最難，守之不易，自古於今[48]，歷歷可考。而成都省會尤腹心重地，即我朝前之進征言取者經年累月[49]，縻費錢糧[50]，不知凡幾。今仰仗我皇上威靈，官兵用命，不十日而搗其腹心，各處盡皆披靡，可謂得之最易矣。然滇、黔未下，戰守之計，不可不急爲籌畫。如臣所統陝省遠征之兵，自白水壩破險渡江，兼程追賊，旬日之內，跋涉一千五六百里，馬匹損傷甚多，步兵經此長途，亦多疲累[51]。除去留守白水壩、青川、龍安等處，并節次遣發於松、茂、建昌、黎雅、瀘州、敘府各路剿撫，在在須兵，[52]分布不周，且省會城垣四十里州縣幅幀三十處，更有敗散逆兵潛伏山林，尤爲可慮。臣欲仰遵敕諭，移文大將軍再調陝省兵三五千前來分防，不獨不能應手，亦恐跋涉至此，驟難爲用，臣之淺見，不若急復經制，以川省用川兵爲愈[53]。

查松潘乃極西重地，建昌、永寧逼近滇黔。我朝舊制，松潘、建昌、永寧原設三鎮，後以永寧爲腹裏，裁鎮改協。今當請照舊制，仍復三鎮，速爲設官立兵，以資彈壓，所有應設經制武職大小官弁容臣另疏具題。而經制兵丁[54]，臣請將前疏題留隨征投誠官兵及今陸續招撫到未經具題官兵分發三鎮，入爲經制數目，不足者，即於本地嚴查，將逃回落草原日兵丁補足，甚爲兩便。惟是新設官兵急需俸餉，臣叩懇我皇上敕諭，速爲撥發星夜前來，蚤爲安插，庶地方人心自定，而新復嚴疆得收現成之兵，征防大有裨益矣。緣係請設經制官兵，急備征防事理，貼黃難盡。伏乞皇上睿鑒全覽，敕議行臣，遵奉施行。

康熙十九年三月初五日奉旨："該部議奏。"

遣員招撫逆渠疏

題爲欽奉敕諭事。

康熙十九年正月二十五日，准陝西撫臣杭愛咨，"准兵部咨開，'照得內閣發出招撫譚弘敕諭一道，松潘土司、番民人等敕諭一道，應交驛站齎送陝西巡撫杭愛處，并譚天叙送赴將軍管寧夏提督事務趙良棟軍前，令其往撫譚弘；松潘土司、番民人等敕諭一道，送赴將軍王進寶軍前，俱聽伊等酌量設法發與番民、土司可也'等因到院。准此，所有譚天叙并敕諭相應咨送，爲此合咨貴將軍，煩請查收，見覆施行"等因到臣。該臣查得松潘、威茂所屬土司、番民於敕諭未到之前俱相繼繳印投誠，臣一一撫賞換給執照訖，其發到敕諭，自應另疏齎繳。而副將譚天叙臣令齎捧敕諭由重慶一路招撫，譚弘復遣投誠總兵牟漢鼎協同前去，俟有就撫情形，或就近赴將軍臣吳丹、王進寶處具題，或仍赴成都，微臣具題，總諭二弁取便，蚤爲復旨外，所有起發過緣由相應報明。

至郭壯圖、胡國柱、夏國相、吳應期、馬寶，我皇上既沛寬仁，特降專敕，許其開導吳世璠投誠，臣准陝西督臣哈占送到刊刷謄黃，臣復一一致字,交投誠副將張鳳翎差家人張得成、王友齋執前去貴州招撫,於二月初十日起行訖。再查張鳳翎與郭壯圖爲姑表弟兄,曾任黎雅僞遊擊,已辭職[55],現住成都,合并叙明,伏乞皇上睿鑒施行。

康熙十九年三月初八日奉旨:"覽卿奏,松潘、威茂所屬番民相繼投誠,知道了。該部知道。"

【校勘記】

[1] 康熙四十八年刻本"謹"字後有"具疏"二字。
[2] 如:康熙四十八年刻本作"至"。
[3] 撤:原作"撒",據康熙四十八年刻本改。
[4] 見矣:康熙四十八年刻本和清華抄本作"可見"。
[5] 康熙四十八年刻本、清華抄本"趙弘燦"前有"麽生"二字。
[6] 自古于今不易之通理:"至",原作"于",康熙四十八年刻本、清華抄本、天圖抄本作"至"。"通",康熙四十八年刻本和清華抄本無此字。
[7] 寸:康熙四十八年刻本作"血"。
[8] 在:康熙四十八年刻本作"圖"。
[9] 克殫:康熙四十八年刻本作"殫竭"。
[10] 康熙四十八年刻本"盡瘁"前有"此身"二字。
[11] 而隆恩優賜:此五字原無,據康熙四十八年刻本補。案:如無此五字,則文意不能銜接,當是誤脱。
[12] 發:此字原無,據康熙四十八年刻本補。
[13] 急口而:康熙四十八年刻本作"即"。
[14] 後改於二十一日:於,康熙四十八年刻本作"稱",句末并有"方到"二字。
[15] 而:康熙四十八年刻本作"然"。
[16] 康熙四十八年刻本"無名"前有"師出"二字。無向:康熙四十八年刻本作"所向何地"。
[17] 其:康熙四十八年刻本作"成"。
[18] 終:康熙四十八年刻本作"照"。則已:康熙四十八年刻本作"必期實踐"。
[19] 人誰無心:康熙四十八年刻本無此四字。
[20] 若:康熙四十八年刻本無此字。
[21] 康熙四十八年刻本"起"後有"而"字。
[22] 而:康熙四十八年刻本無此字。
[23] 無理至此:康熙四十八年刻本作"悖旨行私一至於此"。

[24] 而：康熙四十八年刻本和清華抄本作"使"。
[25] 不開：康熙四十八年刻本作"難行"。
[26] 康熙四十八年刻本和清華抄本"指日"前有"可"字。
[27] 語：康熙四十八年刻本作"稱"。
[28] "尚有領兵官多"後疑脱"人"字。
[29] 而：康熙四十八年刻本作"俱皆投"。
[30] 在：康熙四十八年刻本作"懷"。
[31] 又復遠寫：康熙四十八年刻本作"路復寫遠"。
[32] 微：康熙四十八年刻本無此字。撫躬：康熙四十八年刻本作"心愈切"。
[33] 恢剿：康熙四十八年刻本作"剿逆"。
[34] 碌碌常人：康熙四十八年刻本作"庸碌無常"。
[35] 人心：康熙四十八年刻本作"廟謨"。
[36] 而臣：康熙四十八年刻本和清華抄本均無"而"字。盡其：康熙四十八年刻本作"竭其心力少盡"。
[37] 敢：康熙四十八年刻本作"何敢"。隆若是：康熙四十八年刻本作"綸優渥叠加無已"。
[38] 具實引辭：康熙四十八年刻本作"引分奏辭"。
[39] 但：康熙四十八年刻本作"祇以"。
[40] 努力之秋：康熙四十八年刻本作"竭忠奮力之會"。
[41] 如：康熙四十八年刻本作"逆賊"。
[42] 而：康熙四十八年刻本無此字。
[43] 甚爲不便：康熙四十八年刻本作"根株不靖終貽後慮"。
[44] 康熙四十八年刻本"微"字前有"恭報"二字。
[45] 謹恭報：康熙四十八年刻本無此三字。
[46] 遐邇歡騰：康熙四十八年刻本作"踴躍歡呼"。
[47] 奠：康熙四十八年刻本作"固"。
[48] 於：康熙四十八年刻本和清華抄本作"迄"。
[49] 之、征：康熙四十八年刻本分別作"此""兵"。康熙四十八年刻本"取"字後有"川省"二字。
[50] 糜：康熙四十八年刻本作"縻"。
[51] 累：康熙四十八年刻本作"憊"。
[52] 須：康熙四十八年刻本作"需"。
[53] 康熙四十八年刻本"愈"字後有"也"字。
[54] 而：康熙四十八年刻本作"其"。
[55] 康熙四十八年刻本"已"字後有"經"。

奏疏存藁卷之三

題報恢川清出賊遺糧餉疏

　　題爲蜀省既復，地方秋毫未動[1]，秦民輓運爲艱[2]，而官兵行糧料草急宜措備[3]，謹叙明撫司册報，仰祈睿鑒敕議事。

　　臣查成都乃四川省會，錢糧賦稅總彙之所，且欽奉上諭，以後所至地方，必先清查遺糧爲急務。是臣入城之日首以倉庫錢糧爲重[4]，即令僞巡撫張文德仍暫行巡撫事，僞按察司董定國暫署布政司事，清查造册開報，并嚴禁官兵，於城上列隊，安民三日後方許下城。下城不獨痛禁搶掠[5]，即民間鷄犬不許驚擾，而街市照常不變[6]，總出仰遵功令[7]，切重矜全[8]。惟是官兵日用行糧料草理當急爲供辦。今據撫司報稱"我朝舊制，四川一省每年額征丁糧，條銀，學租銀，鹽、茶稅課，魚、油、井、磨、雜課，并石砫、酉陽土司糧銀等項共合銀六萬五千九百兩零，本色京斗米九千四百三十五石零，其外兵餉全賴協濟銀兩於外省。至賊之僞行[9]，節年加派雖多，俱係僞將軍王屏藩、僞總督王公良、僞將軍韓天福經理，有差官徑收徑解者，有差官徑赴各處提解者，有布政司轉解者，年終總報撫院銷算，布政司各有交代册可考。僞布政魏峻於大兵未到之前逃走，庫内存貯止有僞錢五百四十二串、絹三匹、珊瑚素珠一盤、僞廢銅印一十二顆，其庫内銀二千三百四十九兩係僞將軍韓天福臨走拿去，止有按察司衙門存庫罪贖銀二百九十八兩，并倉内現貯京斗米二千零一石六斗，合放兵樣斗實一千三百九十九石一斗，所有十九年應征各項錢糧尚在，各州縣催徵未經入庫"等情册報前來。臣以錢糧事關重大，省會地方豈有止此[10]，所報是否實情，難以遽信。臣令其將已徵未徵、在官在民各數目分別款項造册，[11]咨送户部查考，仍俟新任撫臣、布政到日通行查報。又據前遣招撫遊擊馬登仕、守備葉自昌報稱，雅州、名山、榮經、蘆山各僞州縣官常念玆、周維新、羅安、張學堯等繳印投誠，共報收貯錢糧銀一千三百五十七兩；碉紫所收税，僞遊擊劉定國、王國泰等公報收存税銀二百一十五兩。二項共銀一千五百七十二兩等情。又井研僞知縣洪灝稟首，未起解米折銀一百七十兩；仁壽縣僞知縣涂應詔稟首，未起解舊派餉銀三千兩，新派餉銀二千八百八十九兩。除前後批解五百三十兩外，尚餘有陸續徵收過零銀，因册籍在縣，未查的數，連銀并册俱交，經承收執請示交代等情。臣俱批行布政司查核明白收庫，分晰造册報部，作正開銷。

　　至川民雖云被賊蹂躪六載，橫徵暴斂，苦不堪言，然臣一路官兵所到地方，秋毫無犯，彼既安其廬舍，耕耘無妨[12]，如使其供辦微臣所統一路入川官兵行糧或亦不難[13]，況平、慶、臨、鞏四府之民自用兵以來輓運無休，可謂苦極，且途長路險，又不通舟楫，再難令其遠爲跋涉。臣已行令署布政司事僞按察司董定國、署糧道事同知傅作楫將十九年應納糧米遵照我朝舊制於各州縣催徵，急供軍需，不足者俟協餉到日，即爲招買。所有協餉銀兩，臣移會督臣哈占，急爲接濟。至官兵十日之内克取成都，倍道兼程，無分晝夜，馬匹率皆瘦損不堪，必須急急加料喂養，但蜀省向無應徵豆草，經制馬匹俱支乾銀，欲行招買又無應動銀兩，臣只得亦行布政、糧道二官於附近州縣善諭百姓催收料豆，接濟急需，俟協餉到日，補發招買銀兩。而各民感激無擾之恩，勉力樂輸，接濟目前，自難久繼，必俟協濟銀兩星馳解運前來，庶可有濟。緣係題報川省錢糧，并請速發協濟銀兩，供辦緊急軍需事理，貼黃難盡，伏乞皇上睿鑒全覽，敕下速議施行。

招撫建昌、敘州、馬湖文武疏

　　密題爲恭報微臣遣發官兵招撫到建昌、敘府、馬湖文武官員，并逆孽僞敕、僞諭情形，仰祈睿鑒敕議，蚤奏蕩平事。

　　竊臣恢復成都之後，兩次遣發官兵於建昌、敘府等處相機剿撫，并敘府文武差人通款緣由業經題報在案。兹於二月十四日，據臣標左營遊擊龔玉柱、投誠遊擊楊嘉珍等塘報，"蒙差卑職等統兵招撫敘府等處，除李總兵、郭道官遵令前赴成都投見，已經具報訖。二月初七日有投誠鄒總兵下把總王得勝從重慶前來，卑職查問重慶情形，據稱：'重慶十五日聞得成都失了，大家都慌亂起來，督標楊總兵逃奔貴州，姜總兵，李、錢二副將出城不知何往，民俱逃散，城已空了，知府文官俱來敘府投誠。'夔府、巫山於正月二十七日差僞官、僞兵前來重慶報捷，見重慶慌亂，來人將旗插在河對面，仍奔逃回去，把總係正月二十九日自重慶起身前來"等語轉報到臣。又據該遊擊等同敘府投誠總兵鄒九疇、蔣榮德，副將蕭琛等報稱，"卑職等前差人往永寧暗通書信，於本月初七日未時分途遇有僞總兵高元烈差僞千總張富廣不敢前來，轉差僞兵一名楊二，執文二角，係與敘馬營蕭將官之文。卑職等公同拆視，逆賊有三面進兵之語[14]。卑職等一面遣發官兵偵探外，今將原文二件一并呈驗"等語。又僞總兵李芳述、僞川南道郭友龍前來成都見臣，繳驗到逆孽吳世璠僞諭一道，內係諭令總兵李芳述等官兵前去保寧會合緣由，并僞虎牙將軍韓天福、僞布政魏峻與該道郭友龍照會咨文二件，內係要脅敘城文武聚兵，意圖復舉等語。再該鎮道口稟，"在先止知大兵俱由保寧一路，原不期青川一路官兵來得如此迅速。一聞成都失了，人心慌懼，戰不敢戰，守不能守，即重慶之賊聞風亦皆膽寒"。又李芳述復稟，"彼聞得成都之信，即兩次差人暗去撤調原留守巫山之兵，若彼兵一退，各家兵俱不能守，湖廣大兵一進，可以取得夔府"各等情到臣。臣即厚賞，并宣布皇仁，令其候旨，從優叙錄外。該臣看得四川一省有重山之險，有大江之阻，實爲滇黔倚恃重地，連年逆賊敢於抗衡無恐者，賴有此也。今成都腹心既失，處處已在瓦解，當此人心震動之際，各路官兵理宜急急攻進，如湖廣、廣西官兵此時有無進取，以及兵抵何處，相去窵遠，臣固不知[15]，而重慶如此慌亂，城竟騰空。至正月二十九日，保寧大兵尚無消息，更不知有何阻隔。

竊憶逆孽僞諭一云督兵前赴保寧，一云婚期尚遠，業停返滇之議，以及全粵歸正、三路發兵之語，雖詞涉狂悖，然揆情度勢，不過勉強聲言，借此以安人心。如我兵各路爭先而進，正逆賊亡魂喪膽之時，戰自不能[16]，守自無措[17]。今建昌鎭道差遊擊吳化龍同臣原遣招撫遊擊冶國用已將印劄繳到成都，而馬湖文武亦皆相繼投到，是川南已定矣。其夔府、遵義、重慶理宜急取，湖南、廣西努力進攻[18]，蚤奏蕩平。倘稍遲回，大失機宜，在諸臣誰無效力之心，豈臣所可遙度。惟是南方烟瘴之地，江河頻多[19]，過此天氣炎熱[20]，陰雨連綿，又當何如[21]。至叙府文武不奉僞諭、僞行，拒賊獻城來歸，可謂真心向化，與尋常投誠者不同。臣叩懇我皇上大沛寬仁，仍照總兵王進才事例俱准給以原官，以開滇黔招徠之門。除繳到僞敕諭、僞牌票另文送部，其應否進呈，自聽部臣酌行。相應具題，伏乞皇上睿鑒敕議，速覆施行。

康熙十九年三月初六日奉旨："覽卿奏，招撫到建昌、叙州、馬湖文武官投誠，川南底定，可嘉。知道了。餘着議政王、貝勒、大臣會議具奏。該部知道。"

控辭雲貴總督疏

奏爲聖明寵命自天，微臣措躬無地，謹據實引辭，以安愚分，以重巖疆事。

康熙十九年二月十六日准吏部咨："文選清吏司案呈奉本部送吏

科抄出本部題前事,康熙十九年正月二十七日奉旨:'議政王、貝勒、大臣、九卿、詹事、科道會推具奏。欽此。'該臣等公同會推得雲貴總督員缺,於康熙十九年正月二十九日奉上諭:'雲貴係邊疆重地,苗民雜處,總督關係最爲緊要,必得才猷超卓之人方克勝任。將軍趙良棟謀勇茂著,操守清廉,雖係武員,通曉文義,改爲雲貴總督仍兼將軍,必能綏靖地方,安輯兵民。着議政王、貝勒、大臣、九卿、詹事、科道會議具奏。欽此。'將趙良棟以勇略將軍授爲兵部尚書、兼都察院右副都御史、總督雲南貴州等處地方軍務兼理糧餉。查雲貴總督舊敕、關防,俱係綏遠將軍、湖廣總督蔡毓榮收貯,俟命下之日,其新敕吏部移揭内閣撰寫發出,交與兵部馳驛速行移送,其關防移咨綏遠將軍總督蔡毓榮速委能員轉送趙良棟,舊敕繳部可也等因。康熙十九年正月三十日奉旨:'趙良棟着以勇略將軍授爲兵部尚書、兼都察院右副都御史、總督雲南貴州等處地方軍務兼理糧餉,寫敕與他,餘依議。欽此。'欽遵。抄部送司,相應行咨,案呈到部,擬合就行,爲此合咨前去,煩爲欽遵查照施行"等因到臣。

臣開讀之餘,莫知所以。伏念臣本邊鄙武人,未嘗學問,蒙我皇上不以臣爲譾陋,三任總兵,再畀提督,復加將軍,而臣每懷蚊負,切慮無以報稱[22],有孚我皇上知人之明。如臣前任大同,因清兵餉而遭衆忌;更調天津,重畿輔以抑豪强:六年之間,氣血耗盡。再寧夏變故,時當緊急,我皇上正廑西顧之憂[23],而人臣分宜捐軀不顧[24],是臣馳驛兼程冒危直入其間,[25]安反側、收人心、擒元凶、正國典於賊勢正熾之際[26],數月以來,用盡心機[27],且臣身歷疆場四十載[28],傷勞過多[29],當少壯之時尚不自知[30],一過五十[31],百病漸侵,比年扶痛[32],藥食相半。再去歲十月攻克密樹關,進取徽州、略陽,今春元旦破白水壩之險[33],大敗青川之賊,恢復龍安,直下成都,不獨枕戈擐甲,履山過水,與賊步步爲敵。而追賊緊急,日行二百餘里,筋力疲憊,甚覺難支,大非昔日[34]。及抵成都,安插投降解散賊勢,遣發官兵分布剿撫,漢土官員陳情,兵民訴苦[35],接見批答,日無寧晷,又臣事益繁而食益少矣[36]。今則耳聽不聰，目視不明，肌膚銷爍，鬚髮斑白，不敢言老言病，尚勉強支持者，總以川蜀正在收復，君命爲重，不知有身也。今我皇上復特授臣以雲貴總督，更荷煌煌天語[37]，過分襃嘉，即使微臣捐糜頂踵，不足仰報，又或引辭[38]？惟是滇黔要地，總督重臣實非衰老武人所可勝任，伏乞皇上鑒臣愚忠，收回成命，使臣仍以原官統領原兵，相機進剿，以竟微臣仰報未盡之心，庶廟堂之上無濫予之恩[39]，而邊徼武臣亦得以安愚分矣[40]。臣不勝悚切待命之至，謹具奏聞，伏候敕旨。

康熙十九年三月十七日奉旨："卿才品優長，久鎮巖疆，勞績素著，簡任雲貴總督，正資料理。着祗遵成命，不必控辭。該部知道。"

報明被執滿漢官兵疏

題爲報明被難滿漢官兵事。

臣查張耀先、高陞等二百六十八員名俱係八旗官兵、苦獨力，乃於康熙十三年盤龍山乏糧受困，暨十四年白土關事變，兩番被難之人也。陷身於賊中者六年，雖未見害，而其間拘繫防閑之苦真不啻九死一生矣[41]。今成都既復，臣行令各鎮營，并布政司於各該地方遍爲清查，臣俱日給以口糧，暫爲安插。查此項官兵自應歸旗，但蜀省正在用兵，或俟將軍臣俄克濟哈到日，認明旗分統領，或徑令來京，惟候旨遵行。除取具各官兵花名册咨送兵部外，理合具題。

再寶雞益門鎮受傷被執靖寇將軍標下官兵季魁元等六十一員名[42]，哭訴羈禁情由，亦皆堪憫，且各去衣驗傷，體無完膚，臣知俱是堪以戰陣之人，請暫留軍前，給以衣甲、馬匹什物，隨征爲國效力。臣未敢擅便，伏乞皇上睿鑒敕議，行臣遵奉施行。

康熙十九年三月十八日奉旨："兵部議奏。"

題補松潘、建昌兩鎮疏

題爲請補新復要地重鎮,急爲整頓,以備征剿,以奠巖疆事。

查臣以川省新復,遵照舊制,請將松潘、建昌二鎮速爲設立官兵,并永寧仍改總兵等緣由已經具題在案。除永寧一鎮應否復設總兵,候旨遵行外,如松潘乃極西要地,建昌逼近雲南,總兵一官必須幹才夙將[43]、老成練達之人方克勝任。而總兵員缺,例應候部推補,請旨欽定,但蜀疆初復,需人甚急[44],臣既不敢越分妄題,使偏裨之將驟膺大任,然亦不敢緩待有誤軍機大事。

臣查新補福建興化總兵官高鼎膽勇素著,廉介持心,前署花馬池副將頗見其效。及隨臣征防鳳翔,愛恤士卒,調度合宜。今興化總兵員缺,閩省題請有人,而高鼎正在候補,合無改補松潘鎮總兵官,於新復地方大有裨益。再鞏昌城守副將馬山忠誠謹厚,沉毅有勇,臣於十七年自秦州旋師路過鞏昌,接見之間,知非常品,且係十三年揀選陪推過總兵員缺之人,臣請補授建昌鎮總兵官,不獨防剿有賴,亦可爲心腹之寄。以上二員所當急請用於新復地方,以奠巖疆,以收實效者也。倘蒙俞允,臣更請將總兵高鼎敕令馳驛星速前來,整頓兵馬,料理地方,急備征剿。臣未敢擅便,伏乞皇上睿鑒敕議,速覆施行。

康熙十九年三月二十二日奉旨:"兵部議奏。"

題請川蜀司道疏

題爲特舉司道[45],急備進剿糧芻[46],以資恢疆切要事[47]。

竊惟四川乃滇黔門户,秦楚藩籬,而成都省會沃野千里,古稱天府之國,自明末張獻忠蹂躪人民,殺戮已盡,城郭荆棘,村社丘墟。迨我朝定鼎三十餘年以來,生聚培養,稍有起色。然元氣尚未盡復,而又值吴逆搆亂,荼毒六載,横征暴斂,百法搜求,民之流離不堪言矣。

雖臣仰體我皇上好生之德，所至地方秋毫無犯，然甫出水火必須加意撫綏，況雲貴未下，大兵屯集，輸將輓運更藉民力，司道、知府非得循良素著之人，無以資保釐而足國用[48]。今布政司雖題補有人，久在保寧，尚未抵省任事，而按察司署布政司事董定國係投誠之員，尚未授職，終覺呼應不靈，不獨臬司一官，法紀總司當大變之後，人心澆漓，明刑弼教，不可乏員，而軍興旁午，糧芻供應浩繁，勢必多員協同料理。

　　查陝西涼莊道金星貴才堪經濟[49]，氣宇老成，於去年十月初二日自清水統兵起行，以至克復徽州、略陽、陽平，平慶道龔榮遇推病不前，糧料積欠竟至七十餘日，該道接代之後，甫一月盡行補足。及臣由陽平渡白水壩，該道親身督運，源源接濟，可謂急公。臣請補授四川按察司，協辦軍需。又岷州撫民同知傅作楫、延安神木同知劉得弘青年英敏，皆係旗員，督運軍前，著有勞績。臣請將傅作楫補授建昌道，劉得弘補授永寧道，俱令暫駐省城，措辦大兵糧料。再進定雲南，建昌、永寧兩路用兵，二處急須預備行糧，如建昌一路行糧自在成都供給，永寧一路行糧當由保寧仍藉秦省輓運，庶有克濟[50]，若不急設專員，慮恐貽誤軍機[51]。況三員皆現在軍前供辦糧芻，勤劬盡職，以之就近補授司道，非徒取其才能，實以酬其前勞而勵後效也。

　　至於成都知府乃一郡首領，當百務肇興之始，必得才智超眾之人方能振刷。查寧夏安定堡守備陳陞，老成練達，奉職惟謹，連年隨臣征防，及今進勦，經支大兵糧草在在清楚，且係科目出身，頗諳治體，臣請改補成都知府，才品相當，使其就近供辦大兵糧餉，整理地方，以收實效[52]。臣以兵糧有關軍機重務起見，倘蒙俞允，則新復巖疆可收得人之濟[53]，而進勦駐防兵糧亦不致於匱乏矣。臣未敢擅便，伏乞皇上睿鑒敕議，速覆施行。

恭謝欽賜弓馬疏

　　奏爲聖明寵錫叠優，微臣撫躬益慚[54]，謹具疏恭謝天恩事。

康熙十九年二月二十五日，蒙皇上特遣侍臣暨臣子趙弘燦至蜀口宣溫旨[55]，并賜臣弓一張、馬六匹，臣即郊迎入署，恭設香案，望闕叩頭謝恩訖。

竊念大内彤弓、天閑上駟，稽之古典，原出朝廷重有功而錫元勛，微臣何能敢邀異數，且特命臣子就便省視，使臣得遂舐犢私情。是我皇上重念邊臣，寵眷愈隆，而微臣捐糜益切難報矣。謹奏謝以聞。

康熙十九年四月二十一日奉旨："該部知道。"

再瀝愚誠疏①

密奏爲君恩寵眷有加，微臣圖報無盡，謹再瀝愚誠，仰祈慈鑒事。

竊臣仰荷聖主殊遇隆恩，捐軀難報，惟有盡瘁疆場，身世以之。但年逾六十，智識昏暗，筋力衰憊，朝不謀夕，而軍機重務殷繁，慮恐不逮。且孑然一身，在前則後無親信可託，在後則前無耳目腹心，當此萬里遠征，不比進剿漢南、川蜀，臣輾轉思維，不得不再瀝愚誠，仰籲天聽。臣叩懇皇仁，准於臣三子中擇一人量授職銜，令其隨臣軍前，爲國效力，一以司臣耳目腹心之寄，一以繼臣圖報未盡之心。倘蒙俞允，則臣父子一身一心，庶得仰報我皇上殊遇隆恩於萬一耳。伏乞聖明慈憐，臣不勝懇切待命之至。謹密奏以聞，伏候敕旨。

預籌進滇機宜疏

密題爲微臣謹遵天語，敬陳愚忠，仰祈睿裁事。

竊臣荷蒙我皇上格外施仁[56]，恩加無已，除另疏叩謝天恩外，而臣子復宣聖諭：如臣有所請准，密疏奏聞。仰見我皇上下體邊臣，無所不至，念切封疆，睿慮周到，臣之愚忠既邀聖明洞鑒，則下情無可

---

① 康熙四十八年無此篇。

陳、無可奏矣。惟有乘此餘年，竭蹙駑鈍，報答高深。至滇黔未下[57]，逆孽未靖，人臣分當滅賊朝食[58]，敢以淺見，爲我皇上一一陳之。

查滇、黔所恃者，以四川爲捍蔽，有四川則滇、黔有所恃，無四川則滇、黔無所守，是滇、黔之得失全在四川。今四川既爲我得，彼逆猶人之無肩臂，[59]屋之無墻壁，[60]焉能相敵？[61]且吳三桂死後，餘孽中惟有一吳國貴尚可支撐，今國貴復死，則彼中無人矣。不曰吳應期、胡國柱輕佻小人素不服衆[62]，郭壯圖原未經事，不堪大任，即使老成之將，練達之才，此時此際亦難爲之收拾。況兵無餉而不戰，民有怨而離心[63]。馬寶、王會、高啓隆反覆不常，事急自爲身謀，[64]又何足慮。而吳世璠已退回雲南[65]，其心虛膽怯，又概可見矣[66]。胡國柱留貴州，馬寶等在辰、沅、武岡，不過勉強支持，湖廣大兵一加努力，賊自奔逃，是湖廣官兵應請敕限以立取貴州。廣西泗城州於八答河過渡，乃昔年固山招不太進兵之路，由安籠出雲南之交水。又廣西思恩府走八碍青羊江過渡[67]，由廣南府出雲南之維摩州。四川成都府走黎雅天全招討司過大渡河，即瀘江由建昌、會川、金沙江出雲南之武定府。又四川保寧府下重慶，或走七星關，或走永寧，俱適烟方、堂堂、可渡橋，出雲南之霑益州。以上川廣四路官兵限以立取雲南，如成都至建昌二十站。建昌至雲南又二十站。官兵於成都起行時，可帶二十日口糧，至建昌再支二十日口糧，以上糧米應在成都、叙府、瀘州預備，蚤爲運送。其保寧一路兵糧當借順江之便可下重慶，應於保寧各兵按日帶糧，至重慶，又於重慶按日支糧，此又在統兵將軍等酌定。倘保寧、重慶、遵義民未流離，尚可備糧，不用秦省接濟，又在彼處文武酌定。如此則兵不乏食，踴躍前進，民無驚擾，地方安堵。惟是逆渠藩下舊卒皆同休共戚之輩、起釁搆亂之人，當此退無可退，守無可守，妻子在滇，不降則惟有拼命死戰。猓猓苗蠻，得其心爲我用，失其心爲彼助，不可不備，亦不可不籌。

今滿洲馬匹甚是瘦弱，内侍臣親見，而建昌、永寧、重慶無糧不問可知。若曰養馬，轉盼夏初，南方烟瘴之地，不第炎熱，人馬生疾，抑且陰雨連綿，江河水大難渡。若曰到處尋糧，不獨大山深林無糧可尋，抑恐一失蠻彝之心，處處皆賊矣。況兵貴神速，要在人強馬壯，兼以天時地利，一發即到，一到成功，使賊莫敢當，不能敵，庶得有濟。若不預爲籌定，到處假以尋糧放搶，託以馬瘦遷延，一失軍機，究何裨益？與其速進，不若緩進。此又微臣鰓鰓過慮，不得不一并預爲陳明於我皇上之前，俯賜睿裁者也。倘臣言不謬，請敕諸臣嚴督滿漢官兵，上緊喂馬，四川、陝西督撫、司道急急備糧，湖廣、廣西統兵將軍實切整兵，會定日期於八月終，各路一齊進發，直搗雲南，賊自瓦解，庶出萬全。至禁止搶掠，原以重民生而培元氣，懷遠人而服蠻彝，不令一夫失所，此固人人能言，及至實實奉行，民已不堪命矣。想亦難逃聖明洞鑒，臣又不得不重爲陳奏，仰懇我皇上嚴綸再加申飭，以重恢疆切要也[68]。以上條奏，雖出臣之愚昧，然皆因時酌宜、真知確見之事，非敢以泛言臆説而貽君父南顧之憂也。緣係遵奉天語，密陳進剿機宜事理，伏乞皇上睿鑒全覽施行。

康熙十九年三月二十三日奉旨："這所奏進兵機宜最爲緊要，議政王、貝勒、大臣會同速議具奏。"

招撫建昌五衛地方疏

題爲再報微臣屢遣官兵招撫過建昌五衛地方，已抵會川，直逼金沙江情形，仰慰睿懷事。

竊臣先遣投誠遊擊冶國用、費重振、溫光顯、陳世虎，續遣遊擊馬登仕、守備葉自昌，并再發參將吕自魁、遊擊鄭有榮[69]、投誠總兵胡振雄，前後共帶官兵二千前去建昌，一路招安地方，相機剿撫去後。除節據各官塘報，招撫過黎雅、天全漢土官員，暨建昌鎮道差員繳印繳劄投誠緣由俱經前疏題報外。今於三月初二日據投誠總兵孫佳報稱，"卑職雖身受僞職，心戀闕廷，自大兵臨境，已將被脅情由并建昌文武僞印九顆、僞劄二十四張，當即差官齎繳訖。所有建昌鎮屬營汛，如峨邊、黎雅就近歸誠，各官印劄自行報繳，寧越、冕山、越嶲、化林四汛亦俱歸正[70]，其僞印十一顆、僞劄三十九張移交參遊冶國用、費重振等彙轉。至會川乃滇蜀接界要隘，又探得賊兵有渡金沙江之語[71]，卑職星夜催調冕、越、寧、黎各路官兵，并遣發職標三營遊擊劉登賢、何鳳岐、宋之蘭等同本將軍發到官兵前去相機堵禦外，理合報明"等情。三月初四日又據該總兵孫佳報稱："會川僞遊擊楊春明差把總蔡二前來歸誠，齎繳會川營衛、所、學、經歷僞印五顆、僞劄九張，一并移交差官轉繳外，緣係帶兵率土投誠，五衛悉歸版圖事理，理合詳明。"同日又據臣原遣遊擊冶國用等報稱，"卑職等統領官兵前於二月初九日抵建昌，所有招撫到化林、寧越、越嶲、冕山各衛所官員印劄，卑職等即逐一造册，專差員繳[72]。今於二月十五日兵抵會川，投誠營衛、所、學、經歷等官繳到僞印關防六顆、僞劄十一張，卑職等查收彙繳。至於金沙江已會遣官兵前去，俟有的確情形另具塘報"等情。繕疏間，於三月初六日復據總兵孫佳、遊擊冶國用等公同塘報內稱，"會川營衛官員投誠及發兵前去金沙江，卑職等已經具報在案。今據自雲南貿易客民禀稱，'正月二十三日自雲南起身，僞線將軍於正月二十日先發一個將軍、四個總兵領兵萬餘駐劄馬街子，聽得建昌已經投順，又發一個將軍，姓謝，帶四個總兵，不知有多少兵馬的，於二十六日起身要過江，由建昌入川。僞洪化於二月初四日自貴州起馬回滇，郭將軍、夏將軍隨來，胡將軍留守貴州'等語。卑職等復添撥官兵前去金沙江堵禦，俟另有情形再爲馳報"各等情到臣。臣即飛檄各官，嚴加把守江口，靜候調遣外。

該臣看得建昌乃全川極南重鎮，會川接界雲南，爲進定滇省必由之路，大渡河、象嶺最險最要，從來得之不易者[73]，是臣先遣官招安[74]，繼發兵剿撫。今黎雅諸土司俱降，大、小象嶺，瀘江，建昌，會川五衛俱爲我有，而逆賊所恃所守惟一金沙江耳。除進兵機宜臣已另疏題奏外，所有各土司印信、號紙，盡請頒發，已經具疏。而總兵孫佳不獨首先歸誠，抑且調度官兵招撫地方，爲國效力更不可泯。并黎雅、會川、冕越、鹽山等營亦不便遽爲委官，臣俱准其照舊管理營汛，把守江口，堵禦逆賊。仰懇聖明敕下，從優議叙，一以備進滇鄉導，一以開招徠之門，則滇黔諸逆聞風來歸恐後矣。其繳到僞印、僞劄，容臣彙齊造册另繳，相應具題。伏乞皇上睿鑒，敕議施行。

康熙十九年四月初二日奉旨："覽卿奏。遣發官兵招撫到黎雅諸土司、建昌等五衛，俱繳印劄歸誠，可嘉。着議奏。該部知道。"

招撫永寧一帶地方疏

密題爲再報微臣遣官招撫永寧一帶地方以及鎮雄土府納款，并報逆賊出犯情形，仰祈睿鑒嚴敕事。

竊臣前於克復成都之後，即遣遊擊閻成虎、宋明賢、楊啓龍等前去叙永一帶招安，續遣臣標左營遊擊龔玉柱、投誠遊擊楊嘉珍等帶領官兵隨後相機剿撫，又遣蘭州營守備陳英、投誠參將蘇虎帶兵撒塘接應。

查自叙府文武歸正後，即行投誠總兵李芳述、副將王之俊并遊擊龔玉柱等前去永寧招撫去後，除節據各官塘報，招撫叙府、馬湖所屬地方州縣營汛各官繳印投誠緣由俱經前疏題報外。今於本年三月初八日據遊擊龔玉柱等稟報，"蒙遣卑職等帶領官兵剿撫地方，所有招撫到叙州、馬湖二府屬僞鎮、道文武，并重慶僞知府王化賢、巴縣僞知縣王尚義、僞川北道何呈秀等共繳到僞印、關防、條記二十一顆，僞劄一百五十九張，已經差官齎繳訖。今永寧文武投誠繳到僞印七顆，九姓土司僞印一顆，瀘州僞印一顆、僞劄一百零六張，公同遊擊閻成虎查收，責差親丁閻定國、永寧把總楊成美亦於二十六日齎繳在案"等情。復據遊擊閻成虎稟報"册造僉同"。本日又據永寧投誠僞總兵汪時瀵報稱"卑職一介庸儒，原係僞將軍汪文元之侄，不受僞職，心懷聖恩，久欲歸誠，中多牽制。有僞總兵高元烈自本將軍大兵克復成都之後，心恐膽怯，常慮人心有變，又聞叙府文武投誠，大兵臨境，遂於二月初六日同僞左營遊擊趙邦英、僞虎牙將軍韓天福、四川僞布政魏峻逃奔。卑職亦被拘禁，若非三標官兵站隊，卑職幾遭陷害，兵民以高逆奔逃，地方無主，人心驚慌，懇請卑職暫攝永鎮事務，卑職不得已而暫從所請，以安衆心。隨公議差副將郭騏遠迎大師出民水火。初七日恭值本將軍差官閆成虎、宋明賢、楊起龍齎捧敕諭，告示臨永。卑職率領闔屬官、紳、士、庶跪聽皇仁，無不歡忻感悅，即於本日諭令軍民剃髮。除僞永寧鎮總兵高元烈印劄攜以逃去，卑職劄付辭不受職，當即具繳外，今呈繳永鎮中營遊擊僞關防一顆、敘永管糧同知僞關防一顆、敘永儒學僞條記一顆、建武儒學僞條記一顆、貴州永寧衛僞印一顆、經歷司僞印一顆、儒學僞印一顆，總管勁武、永鎮、勇勝四標各官劄付共一百零六張交給本將軍。差官閆成虎同本標把總楊成美呈繳外，其永鎮各路文武印劄俟繳到之日，另文差繳。再卑職於十三日令右營遊擊段尚秀帶兵五百名齎捧謄黃三道、本將軍告示三道前去招撫貴州赤水、畢節等處，據赤水衛僞守備吳邦欽，畢赤營守備周化龍、平大黔威道僞中軍守備高定邦、赤水衛教授范宗鎬等繳到僞印二顆、僞劄三張，亦交差官閆成虎轉繳外，其官、士、軍、民俱皆剃髮歸正"等情。又據遊擊龔玉柱報稱，"二月二十四日據貴州畢節衛士民章炳、宋蓋臣等四人前來敘府請討招安。卑職一一安慰，再抄發告示前去，靜候大兵到日，率衆歸誠，俟有繳到印劄另具稟報"等情。初十日又據各官差人引到鎮雄土知府隴天成、古藺長官司隴氏差目把人等前來成都納款，臣即頒賞并發給劄諭告示，令其速爲呈繳僞印、號紙前來外。本月十一日復據該總兵汪時潁飛報內稱，"前招撫到赤水衛守備吳邦欽、周化龍，平威道守備高定邦，儒學教授范宗鎬等到永投誠繳劄，卑職隨令回衛，安撫百姓，催辦糧草去後。復於二十六日據守備吳邦欽等回永報稱'卑職等途至普市，據赤水衛來人張二報稱"有貴州僞將軍發兵撒塘，徑抵赤水"，卑職等是以不敢前回，伏乞發兵堵禦'等情。又於二十七日據防瀘把總郭勛報稱，'有僞黑將軍帶兵扎生界壩，遵義府有陶將軍同城守營劉總兵扎城內，有胡將軍、尤將軍扎城外"等情到職。據此卑職即挑發官兵,[75]一面偵探,一面分防要隘,俟有確情另具稟報"等情。同日又據該總兵汪時溆報稱,"本年二月二十七日,據龍塲營都司管把總事黃尚賓報稱,'卑職於二月十二日差兵吳啓等前赴生界地方探聽偽兵情形去後,本月二十五日據吳啓等回稱,探聽得夏額駙遣牌上云發兵三萬,聽其百姓探說止有一萬六七千有餘,現駐遵義府;又發偽兵三百餘名,現駐生界壩。又探得偽總管吳將軍之子在遵義一帶地方招集散兵'等情。該卑職一面復差兵丁夏連前往遵義府地方探聽去訖,俟探兵回營,另爲具報。同日又據黃尚賓報稱'本年二月二十五日亥時,據屯目任望龍報稱,"於本日未時據莫得管事人到龍處供稱,我民運糧至大定府,偶遇王將軍發兵三千到畢節,將運糧百姓十三名拉去擡大砲,到畢節口云要打永寧城,後有蔡將軍大兵陸續進發"等語,理合具報'等情。該卑職亦即遣發官兵,探聽堵禦,倘有情形立爲飛報,方敢請發大兵"等情各報到臣。除臣飛檄該總兵嚴守地方,并行遊擊龔玉柱、投誠總兵李芳述等速統官兵前去接應。十三日又據該總兵汪時溆塘報,"據原差官何兆圖稟稱,探得威寧一路存城賊兵約有萬餘,又有畢節逃難鄉親云,偽鎮高元烈接雲南送來重夔將軍印,狼心不悛,欲練兵復取永寧,已遣逆兵至赤水南關安塘聚糧等情。又據仁懷營投誠都司管千總事馬雲稟報,據差兵吳啓貴報稱,有偽總兵毛友貴領兵一千已抵土城,一來搶掠瀘合、仁懷等處。又偽楊將軍領兵由重慶一路出犯永寧"等語。十四日復據該總兵汪時溆飛報內稱"本年三月初九日據副將郭騏、遊擊陳應先偵探回永報稱'逆賊塘馬百餘撒至滴水,離永二十里,老營下在落窩,離城三十里。至申時,又據偵探兵丁報稱,逆賊已到乾溪正南橋扎營,離永城止有二十里。卑職即分撥官兵上城守門,嚴加堤備,本日晚有偽勁武將軍標下投誠副將王之俊到永,口稱奉勇略將軍牌,行令李總兵、龔將官等帶兵前來永寧,已於本月初八日自叙府起身,除俟李總兵、龔將官官兵到日,卑職等協同守城堵禦,但逆賊勢重,懇乞本將軍再發官兵救應"等情。又據總兵李芳述等稟報,內稱"卑職等帶領官兵於本月初八日自敘府起行，途遇前差去與僞侍衛劉將軍投書兵丁禀稱，有僞毛總兵領馬步逆兵千餘前來永寧，又有僞尤將軍領猓猓兵三千餘名從樂用寨出仁懷，由瀘州亦來永寧"各等情到臣。臣一面飛檄該總兵李芳述、遊擊龔玉柱等到永之日并力固守城池，相機堵剿；一面復遣遊擊屠存義、守備孫國祥復帶領馬兵一千星馳前往應援。又慮永寧無糧，隨遣署永寧道事劉德弘速去瀘州催運外，該臣看得永寧乃黔蜀接界，漢土雜居，過畢節由水西、烏撒，出烟方，可以直下雲南，爲兩省最要之地。是臣前遣官招安，繼發兵剿撫，原以備兩路進征。如僞總兵汪時溮以僞將軍汪文元之侄不受僞職，保全城池，雖無剳印，率衆投誠，順義可嘉。且逆賊出犯，努力支持，尤見才幹。臣叩懇皇仁，將汪時溮從優議叙，以示激勸。而僞川北道何呈秀、重慶僞知府王化賢、巴縣僞知縣王尚義等官兵未到重慶，帶印越境來歸，尤出順義[76]，容臣另疏題叙，所有前後繳到僞印、僞剳查明彙繳。至臣前遣總兵李芳述、遊擊龔玉柱帶兵剿撫，繼發遊擊屠存義、守備孫國祥帶兵接應，俟另有情形再爲題報。

惟是遵義乃財賦之鄉，一府錢糧等於八府，既接連重慶，爲進征川東官兵所指之地，豈可竟置不問，反資貴州餘孽之糧？仰祈聖明，嚴敕諸臣就近急取遵義。湖廣統兵將軍速進貴州，臣等兩路官兵、廣西兩路官兵直下雲南，各當努力，蚤奏蕩平。緣係再報招撫永寧一帶地方，鎮雄土府納款，并請急取遵義，曁逆賊出犯情形事理，貼黄難盡，伏乞皇上睿鑒全覽，敕議施行。

康熙十九年四月初七日奉旨："議政王、貝勒、大臣會議具奏。"

題報官兵守禦永寧情形疏

題爲逆賊窺犯永寧，官兵奮勇擊敗，謹恭報守禦情形并繳逆書僞文，仰祈睿鑒敕議事。

案查前據投誠總兵汪時溮塘報，逆賊窺視永寧[77]，已至正南橋扎營，臣飛檄總兵李芳述、遊擊龔玉柱等速速前去，并力固守堵剿，并遣遊擊屠存義、守備孫國祥等帶兵一千星馳應援，緣由經臣前疏題報在案。三月十八日據總兵李芳述、遊擊龔玉柱等塘報內稱，"卑職等遵本將軍令牌，於初八日統領官兵自敘府起行，途遇永寧汪總兵差官報稱永寧有賊出犯，緊急請兵救應等語。卑職等聞報，即晝夜兼程，於初十日四更進城，正與汪總兵計議戰守事宜，據塘馬飛報，逆賊大隊前來，離城不遠，卑職等於黎明統率官兵出城迎敵，見逆賊馬步約有三四千，俱打黃旗，一股從真武山梁站隊，一股由准提庵站隊，左右并出，一股在真武山對門尖山頂上憑高視低，窺我城內出入。卑職等原議留汪總兵并管糧同知王存肅帶領兵民守城，卑職總兵李芳述、遊擊龔玉柱親帶馬步官兵亦分三路對敵，自卯至午，鏖戰多時，各官兵奮勇直前，并鳥機、百子砲齊發，逆賊不能抵敵，大敗，陣斬甚多，活擒一十三名，帶傷不計其數。我兵追至乾溪，因天氣炎熱，又兼人馬連夜前來，隨到隨戰，甚覺疲乏，只得收兵回城休息，得獲馬二十二匹、鐵甲十四副，并鳥鎗、旗幟，所有生擒逆賊一十三名，專差押解。今將克捷情由理合塘報"等情。二十一日復據總兵李芳述等報稱，"本月初十日撲剿逆賊，克捷情形已經塘報在案。十一日據偵探兵丁回報，敗遁逆賊仍在滴水下營，賊兵漸漸增添。十二日又據投誠偽兵徐成、張義供稱，'逆賊在滴水扎下，等畢節各處兵到，欲要復來攻取永城，其陝西各處退回之兵，偽黑將軍、偽楊總兵收集帶領，在永寧地方大村駐扎。又說偽洪化因永寧乃雲南、貴州要路，必定教尤將軍們取了永寧把守纔好等語。卑職等查得永寧一隅之地，城分川黔，河水當中，城垣地勢落低，城外週圍山勢高聳，且城池傾頹，兼之道路又多，四通八達。今逆賊如此狂逞，我兵單弱，又永寧糧米倉廩通無積貯。卑職等一面分布官兵，嚴加提備，一面請兵之間，於十三日午時逆賊復來城外三面下營，馬步逆兵較前過倍，係偽將軍尤廷玉、高元烈等統兵。卑職等因眾寡不敵，不便迎戰，即令官兵上城，總兵李芳述守貴州城、遊擊龔玉柱守四川城，一應兵民分把兩城垛口。至十四日五更時分，逆賊檯雲梯二十餘架，四面攻城，我兵鎗砲交加，至天明賊兵稍退，卑職等惟固守城池，俟接應兵到，即便出城大戰，懇祈迅發大兵，以便撲剿。今有故僞將軍劉之復長子劉沛武於三月十一日與蔣、鄒二總兵及職述三人書一封，内中所言愚惑人心，合將原書呈覽"等情到臣。臣復遣副將楊三虎、遊擊吳志等統兵二千兼程前去應援，本月二十五日據該總兵李芳述、遊擊龔玉柱差玉泉營千總李見龍、永寧千總李旺押解到陣擒逆兵李長壽、鄭國清等一十三名，臣即會同建威將軍臣吳丹、振武將軍臣俄克濟哈等齊至公會之所審訊逆賊情由，據各逆供稱，伊等俱係僞廖將軍營兵，原在巫山逃了，至遵義被僞胡將軍、陶將軍攔住，每人與了四錢八分銀子，着跟僞尤將軍前來攻取永寧。三月初十日被大兵殺敗，領兵的是尤將軍并毛、徐二總兵，兵有三千餘名，馬有五六百匹，後頭來的兵我們就不知道了。遵義有僞胡將軍、僞吳三將軍、僞趙將軍，共有兵四五千、象六隻，生界壩係黑將軍領兵駐劄，等語。臣等仰體皇上好生之德，摘取口供，一概免死，令其剃髮，以示寬仁。二十七日又據該總兵李芳述等稟稱，"本月十四日，有永寧僞總兵高元烈今授僞永寧將軍送文書一封，插在南門外，卑職請龔將官公同取來拆看，高元烈與卑職書札俱係狂言，且稱'與卑職齋有顯武左將軍印信，令卑職就中内應'等語。同日僞將軍尤廷玉着人又來大東門外射箭二枝，亦同龔將官取看，一係尤廷玉與李、鄒二總兵之書，一係僞兵部之文，意在煽惑，卑職誓圖歸正，一點愚誠，斷難搖動，今將原書、原文共三件一并呈覽"等情到臣。

　　該臣看得永寧接界滇黔，最屬緊要，在我之所必守，在賊亦所必爭，而原進川東官兵將遵義一府未取，以致逆孽敢於侵犯，雖被我兵殺敗，大挫其鋒，然尚未退，應俟援兵。捷報前來，另爲題報，仰慰聖懷。至總兵李芳述前拒僞命，不奉僞敕，率衆投誠，順義可嘉[78]。今復固守孤城，不惑餌誘，堅貞不渝。臣叩懇我皇上破格加恩，以示激勸，而進定雲貴，該總兵可爲前導矣。除前後出首僞書三紙、僞文一紙，詞語狂悖，咨送兵部外，相應具題。伏乞皇上睿鑒，敕議施行。

康熙十九年四月二十六日奉旨："兵部議奏。"

會議進剿機宜疏

密題爲乘機三路進兵，以滅賊寇事。

案准兵部密咨前事，內開："該議政王等會覆，建威將軍吳丹題前事，康熙十九年正月二十五日題，二月初七日奉旨：'議政王、貝勒、大臣會議具奏。欽此。'該臣等會議得建威將軍吳丹疏稱'臣等整齊大兵，平定雲貴，一路由遵義府，一路由叙府進取雲貴，一路由建昌進取雲南，若令綠旗將軍、四川提督等進兩路，臣吳丹統領滿洲大兵亦由一路進取雲南，是賊寇敗滅皆關此三路進兵。再令將軍噶爾漢親身并官兵調赴漢中，京城每佐領或發四名、或五名亦赴漢中，再將在陝兵馬於臣同進滿兵，增足每佐領護軍及披甲驍騎兵八名，餘剩官兵以每佐領五名，令一將軍鎮守成都。又蒙古兵丁缺乏馬匹，應撤回，亦令鎮守漢中。此進剿之三路兵馬，令其自成都裹糧，於所到地方覓食民糧，俟將同臣進取雲貴之兵調齊，令其喂馬而行。又將軍王輔臣親身并伊標兵、陝西總督哈占本身并標兵似應令其同臣一路，於四月內進取雲南，請敕進川綠旗將軍、大臣、四川提督等，以一大臣防守地方，令二大臣各由一路進取雲貴。此進兵之時，將總兵官朱衣客、費雅達、高孟於伊等所進二路，各聽酌帶一員。尚有總兵官一員，令守保寧，可否前進，令伊等議明。若可進，則三路進兵以何大臣、由何路前進之處，伏候欽定'等因。查近奉上諭：'成都、保寧俱已恢復，乘此機會即宜速定雲貴。宜令順承王、準達貝子、都統范達禮盡統伊屬兵馬逆江而入，恢取重慶，順承王等即駐鎮重慶。令將軍吳丹、俄克濟哈與將軍總督趙良棟等公同進取雲貴。其進取雲貴之時，聽將軍吳丹、俄克濟哈將順承王、准達貝子、范達禮等兵內揀選精銳有馬者帶去。令總督楊茂勛、提督王之鼎駐守成都。令將軍王進寶駐鎮四川地方，將徐治都撤回彝陵，鎮守彝陵、荊州等處。令大將軍公圖海鎮守漢中。欽此。'通行在案,上諭俱已周到,其請將鎮安將軍噶爾漢本身并官兵調赴漢中,自京遣發,每佐領兵四五名及將在陝滿兵增入伊等進川兵內,餘兵交一將軍鎮守成都之處,均無庸議。至總督哈占經理漢中、四川大兵糧餉,將軍王輔臣兵馬近又撤回漢中,同大將軍公圖海鎮守地方,其哈占、王輔臣之處亦無庸議。蒙古兵丁應如所題發回漢中,其總督哈占標下官兵及費雅達等各總兵官等親身并伊等標下官兵作何調往,以及作何留守地方之處,聽將軍總督趙良棟與將軍吳丹、俄克濟哈等公同確商而行。其進定雲貴兵馬關係最要,應令巡撫杭愛、布政司劉顯第等作速前去料理供應。今將軍王進寶、吳丹等兵馬又已恢復四川順慶府,四川總督楊茂勛兵馬已入川境,恢復巫山,應行大將軍順承王、貝子準達、都統范達禮等文到之日,即迅進四川,遵奉前旨,作速恢取重慶,酌量平定地方,撫綏黎民,駐劄鎮守。至於三路進取雲貴及以何大臣、由何路前進事宜,將軍總督趙良棟、將軍吳丹、俄克濟哈等身在地方,所知最確,應聽公同確議,一面酌行,一面奏聞可也等因。康熙十九年二月初七日題,本日奉旨:'依議速行。今川省底定,楊茂勛等坐去船隻俱屬無用,運糧事務關係最爲重要,着郎中蘇赫臣、員外郎噶爾薩將運糧事務親身專管,以此船隻裝載楚糧,逆江運至順承王軍前,不得斷絕,致誤軍中急需。欽此。'"欽遵,密咨到臣。

今臣與將軍臣吳丹、俄克濟哈公同確議得雲南乃逆渠巢穴,理宜兵分兩路,急急進取。查建昌、永寧直達雲南,率皆苗蠻彝猓之鄉,素稱不毛之地,而進征官兵行糧須當籌備自帶,庶不致有失蠻彝之心。且程途窵遠,滿洲馬匹甚是瘦損,勢必加料喂養。且轉盼仲夏[79],南方烟瘴之地,酷熱難當,更兼陰雨連綿,江河泛漲,過渡甚非容易,理勢應在仲秋方可進取。如成都雖係省會,然地方殘破有年,州縣民稀,現今供應日支糧料不敷,若進征,行糧斷難令其供應兩路。今擬建昌一路官兵行糧應成都所屬,并邛、雅、嘉、眉等州運送,永寧一路官兵行糧應藉保寧、川江直達叙府之便,仍用秦省之糧,船隻運送,永寧一路原進川東漢兵在保寧、順慶二處就糧養馬。惟是遵義一府未取，以致遵義之賊侵犯永寧，臣已三遣原進川西一路漢兵撲剿矣。而雲南之賊出犯建昌，臣亦已三遣原進川西一路漢兵星馳前去堵禦矣。臣等復議得四川總督已抵重慶，而原進川東一路漢兵亦有分駐重慶者，乘滿洲喂馬之間，應令督臣楊茂勛官兵并駐重慶副將楊宗道官兵合力就近相機剿撫遵義，而提督臣王之鼎帶領本標官兵去永寧接應前發川西官兵，協力撲剿，俟交秋後行糧備辦，馬匹臕壯。如遵義已取，湖廣官兵已入貴州，臣等兩路官兵仍照前議，直搗雲南。倘遵義不能取，湖廣官兵不能進貴州，臣等兩路官兵中或分一股取遵義、下貴州，再議進定雲南；或分為三路一時并進，軍機難以預定，至期另為奏請。

至破賊全藉兵力，陝西綠旗官兵八萬應留四萬守汛，進定雲貴應須秦省綠旗官兵四萬，方克有濟。此雖臣前疏奏請，而陝省綠旗官兵聽臣等調遣，又奉有大將軍"以身任之，萬勿稽誤"之旨，合再奏明懇請。緣係題報會議進剿機宜事理，貼黃難盡，伏乞皇上睿鑒全覽，敕議施行。

康熙十九年四月二十一日奉旨："議政王、貝勒、大臣會議具奏。"

建昌官兵堅守城池疏

題為建昌官兵戮力堅守城池，謹恭報擊賊情形，仰祈睿鑒事。

竊臣自克取成都之後，遣發官兵招撫過建昌鎮道以及五衛地方，官員繳印繳劄投誠，并逆賊巨萬欲渡江窺視建昌[80]，飭令各官堵禦等緣由，經臣前疏題報在案。本年三月二十日據參將呂自魁，遊擊鄭有榮，總兵胡振雄、孫佳等塘報內稱，"卑職等自抵建昌招撫會川，即議副將冶國用、費重振等帶領官兵前去會川，并令會川投誠遊擊楊春明就近撥兵，協同堵禦江口。卑職等一面安撫各土司，一面整頓兵馬，會商前進。三月初十日辰時，有副將冶國用、費重振星夜到建，口稱

'三月初七日行至地名五里坡，有會川守江兵丁奔回，隨後逆賊塘馬五百餘騎前來，遇我兵厮殺，陣斬逆賊數名，得獲大旗一桿，會川兵丁竟不出力，各自四散。隨後拿獲逆兵一名，搜出公文一角，拆閱，乃僞將軍劉起龍與會川遊擊楊春明之逆書，并招集散兵僞敕諭、牌票。又詢逆兵，供稱領兵的是僞將軍劉起龍，帶五個總兵，兵有萬餘，江上是楊將官，暗約放過來的等語。我等見賊勢猖獗，會川官兵不戰而退，會川必有變故，是以即回會川，將遊擊楊春明父子一同牽伴前來，請速發兵堵禦'等情。除將遊擊楊春明撥兵看守訖，卑職等公看得建昌乃緊要重地，存城不過留守之兵千餘，業已分發各路堵禦，甚是空虛，議留副將呂自魁帶領官兵守城，總兵胡振雄統領官兵星馳前去堵禦，總兵孫佳、副將鄭有榮繼後接應。但賊勢稍重，[81]實爲衆寡不敵。又迷易所通德昌，北勝州由鹽井兩路之賊俱可適建昌，我兵自是首尾不能相顧，更慮建昌兵少，城垣傾塌，難以固守，不若收集官兵，共守建昌爲妥。今專差遊擊吳化龍馳報，惟候大兵到日，以便奮力剿殺"等情。又據遊擊吳化龍口禀，"僞將軍劉起龍原在建昌做過總兵，不得人心，與孫總兵、胡總兵、安土官俱不相和好。各官有誓守孤城之心，只是兵少。又城中無糧可慮，只望速發大兵"等語。臣即遣發總兵王好文、遊擊趙光榮等帶領官兵二千星馳應援，并預發投誠官兵兩個月餉銀，暨委官帶銀前去召買米糧，接濟軍需。

　　三月二十四日，臣前遣招撫副將冶國用等至省禀稱，"逆賊萬餘，將近建昌，城中各官兵民與土司副將安泰寧心切滅賊，合力共守城池。但城中無糧，恐不能持久，故令卑職星馳前來請發大兵，再懇設備糧餉"等語。二十五日又據參將呂自魁等飛報，内稱"本月十八日，逆賊萬餘帶火器數千侵犯建昌，四面攻圍。又逆賊詭謀多端，用敕書黃旗招誘建兵，令拿卑職并孫總兵以作内應。伏乞迅發大兵，則建城軍民或可生全"等情。臣於本日即復遣總兵王進才、副將柴英、遊擊趙元輔等統領精健前鋒馬兵二千名兼程前去撲剿，并頒發衣帽、緞匹、銀牌等項，仍令冶國用前去傳諭各官兵加意固守，并撫賞土司官兵,以鼓其心去後。四月初一日復據參將呂自魁,遊擊鄭有榮,總兵胡振雄、孫佳等塘報内稱,"三月十八日逆賊萬餘侵犯建昌,前經禀報在案。本月二十二日逆賊用雲梯五六十架,四面爬城,分四股頭子,一股攻東門,一股攻南門,一股攻西門,一股攻西北角,蜂擁齊來。卑職等預爲籌布,先議副將呂自魁領本標官兵固守東門一帶,遊擊鄭有榮、建昌總兵孫佳同建昌道孫振元各領本標官兵固守西門一帶,隨征總兵胡振雄領本標官兵固守北門一帶,建昌鎮標遊擊穆應奎、王進忠各領官兵固守南門一帶,冕山營遊擊孫炳焕、黎雅營中軍守備王一豹各領該營官兵固守西北一帶,建昌鎮標中、左、右三營官兵分撥四面協防。今逆賊臨城,四面齊攻,官兵奮力堵禦,鎗砲、弓箭齊發,木石交加。自二十二日寅時戰至二十三日未時,打死逆賊官兵在城下者約有二三百名,帶傷者不計其數,賊始退敗,卑職等即發馬兵出城,奮勇追殺,活擒逆賊三名,奪獲大旗二桿、小旗四桿、九子砲六位、鳥鎗二百餘桿。賊雖大敗,然營盤尚在窰山,離城止五里,賊衆我寡,不便遠追。又據生擒逆賊供稱,偽綫將軍統領賊兵前來接應,蚤晚就到。卑職等即飭令官兵晝夜小心堤防,其前拘禁遊擊楊春明父子,因通逆請兵,縱賊渡江,雖經拿獲,誠恐變生不測,卑職等已審明口供,當同各官兵斬首,以鎮地方訖。懇乞速發大兵接應,爲此理合塘報"等情到臣。

　　該臣看得成都取滇南由建昌一路,有大、小象嶺之險,有瀘河、金江之阻,又蠻彝雜處之地,得之最難者。如四川有建昌可下雲南,而雲南有建昌可窺四川,切爲必争之區[82]。是臣克取成都之後[83],不敢少置[84],既取之後,又慮兵多,一時無糧,兵少,久則難守,豈川東未取[85],遵義、湖廣之兵未入貴州,以致遵義之賊敢於鴟張來犯永寧。而永寧乃滇黔門户,四川緊要關口,一有差失,則瀘州、叙府、馬湖不保,成都震動矣,臣又何敢岐視。且成都省會新經克復,實爲根本重地,尤難輕忽。除永寧遣發官兵擊賊,餘孽尚猶未退[86],經臣題報在案。今建昌官兵復仰仗我皇上天威,擊敗攻城之賊,雖逆勢尚熾[87],

而叛弁既誅，人心已定，援兵一到，不難撲滅，所有建昌官兵堅守城池、逆賊攻城退敗情形，理合先爲題報，伏乞皇上睿鑒施行。

康熙十九年五月初二日奉旨："兵部議奏。"

查獲賊遺馬騾補給分賞疏

題爲官兵倍道追賊，浮水過江，馬匹損傷數多，謹報明各案，得獲馬匹就便補給，以收進剿速效，以節國用事[88]。

竊臣自十八年十月初九日督率官兵，攻克密樹關；十三日大敗逆賊，恢復徽州，未敢久停；十七日發兵復敗賊於打火店、王家臺等處；二十五日破白水江險[89]，浮水過渡；二十六日大殺逆賊於八堵山[90]；二十七日恢復略陽，并遣遊擊李尚翠等追殺逆賊，克取陽平關。參將呂自魁等於沔縣一路東山擊敗逆賊，其間山險冰滑，與賊步步攻戰，據各官查明前後，當陣傷斃及滾崖跌死、水溺馬共計四百三十八匹。又自十二月二十六日寧羌分路；二十八日渡陽平關江；十九年正月初一日於白水壩大江鏖戰奪險，浮水過渡；初三日大敗青川之賊；初四日追殺於青箐山；初五日又復敗逆賊於舊州明月江；初十日克取成都。十日之內跋涉二千里，山險蠻徑[91]，無分晝夜，倍道兼程，馬匹陣折、水溺、滾崖、擦掌、瘸跛、損傷、丟棄者，今據各營官兵開報，共計六百四十四匹。臣思官兵馬匹倒斃，例應開報，請領茶馬，然官兵現在征剿急須馬匹，非平日無事營伍可比，臣又何敢拘執定例，請討官馬而誤進剿機宜。若令各兵賠補，不但窮卒無力，抑且現在用命[92]，正當鼓勵[93]，此又非情理所安者[94]。臣只得將前後得獲馬匹行令各官，不許私匿，着令盡數查出某營得獲馬匹若干，就准補該營傷折馬匹。又漢兵素無馱馬，既責之追賊迅速[95]，凡帳房、鑼鍋、食米等項難以自帶，臣又不得不將先鋒以及挑選頭敵破陣官兵量給馱馬，以期克效[96]。

查自恢復徽州、略陽、陽平等處，得獲馬七百一十四匹，於略陽起行時補給缺馬兵丁，餘者分散各營作爲駄馬，并騾三十七頭撥給火器官兵駄載大砲、鳥機。今查自破白水壩、青川、龍安、舊州等處，以及克取成都沿途得獲并查出共騙、騾馬，騾二千一百八十三匹頭内，補給各兵六百四十四匹。再成都投誠兵丁前因地方初復，所騎馬匹一并清查。今奉旨留三千名隨臣進剿，照漢中事例，馬二步八，應設馬六百匹，亦應照數撥存，以備征剿。至建昌、永寧兩路正在用兵，往來緊急差報，地方甫定，全無驛馬，若俟題請安設，不能應急[97]。臣亦量撥馬一百二十匹，酌量安設，又補給各官兵駄馬二百匹，其餘剩馬、騾六百一十九匹頭，并投誠官兵暨民間自首，以及查出逆賊男婦人口共二百一十五名口臣因痛禁官兵不許搶掠，而奮勇破險直前官兵宜當鼓勵，除臣給鞍馬、什物、銀牌外，將此項馬匹人口按隊分賞有功官兵訖。此臣心切滅賊，急在鼓勵兵將，相應一并題明。伏乞皇上睿鑒施行。

康熙十九年四月二十八日奉旨："覽卿奏，進剿川賊以來，得獲馬騾二千餘匹撥給兵丁驛遞，有裨軍務，可嘉。知道了。該部知道。"

官兵應援永寧飛報大捷疏

題爲飛報大捷事。

案照逆賊侵犯永寧，官兵兩經擊敗，堅守孤城并微臣續遣官兵星馳應援，緣由業經題報在案。今於康熙十九年四月十五日據臣標左營遊擊龔玉柱、秦州營副將楊三虎、興武營遊擊吳志、西寧鎮標遊擊屠存義，隨征總兵李芳述、鄒九疇、王夢楨、張友成、劉魁、汪時瀕塘報，"竊照僞將軍尤廷玉、王邦圖、高元烈等聚真武山，連營五座，屢次狂逞，情形業經塘報在案。今於四月初八日寅時分，逆賊尤廷玉等統領馬步官兵約共五千有餘過正南橋，蜂擁遶路而上，復過清水河，直登永城南山，轉沙灘子、藍家橋、南壇寺、北壇，分股站隊。卑職等會同公議，以貴州城與賊營相近，議總兵鄒九疇帶領官兵固守其四川城,議副將楊三虎帶領官兵防禦大西門,總兵汪時涶帶領官兵把守南門,署叙永管糧同知顧耀祖、永寧衛守備蕭鳳、原任永寧衛守備馮加官帶領軍民把守小西門,上、下北門。卑職等會議各鎮將率領馬步精兵出城撲剿。賊兵分作六股齊進,三股由曾家營而出,據團山一座,妄意欲攻西南二門;三股由南壇寺、北壇之左右,欲抄我官兵之脇。又觀音閣、夏家灣一路,逆兵分作三股,至大東門,欲攻貴州一城。卑職遊擊龔玉柱帶領馬步官兵由大西門直抵團山之前,總兵劉魁帶領馬步官兵從小西門直抵團山之左,遊擊吳志帶領馬步官兵出小西門直抵團山之右,遊擊屠存義帶領馬步官兵出南門直抵北壇之左,總兵王夢楨帶領馬步官兵出南門直抵北壇之右,總兵李芳述、張友成各帶領馬步官兵出南門直抵南壇寺。賊兵三股而上,卑職總兵李芳述、王夢楨、張友成,遊擊屠存義帶領官兵當頭迎敵,從寅至巳,連衝三陣。卑職等勉勵官兵,均矢肝腦塗地之心,協力奮戰,由是賊兵三股直敗下河,斬殺及過河落水死亡無數。賊營真武山又新到偽張將軍統領賊兵,合夏家灣、觀音閣之逆兵,三股喊聲震地,直攻貴州城東。總兵鄒九疇嚴督官兵,鎗砲齊發,賊不能支,退至營前。惟團山之賊兵三股,卑職遊擊龔玉柱、吳志,總兵劉魁率領官兵三面攻打,連衝七次,自寅鏖戰至未,逆賊居高恃險,死守不退。卑職等隨即下馬親督步兵齊擁前進,復催馬兵從旁一躍而上,矢石交加,賊遂披靡大敗,倒戈奔潰,馬兵飛逐下河,步兵從旁截殺,當陣斬傷溺水者共有千餘。卑職總兵鄒九疇即發遊擊李勝鳳、陳應先,千總郝承恩,永寧鎮右營遊擊段尚秀、守備段虎等帶領官兵打綠旗八桿,開大東門一擁而出,直踰真武山左之磨盤山,奪其小營,順梁而下。遊擊龔玉柱、屠存義帶三桿旗馬兵轉入南門,復出貴州城大東門,即從中路而進,直逼真武山。總兵李芳述、張友成、王夢楨、劉魁,遊擊吳志尾追過河,徑攻真武山,右路而上。總兵鄒九疇復率步兵從磨盤山下左脇而入,漫山遍野,直搗賊營,官兵奮勇,無不以一當百,連踏賊營五座,勢如拉朽摧枯。職等追殺十里,至地名乾溪,見天色已晚,遂收兵回城。是役也,官兵戮力,將士齊心,三戰三捷,遂獲全勝,實皆皇上恩施本將軍德威遠播之所致也。從此振旅長驅,逆賊成擒在邇。除所獲各逆劫掠民間妻女,隨出示俱令百姓認領外。至於得獲大纛、小旗、令箭、鎗砲、盔甲、腰刀、馬匹、活擒逆賊,俟容差官解驗,其在事有功人員以及傷亡官兵另册申報,今將大捷情形理合飛報"等情到臣。

該臣看得四川係滇黔之半壁,永寧爲三省之咽喉,逆賊死心不甘,復來敢於鴟張者[98],其意在圖川蜀,其勢在固滇黔也。今仰仗我皇上天威,諸將士戮力,大敗賊衆。而堅守孤城,首在遊擊龔玉柱才智勇敢,總兵李芳述忠心不二;繼則遊擊屠存義、吳志,副將楊三虎,總兵鄒九疇、王夢楨、張友成等統率官兵星馳應援,合力撲剿,克奏捷功[99]。除臣差員前去獎賞官兵,令其益加奮勉外,其殺賊有功人員并傷亡官兵,得獲盔甲、馬匹、器械等項以及生擒逆賊,俟解到查明,另爲題報。所有官兵大敗賊衆,克捷情形相應題報,伏乞皇上睿鑒施行。

康熙十九年五月初七日奉旨:"據奏,遣發官兵於永寧地方,殺敗逆賊,可嘉。着議奏。兵部知道。"

獎薦僞員以勵後效疏

密題爲歸誠僞員黽勉圖功,已見克效[100],懇請聖明特沛殊恩,以酬忠順,以示激勸事。

竊照逆賊侵犯永寧,官兵前後擊敗情形,并總兵李芳述不受僞敕僞印,舉首逆書等緣由俱經微臣題報在案。今復據總兵李芳述稟報,內稱"本年四月初三日申時分,僞營差人將竹桿夾文書一封插於大東門外,卑職以逆賊屢次書文無非引誘煽惑。隨即請各官齊集大東門城上,開門令人取來公看,係僞上諭二道,僞將軍尤廷玉、王邦圖、高元烈與卑職書一封,內有僞威遠大將軍胡國柱與卑職密書二紙,胡國柱又與總兵鄒九疇、蔣榮德僞密諭一紙。卑職誓圖歸正,以報國恩,豈聽狂悖誘惑,謹此首報。其僞上諭,未敢開拆,今將原封同尤、胡各逆等僞書一并固封呈覽"等情到臣。該臣看得總兵李芳述久歷戎行,才識、膽勇俱優[101],前僞諭催往保寧能不受命,獻城來歸,可謂見幾。今統率官兵應援永寧,身先士卒,戰守得宜。至於僞諭、逆書,或妄陳利害,以悚其心;或餌以將軍事權,以奪其志。該總兵誓切滅賊,終不聽其搖惑[102],不獨才識超群,膽勇素著,抑且公忠效順,堅貞不改[103],雖臣前疏兩經奏請,誠恐未竟所長。臣叩懇聖明,俯念新復疆土,首在得人,將李芳述特加殊恩,准以總兵實銜,敕部給劄,食俸隨征,使其統領原管之兵爲國效力,庶人人知勉[104],效順迅速矣[105]。所有送到僞諭,臣會同將軍臣吳丹、俄克濟哈拆閱并逆書總出餌誘煽惑、狂悖不遜之語,除咨送兵部外,相應具題。伏乞皇上睿鑒,敕議速覆行。臣遵奉施行。

康熙十九年五月初十日奉旨:"兵部議奏。"

接任雲貴總督謝恩疏

奏爲謹報明微臣遵旨受事日期,恭謝天恩事。

康熙十九年四月二十五日,准吏部咨,文選清吏司案呈奉本部送吏科抄出勇略將軍趙良棟奏前事。康熙十九年三月十七日奉旨:"卿才品優長,久鎮巖疆,勞績素著,簡任雲貴總督,正資料理,着祗遵成命,不必控辭。該部知道。欽此。"欽遵,抄部送司案呈到部,移咨到臣。念臣老病情真,總督任重,理當具實再爲陳請[106],叩懇俞允,以安愚分。但逆孽現在負固,[107]雲貴尚未開復,正臣子恢疆滅賊之秋,而臣又不得不黽勉受命[108],仰副我皇上宵旰未釋之心於萬一也耶。謹於二十六日祗遵受事外,所有御塘齎到微臣坐名敕書一道,臣郊迎至署,因具疏控辭未敢開讀。今祗遵成命恭設香案,望闕叩頭謝恩開讀訖,相應一并奏明。伏乞皇上睿鑒施行,謹具奏謝以聞。

康熙十九年五月二十七日奉旨:"覽卿奏謝,知道了。該部知道。"

【校勘記】

［1］蜀省既復地方：康熙四十八年刻本作"已克之蜀省"。
［2］康熙四十八年刻本"秦民"前有"遠道之"三字。
［3］而：康熙四十八年刻本無此字。
［4］是：康熙四十八年刻本無此字。
［5］不獨痛禁：康熙四十八年刻本作"之日嚴禁"。
［6］街市：康熙四十八年刻本作"市肆"。不變：康熙四十八年刻本無此二字。
［7］出：康熙四十八年刻本作"皆"。
［8］切重矜全：康熙四十八年刻本作"救民於水火之中"。
［9］至賊之僞行：康熙四十八年刻本作"至逆賊蹂躪以來"。
［10］豈有止此：康熙四十八年刻本作"何止此數"。
［11］臣：康熙四十八年刻本無此字。
［12］"彼既"至"無妨"：康熙四十八年刻本作"農耕於野，商安於市，廬舍田疇，一無侵擾"。
［13］使：康熙四十八年刻本作"此"。
［14］面：康熙四十八年刻本作"路"。
［15］固不：康熙四十八年刻本作"不能"。
［16］自：康熙四十八年刻本作"既"。
［17］自：康熙四十八年刻本作"亦"。
［18］康熙四十八年刻本"湖南"前有"而"字、"廣西"後有"均應"二字。
［19］頻：康熙四十八年刻本作"甚"。
［20］過此：康熙四十八年刻本作"若過此時"。
［21］又當何如：康熙四十八年刻本作"用兵甚難"。
［22］切：康熙四十八年刻本作"深"。
［23］正：康熙四十八年刻本作"方"。
［24］而人臣分宜捐軀不顧：康熙四十八年刻本作"正臣子捐軀報效之日"。
［25］是臣：康熙四十八年刻本作"臣因"。
［26］康熙四十八年刻本"於"字前有"皆行之"三字。正熾之際：康熙四十八年刻本作"方張之會"。
［27］用盡心機：康熙四十八年刻本作"心力交盡"。
［28］康熙四十八年刻本"四十載"前有"已"字。
［29］康熙四十八年刻本"傷勞"前有"從前之"三字。
［30］當、知：康熙四十八年刻本分別作"方""覺"。之：康熙四十八年刻本無此字。
［31］一：康熙四十八年刻本作"年"。

[32] 痛：康熙四十八年刻本作"病"。
[33] 之：此字原無，據康熙四十八年刻本補。
[34] 康熙四十八年刻本"昔日"後有"可比"二字。
[35] 陳情兵民訴苦：康熙四十八年刻本作"安戢兵民"。
[36] 又臣：康熙四十八年刻本無此二字。
[37] 煌煌：康熙四十八年刻本無此二字。
[38] 又或：康熙四十八年刻本作"安敢"。
[39] 恩：康熙四十八年刻本作"恩榮"。
[40] 以：康熙四十八年刻本作"自"。
[41] 閑：康熙四十八年刻本作"嫌"。
[42] 季魁元：原作"季魁文"，據康熙四十八年刻本及本書卷八《剖明心迹疏》改。
[43] 幹才：原作"才幹"，據康熙四十八年刻本改。
[44] 人：康熙四十八年刻本作"才"。
[45] 康熙四十八年刻本"司道"前有"所知"二字，後有"恭請就近補授"六字。
[46] 進剿：康熙四十八年刻本無此二字。
[47] 恢疆切要：康熙四十八年刻本作"進剿"。
[48] 足、用：康熙四十八年刻本分別作"辦""事"。
[49] 堪：康熙四十八年刻本作"優"。
[50] 有克：康熙四十八年刻本作"克有"。
[51] 慮恐：康熙四十八年刻本作"恐致"。
[52] 以收實效：康熙四十八年刻本作"可稱任使"。
[53] 濟：康熙四十八年刻本作"效"。
[54] 益慚：康熙四十八年刻本作"慚愧"。
[55] 康熙四十八年刻本"侍臣"後有"吳黑"二字，"趙弘燦"前有"廕生"二字。
[56] 施仁：康熙四十八年刻本作"仁慈"。
[57] 至：康熙四十八年刻本作"當此"。
[58] 賊：康熙四十八年刻本作"此"。
[59] 康熙四十八年刻本"逆"字後有"賊所處之境地"六字。
[60] 壁：康熙四十八年刻本作"垣"。
[61] 相敵：康熙四十八年刻本作"持久"。
[62] 不曰：康熙四十八年刻本作"至"。
[63] 有：康熙四十八年刻本作"懷"。
[64] 康熙四十八年刻本"自爲身謀"前有"則"字，後有"之不暇"三字。
[65] 而：康熙四十八年刻本作"且"。
[66] 概可：康熙四十八年刻本作"可概"。

[67] 思恩府：底本、康熙四十八年刻本、清華抄本、天圖抄本等均作"思南府"，誤。案：《平定三逆方略》卷五十七載："一路自思恩府渡八碍青羊江，由廣南府出雲南維摩州。"且康熙年間思南府屬貴州而非廣西。據改。
[68] 以重恢疆切要：康熙四十八年刻本作"蚤恢疆土者"。
[69] 鄭有榮：原作"鄒有榮"，據康熙四十八年刻本及本書卷五《初報庸鎮退兵疏》"興安鎮標右營遊擊鄭有榮"改。
[70] 化林：原作"化休"，據康熙四十八年刻本、本疏下文改。
[71] 沙：此字原無，據康熙四十八年刻本補。
[72] 員：康熙四十八年刻本作"呈"。
[73] 者：康熙四十八年刻本無此字。
[74] 是：康熙四十八年刻本無此字。
[75] 發：康熙四十八年刻本作"撥"。
[76] 出：康熙四十八年刻本作"爲"。
[77] 視：康熙四十八年刻本作"伺"。
[78] 義：原作"意"，據康熙四十八年刻本改。
[79] 且：原作"則"，據康熙四十八年刻本改。
[80] 視：康熙四十八年刻本作"伺"。
[81] 稍：康熙四十八年刻本作"甚"。
[82] 切：康熙四十八年刻本作"實"。
[83] 是：康熙四十八年刻本作"此"。
[84] 不敢少置：康熙四十八年刻本作"進取不敢少緩"。
[85] 豈：康熙四十八年刻本作"皆因"。
[86] 猶未退：康熙四十八年刻本作"未退散"。
[87] 熾：康熙四十八年刻本和清華抄本作"在狂逞"。
[88] 以收進剿速效以節國用事：康熙四十八年刻本作"以節國用，以收速效事"。
[89] 康熙四十八年刻本"江"字後有"之"字。
[90] 八：原作"大"，據康熙四十八年刻本和清華抄本改。
[91] 蠻徑：康熙四十八年刻本作"徑仄"。
[92] 康熙四十八年刻本"用命"前有"責以"二字。
[93] 康熙四十八年刻本"鼓勵"前有"加意"二字。
[94] 此又非情理所安者：四十八年刻本作"斷難勒令購補"。
[95] 既責之追賊迅速：康熙四十八年刻本作"今既欲令其迅速追賊"。
[96] 克：康熙四十八年刻本作"速"。
[97] 不：康熙四十八年刻本和清華抄本作"安"。應：康熙四十八年刻本作"濟"。
[98] 死心不甘復來敢於鴟張：康熙四十八年刻本作"效死復來，鴟張狂逞"。

［99］捷功：康熙四十八年刻本作"大捷"。
［100］克：康熙四十八年刻本作"成"。
［101］才識膽勇俱優：康熙四十八年刻本作"才識俱備膽勇兼優"。
［102］終不聽其搖惑：康熙四十八年刻本作"出首逆書"。
［103］"膽勇"至"不改"：康熙四十八年刻本作"忠義可嘉而堅貞果敢，不爲搖奪之心志，與奮勇剿賊克奏捷功之勤勞"。
［104］康熙四十八年刻本"知勉"前有"皆"字，後有"勵圖功"三字。
［105］效順迅速：康熙四十八年刻本作"將效順之恐後"。
［106］具：康熙四十八年刻本作"據"。
［107］但：康熙四十八年刻本作"今復蒙恩諭臣思"。
［108］而臣又不得不：康熙四十八年刻本作"敢不"。康熙四十八年刻本"受命"後有"竭盡駑駘以"五字。

奏疏存藁卷之四

密陳統馭官兵情節疏

密題爲君命不當固辭,兵心難容渙散,謹陳明統馭情節,仰祈睿裁事。

竊思恢疆滅賊雖在將謀,而摧堅陷陣一惟士氣[1]。查寧夏邊地素號强兵之所,苟駕馭失宜,不獨不能爲用,抑且驕悍難馴,稽之前代,不百年叛亂四次[2]。即我朝順治三年殺巡撫,繼而惠安戕提督[3],亦已兩經變故矣。再如固原不過門庭之寇,不戰而走,豈可驅之遠征。臣三年訓練,痛禁扣餉,申嚴紀律,恩威教養,費盡心力,始成一旅勁兵,實非容易,故臣敢有微臣年歲漸老,願當一路進剿之請,在所恃者此兵也。及至清水,實切餧養馬匹[4],實切繕治器具,當諸路尚在觀望,惟寧夏官兵實心言進,此又學士、內臣所目擊,諒亦啓奏,已在聖明洞照中矣。至於蜀道險阻,自古稱難,去冬攻克密樹關,恢復徽州、略陽、陽平,不再旬而全秦底定。今春長驅入川,倍道兼程,其間披重鎧以渡狂瀾,穿荆棘而歷鳥道,步步與賊攻戰,不十日,克取成都,所恃亦惟寧夏官兵在前。是寧夏官兵非臣無以驅令[5],而臣非寧夏官兵無以克捷[6],臣之前疏願以原官仍統原兵,隨師進剿者,意出真誠,非敢以浮泛之詞欺君父而自欺也。今重荷皇恩,溫綸疊渙,臣又不得不黽勉受命,但寧夏官兵未經議及,臣萬里遠征,無所適從,如謂雲貴尚未開復,督標營制未經預設,雖有隨征總兵官兵,不過暫爲改充,又遠在湖南,令臣仍統寧夏官兵進剿,則寧夏員缺暫停不推,庶兵心歸一,而臣有此相信之兵遠征[7],可期克效[8]。倘以臣既受雲貴之命,督標官兵令臣另爲題設,或謂已有湖廣隨征總兵,官兵其寧夏員缺,或提督,或總兵,另行推人,不獨微臣題設改撥爲難,而推補之人使統寧夏官兵進征[9],亦恐兵將驟難交孚。[10]即敕下新推提鎮隨臣進征[11],聽臣指揮,而官兵多一層管轄,隔一層親切,增一番內顧,惑一番人心[12]。況前進四川,誰不懼其深入?今言雲貴,誰不畏其路遠[13]?臣之愚見,惟今進征[14],首在寧夏官兵爲最重,爲切要,萬一渙散其心,臣雖有滅賊朝食之心[15],其如呼應不靈何[16]?此又臣不得不亟爲請命以一兵心者也[17]。仰懇我皇上俯念進征爲重,時在用兵[18],或准臣前疏懇辭,仍以原官統領原兵,力圖進剿,將雲貴總督另簡賢能;或蒙特旨,官兵仍聽微臣統領進剿,而寧夏員缺暫停不行推補,俟雲貴恢復之日,官兵再議回汛,提鎮員缺,再議補人,另爲請旨;或別蒙聖裁。臣未敢擅便,總之臣以滅賊恢疆爲重,兵將得心得力爲要也。伏乞皇上俯鑒電照[19],敕議速覆行臣遵奉施行。

康熙十九年五月二十一日奉旨:"已有旨了。兵部知道。"

永寧復敗逆賊大破勁敵疏

題爲官兵奮勇大破勁敵,謹再報明斬獲情形,仰祈睿裁俯鑒加恩,以勵將士,以期後效事。

竊照本年四月初八日永寧官兵殺敗逆賊,飛報大捷前來,臣接據塘報,業經繕疏題聞在案。嗣於四月二十四日復據遊擊龔玉柱、總兵李芳述等報稱,"本月初八日大敗逆賊,[20]彼時因官兵分頭追剿,擒獲賊衆尚未到齊,又陣斬逆賊,尸橫遍野,一時不及細查,止將大略情形先爲具報外。查此案逆賊陣勢勇猛,較前大不相同,竟日鏖戰,拼命死敵,連衝數十餘次不離山頭。卑職等見賊占高,又且逼近城門,若一天晚,難以收兵,遂傳官兵各下死力惡戰。卑職等領兵官在前,各認一面不顧身命,總兵李芳述,副將蘇虎、王之俊、郭騏,蘭州營守備陳英，撫標千總張憲載奮勇先登，逆賊方始大敗，當陣斬殺實有千餘，生擒七十二名，我之官兵傷亡亦多。今審據逆賊李環、張鳳鳴、楊泗等供認，陣前斬殺總兵一員毛友貴，副將三員劉瓊、許三虎、蕭從福，參將涂翰，遊、守、千、把百十餘員，尤廷玉、王邦圖、高元烈身俱帶傷，大散奔逃。又審問陣獲大旗、小旗，多係銀頂紅櫻金蟒，據供：'黃旗金蟒原係藩下右固山後改前將軍的旗號，因吳國貴死了，將小的們遼東舊人一半分與胡將軍去遵義，一半王邦圖領着在貴州，因尤將軍請兵，將小的們纔發來。二月十一日自貴州起身，三月十三日到永寧。'又問：'原是多少舊人？'據供：'小的們在右固山下，原是四千甲，改了五鎮後，又各處抽拔了一千，共五千，六鎮。遵義去了三鎮，王邦圖領來永寧也是三鎮，二千五百甲。'又問：此來賊兵多，不止二千五百。'供稱：'尤將軍領的是三千自遵義來的，并高將軍有七八百人，都是各鎮上的兵，不係藩下舊人，還有個撫彝王將軍在畢節領的安順來的兵，黑將軍在生界壩領的是檔下的逃兵，還有黔西、大定、威寧兵未到'等語。除陣獲九子砲二十七位，拐子鎗、交鎗二百九十八門存營給兵應用，所有當陣得獲大旗二十八桿，小旗二百五十三面，紅、藍旗二面，令箭九枝，僞劄九十七張，僞敕諭、火牌、勘合、糧單、本章、文移通共四十一件，玉帶二條，并生擒逆賊七十二名，相應押解。其刷刀、腰刀、弓箭、鐵綿、盔甲、馬匹尚未查明收齊，俟查明收齊另爲册報。至於傷亡官兵容卑職等逐一查明，分別輕重，另册呈報"等情到臣。臣即會同建威將軍臣吳丹、振武將軍臣俄克濟哈等，四川督臣楊茂勛、撫臣杭愛齊集公所審問，李環、宋希堯、王可俸等二十名供稱"皆係遼東人，原在吳國貴下披甲，吳國貴死了，一半分去遵義，一半王邦圖領來永寧，二月十一日自貴州起身，三月十三日到永寧"等語。隨發布、按兩司逐一細叙口供。據稱審得李環等二十名俱係遼東舊人，先在右固山吳國貴跟前，因吳國貴在湖廣武岡州被砲打死了，而今在僞將軍王邦圖跟前。又問前日永寧打仗有幾個將軍，帶領多少兵馬？供"一個尤將軍，一個高將軍，一個王將軍，連喻、黃、楊、毛八九個總兵,共有七千多人、二千多馬"。問這一陣殺了賊兵多少？供"陣上殺了我們見過的有七八百不止,還有河裏淹死的、山上跌死的,我們眼裏未見不敢説"。又問你們打的甚麽旗號[21]？供"是黄旗、白旗,現有解來大小旗幟可驗"。問賊兵共有幾座營盤,供"有五座營盤,俱被大兵躧了"。又問楊泗、盧進忠、王國相等五十二名,據供"皆係僞將軍尤廷玉、高元烈下的兵,俱是各鎮上的,不是藩下舊人,當陣被擒是實"等語。兩司審單口供俱同。臣等仰體皇上好生之德,將擒獲賊兵概行免死,剃頭發營安插外。

該臣看得逆渠搆亂於兹七年,竊踞我疆土,蹂躪我生民,處處稱兵,致煩天討。如自去冬以至今春,漢南、川蜀捷報頻頻,斬殺浮馘極多,可謂大挫其鋒,然未似永寧一捷,生擒斬殺若許遼東舊人[22],况旗幟製造不同[23],其爲勁旅也明矣。再逆渠僞敕十道,諄言永寧爲重,觀其詞語,勢窮力盡,危在至極,從此一敗,益見心寒膽落。所有官兵仰仗皇上天威,十分用命,戰功不可泯没,亟宜請旨加恩,以勵後效者也[24]。至總兵李芳述歸誠後,功苦尤最[25],合并叙明,叩懇皇仁敕下從優議叙,使行間將士暨投誠各官比效奮勇[26],無不争先恐後矣[27]。在事有功人員及傷亡官兵,俟册報到日,另疏題請。得獲逆賊僞敕、火牌、文移等件送部外,臣謹會同將軍臣吴丹、俄克濟哈,督臣楊茂勳,撫臣杭愛合詞具題。伏乞皇上睿鑒,敕議施行。

康熙十九年六月初十日奉旨:"官兵於永寧地方殺敗逆賊,可嘉。及李芳述授爲隨征總兵官,俱已有旨了。兵部知道。"

遵諭再遣官兵堵剿疏

密題爲報明遵奉上諭,再遣官兵堵剿,暨逆賊兩路出犯情形并陳進滇兵數、糧運,仰副聖懷,以期克效事。

四月十七日接准兵部密咨,奉上諭:"川省與雲貴接壤,通路甚多,逆賊必來侵犯,關係重大。昨據總督將軍趙良棟報我官兵已抵金沙江,宜行總督將軍趙良棟,將軍吳丹、俄克濟哈等在各處要路,俱令立營挖壕,砌壘垛口,於此進取之間,令其固守,所守官兵糧餉運送勿誤。欽此。"仰見我皇上重切封疆[28],睿慮周到。

查滿洲馬匹尚瘦,原進川東漢兵俱在保寧,而臣敢不以滅賊恢疆戰守為重耶。如該鎮將前報,因降弁復萌叛念,放賊過江,已經擒斬,繼報殺敗攻城之賊,業經題報在案。臣復慮建昌切近雲南,為賊必爭之地,已四次遣發過官兵五千,既奉上諭,復發兵三千,計前後五次遣發過參將呂自魁,遊擊鄭有榮,總兵胡振雄、王好文[29]、王進才、藍兆周,遊擊柴英、趙光榮、馬登仕、趙元輔、馮德昌、趙魁英、王洪仁等帶領官兵八千員名矣。又永寧逆賊出犯,臣不敢以兩路歧視,亦遣遊擊龔玉柱,總兵李芳述、鄒九疇、張友成、王夢楨,副將楊三虎、王之俊,遊擊屠存義、吳志等前後三次計發過官兵四千員名矣。今永寧逆賊惡戰死敵,已被官兵殺敗,而建昌逆賊擡檔木,驅象隻,雖我兵奮勇,屢有擒斬,尚未大破其眾,而臣原進川西一路漢兵一萬三千,除去兩路遣發一萬二千,加之防隘塘撥,不獨成都無官無兵,抑且滿漢官兵俱沾奉旨養馬之實,而臣之官兵當此酷暑炎熱總未停歇,永寧逆渠王邦圖、尤廷玉、高元烈等賊既經殺敗,遠遁地方,係將軍臣吳丹統領原進川東漢兵應進之路,臣已會明將軍吳丹、俄克濟哈遣發總兵費雅達帶領所部官兵,并嚴催提督臣王之鼎帶兵速赴永寧接防,所有臣遣剿賊官兵四千應行撤調回成都,暫喂馬匹,聽候續發建昌進剿,相應一并題明。

至於進取滇黔,以臣竊憶[30],賊勢雖敗,然其餘孽舊人尚多,即使不顧其主,而伊之父母、妻子豈有概置不顧者乎?若我兵厚[31],用之當[32],彼眾不降焉往[33];若我輕忽[34],用之不當,則彼眾必拼命死戰。不曰雲南不可輕忽[35],即進建昌、永寧兩路地方,率皆苗蠻彝猓,到處關隘要路,須當留兵防守,而留防之兵,又非三二百人可以扎站。且廣西進兵隔遠,不敢必其前後,而四川兩路亦甚窵遠,難以接應一路,有事止可顧得一路,遇阻須自努力[36],先到須自獨當[37]。此臣諄言切陳者[38]，總欲克捷迅速，事期萬全[39]，每路二萬漢兵實不爲過也。且如前進漢南，由興安一路，除滿洲之外，綠旗漢兵一萬，復有總兵程福亮帶兵二千接應；棧道一路綠旗漢兵一萬二千，復有總兵高孟帶兵二千接應；小川子一路，除滿洲之外，綠旗漢兵一萬，復有總兵朱衣客帶兵二千接應；微臣進八堵山，一路綠旗漢兵五千，二千接應，是通計綠旗漢兵四萬五千員名矣。漢南尚用綠旗兵四萬五千，而進取雲貴四萬[40]，又豈爲過[41]？況係已用之兵數，大將軍題報可查，倘臣言不謬，仰祈睿裁，敕下大將軍陝督照數撥派，速發軍前，以重進剿，以期速效者也。

　　臣復有請者，建昌一路大兵行糧應在成都、嘉、眉、卭、雅、瀘等州運送，不獨苗蠻烟瘴之地，且有大、小象嶺、瀘江之險，其間輓運須步步防獲，庶保無虞。又川民刁玩疲敝，素稱難治，必須能員率兵押送，今川糧交與四川總督巡撫運送勿誤，已經奉旨。如撫臣杭愛標下尚無招兵，督臣楊茂勛既抵成都，帶有現成標兵，應遵嚴綸，協同撫臣督運川糧，星赴建昌，勿使有誤。如臣等前議，督臣在重慶者原以遵義未復，督臣現在重慶，今湖廣官兵已取辰、沅，可以直下貴州，而遵義之賊不戰自遁，況順承王既駐重慶，督臣可以停其復去，以免往返，當遵旨就近料理川糧，以專責成，統聽敕議。緣係報明，遵奉上諭，再遣官兵堵剿，暨逆賊兩路出犯情形并陳進定雲南兵數、糧運，以期萬全事理，貼黃難盡，伏祈皇上睿鑒全覽，敕部施行。

　　康熙十九年六月初六日奉旨：“議政王、貝勒、大臣會議具奏。”

彙繳投誠僞敕印劄疏

　　題爲彙繳投誠文武官員、土司人等僞敕、印劄事。

　　竊臣自本年正月初一日督兵破白水壩險，浮水渡江；初三日大敗青川之賊，恢復龍安，復敗賊於青箐山、舊州、明月江；初十日克取成都，招撫到僞將軍，巡撫、總兵、司、道、府、州、縣、副、參、遊、都、守、千、把等官，并嘉、眉、邛、雅、瀘州、叙府、馬湖、建昌、永寧各路漢土官員相繼歸誠，俱經臣具疏題聞，而繳到僞印、僞劄，查明彙繳，亦於各案聲明。今查僞將軍，巡撫，總兵，副、參、遊、守，司、道、府、州、縣、衛、所，土司等官，有首先投誠者，有事急就撫者，有保全城池拒賊效順者，有敗散之後相繼奔投者，通計一千三百九十五員。武職各官堪以隨征、爲國效力者，臣遵旨俱照伊等僞銜降一等，填給印劄。文職選其才能，亦遵旨酌用，另爲題請。所有前後繳到僞敕四道，僞鍍金方印一顆，僞銀方印二顆，銅方印、關防、條記二百六十三顆，僞劄一千三百八十四張，造册移送兵部。又白水壩、青川、舊州陣斬逆賊，得獲僞劄一百四十六張，永寧陣斬逆賊，得獲僞劄九十七張，一并入册彙繳外。臣謹恭造簡明一册進呈御覽，理合具題，伏乞皇上睿鑒，敕部查明，銷毁官員註册施行。

康熙十九年七月初三日奉旨："該部知道。"

特參降弁冒功疏①

題爲降弁滅衆，妄報冒功，官兵不服，謹據實糾參，仰祈睿鑒嚴敕處分，以儆奸邪，以肅軍紀事。

竊惟四川一省古稱天險，攻取爲難，而滇黔未下，守亦不易。如逆賊於建昌、永寧兩路出犯，死戰死拒，意在復取門户，我皇上睿慮周到，嚴綸何等詳切。但九重萬里，凡官兵之强弱，逆賊之虛實，軍機之緩急，武弁之功罪，一惟在外統兵大臣爲準，其間若懷私、若欺飾、若畏怯、若冒功，何以仰抒聖懷而服衆滅賊，以奠封疆者乎？

臣自克取成都之後，即分遣官兵於建昌、永寧兩路相機剿撫。查永寧自高元烈奔逃，汪時潁率衆歸誠，而逆賊旋復出犯，遊擊龔玉柱、總兵李芳述堅守孤城，守備陳英、參將蘇虎繼到，因報逆賊尤廷玉、高

---

① 康熙四十八年刻本、康熙五十一年刻本均無此篇。

元烈攻城，復來王邦圖，臣再遣遊擊屠存義、守備孫國祥帶領馬兵先馳，副將楊三虎，遊擊吳志，總兵鄒九疇、張友成、王夢楨等督兵繼後，如總兵李芳述、遊擊龔玉柱等陣斬出犯之賊，殺敗攻城之賊，捷報情形，暨臣三遣官兵四千員名，俱經題報在案。今於康熙十九年四月十五日據臣標左營遊擊龔玉柱，秦州營副將楊三虎，興武營遊擊吳志，西寧鎮標遊擊屠存義，隨征總兵李芳述、鄒九疇、王夢楨、張友成、劉魁、汪時溥塘報，"竊照偽將軍尤廷玉、王邦圖、高元烈等聚真武山，連營五座，屢次狂逞，情形業經塘報在案。今於四月初八日寅時分逆賊尤廷玉等統領馬步官兵約共五千有餘過正南橋，蜂擁遶路而上，復過青水河，直登永城南山，轉沙灘子、藍家橋、南壇寺、北壇，分股站隊，卑職等會同公議，以貴州城與賊營相近，議總兵鄒九疇帶領官兵固守其四川城；議副將楊三虎帶領官兵防禦大西門，總兵汪時溥帶領官兵把守南門，署叙永管糧同知顧耀祖、永寧衛守備蕭鳳、原任永寧衛守備馮加官帶領軍民把守小西門、上下北門，卑職等會議各鎮將率領馬步精兵出城撲剿。賊兵分作六股，齊進三股，由曾家營而出，據團山一座，妄意欲攻西南二門，三股由南壇寺、北壇之左右欲抄我兵之脇。又觀音閣、夏家灣一路逆兵分作三股至大東門，欲攻貴州一城。卑職遊擊龔玉柱帶領馬步官兵由大西門直抵團山之前，總兵劉魁帶領馬步官兵從小西門直抵團山之左，遊擊吳志帶領馬步官兵出小西門直抵團山之右，遊擊屠存義帶領馬步官兵出南門直抵北壇之左，總兵王夢楨帶領馬步官兵出南門直抵北壇之右，總兵李芳述、張友成各帶領馬步官兵出南門直抵南壇寺，賊兵三股而上。卑職總兵李芳述、王夢楨、張友成，遊擊屠存義帶領官兵當頭迎敵，從寅至巳，連衝三陣，卑職等勉勵官兵均矢肝腦塗地之心，協力奮戰，由是賊兵三股直敗下河，斬殺及過河落水死亡無數。賊營真武山又新到偽張將軍統領賊兵合夏家灣、觀音閣之逆兵，三股喊聲震地，直攻貴州城東，總兵鄒九疇嚴督官兵，鎗砲齊發，賊不能支，退至營前。惟團山之賊兵三股，卑職遊擊龔玉柱、吳志，總兵劉魁率領官兵三面攻打，連衝七次，自寅鏖戰至未，逆賊居高恃險，死守不退，卑職等隨即下馬，親督步兵，齊擁前進，復催馬兵從旁一躍而上，矢石交加，賊遂披靡大敗，倒戈奔潰，馬兵飛逐下河，步兵從旁截殺，斬傷溺水者共有千餘。卑職總兵鄒九疇即發遊擊李勝鳳、陳應先，千總郝承恩，永寧鎮右營遊擊段尚秀，守備段虎等帶領官兵，打綠旗八桿，開大東門，一擁而出，直踰真武山左之磨盤山，奪其小營，順梁而下。遊擊龔玉柱、屠存義帶三桿旗馬兵轉入南門，復出貴州城大東門，即從中路而進，直逼真武山。總兵李芳述、張友成、王夢楨、劉魁、遊擊吳志尾追過河，徑攻真武山右路而上。總兵鄒九疇復率步兵從磨盤山下左脇而入，漫山遍野，直搗賊營。官兵奮勇，無不以一當百，連踏賊營五座，勢如拉朽摧枯。職等追殺十里，至地名乾溪，見天色已晚，遂收兵回城。是役也，官兵戮力，將士齊心，三戰三捷，遂獲全勝，實皆皇上恩施本將軍威德遠播之所致也。從此振旅長驅，逆賊成擒在邇。除所獲各逆劫掠民間妻女，隨出示令其百姓認領外。至於得獲大纛、小旗、令箭、鎗砲、盔甲、腰刀、馬匹，活擒逆賊，俟容差官解驗，其在事有功人員以及傷亡官兵另册申報，今將大捷情形理合飛報"等情前來。臣接報，於四月十七日具題報聞。十八日，准四川提督臣王之鼎咨，爲塘報官兵剿殺犯永逆賊情形事，内開"康熙十九年四月初十日，據標下隨征總兵劉魁報稱，'卑職於四月初七日未刻離永寧五里扎營，整齊兵馬，次蚤黎明抵永城外五龍廟，詎意逆賊僞尤將軍、高將軍、王將軍統領僞總兵十五員，賊衆五千餘，於本日卯刻順河由西北蜂擁而來，所有城内各總、副、遊、守等官領兵馬從南門而出，卑職統領所部官兵從正南山梁矢逐前去，賊衆蚤已渡河，分作數股，各占山頂，有先鋒賊衆先占紅土山頂，卑職會同各鎮協營亦分作數股前去迎敵。卑職統遊擊冉希堯，守備席豹黄，甲科陳加祥、劉文，千、把總賈明貴、初光魁、陳君弼、薛萬龍、張起龍、陳華、王自禮、張天祥、張晏，署把總張化豹等帶領兵丁由北山梁自辰至未鏖戰數十回合。賊衆鎗砲矢箭如雨，山坎高陡，卑職三面受敵，隨傳令各官兵休息片時，分途三股，奮勇爭先，鎗砲、弓矢、刷刀相繼直衝紅土等山，卑職臉帶砲傷，奮不顧身，率領各官兵冒砲矢前突，賊衆披靡大敗，各鎭協營官兵相繼追殺過河，趕過數架山巓，直殺至真武山，連躐賊營七座，殺死賊衆甚多，遁走無幾。酉時分，收兵歸營。所有活擒賊兵，得獲旗幟、器械及我師帶傷官兵，容查明，一并解報，理合呈報'等情到本提督。據此事千標下官兵剿殺逆賊情形，除陣擒賊兵，得獲旗幟、器械等件及帶傷官兵姓名、數目，俟查明報到另咨外，合亟咨會"等因到臣。臣以永寧殺賊兩報俱在四月初八日，而龔玉柱、李芳述塘報中叙有劉魁，此公報已經繕疏具題矣。今提臣移文劉魁所報卑職直衝紅土等山，奮不顧身，臉帶砲傷前突，賊衆披靡大敗，各鎭協營官兵相繼追殺，是劉魁首先敗賊，而各鎭協營官兵相繼追殺者明係後到也。

　　兩報不同，難容溷亂，隨行各該鎭將作速查明，據實回報去後，四月二十四日據遊擊龔玉柱、總兵李芳述等報稱，"本月初八日大敗逆賊，彼時因官兵分頭追剿，擒獲賊衆，尙未到齊。又陣斬逆賊，尸橫遍野，一時不及細査，止將大略情形先爲具報外。查此案逆賊陣勢勇猛，較前大不相同，竟日鏖戰，拚命死敵，連衝數十餘次，不離山頭，卑職等見賊占高，又且逼近城門，若一天晚，難以收兵，遂傳官兵下死力惡戰，卑職等領兵官在前，各認一面，不顧身命，總兵李芳述、副將蘇虎、王之俊、郭麒，蘭州營守備陳英、撫標千總張憲載奮勇先登，逆賊方使大敗，當陣斬殺實有千餘，生擒七十二名，我之官兵傷亡亦多。今審據逆賊李環、張鳳鳴、楊泗等供認，陣前斬殺總兵一員毛友貴，副將三員劉瓊、許三虎、蕭從福，參將涂瀚，遊、守、千、把百十餘員。尤廷玉、王邦圖、高元烈身俱帶傷，大散奔逃。又審問陣獲大旗、小旗，多係銀頂紅纓金蟒，據供'黃旗金蟒原係藩下右固山後改前將軍的旗號，因吳國貴死了，將小的們遼東舊人一半分與胡將軍去遵義，一半王邦圖領着在貴州，因尤將軍請兵，將小的們纔發來，二月十一日自貴州起身，三月十三日到永寧'。又問：'原是多少舊人？'據供'小的們在右固山下原是四千甲，改了五鎭後，又各處抽拔了一千，共五千六鎮,遵義去了三鎮,王邦圖領來永寧也是三鎮,二千五百甲'。又問'此來賊兵多,不止二千五百'。供稱'尤將軍領的是三千自遵義來的,并高將軍有七八百人都是各鎮上的兵,不係藩下舊人,還有個撫彝王將軍在畢節領的安順來的兵,黑將軍在生界壩領的是檔下的逃兵,還有黔西、大定、威寧兵未到'等語。除陣獲九子砲二十七位,拐子鎗、交鎗二百九十八門存營,給兵應用,所有當陣得獲大旗二十八桿,小旗二百五十三面,紅藍旗二面,令箭九枝,僞劄九十七張,僞敕諭、火牌、勘合、糧單、本章、文移通共四十一件,玉帶二條,并生擒逆賊七十二名相應押解,其刷刀、腰刀、弓箭、鐵棉、盔甲、馬匹尚未查明收齊,俟查明收齊另爲册報。至於傷亡官兵,容卑職等逐一查明,分別輕重,另册呈報"等情到臣。臣即會同建威將軍臣吳丹、振武將軍臣俄克濟哈等,四川督臣楊茂勛、撫臣杭愛齊集公所審問李環、宋希堯、王可俸等二十名,供稱:皆係遼東人,原在吳國貴下披甲,吳國貴死了,一半去遵義,一半王邦圖領來永寧,二月十一日自貴州起身,三月十三日到永寧等語。隨發布、按兩司逐一細叙口供,據稱:李環等二十名俱係遼東舊人,先在右固山吳國貴跟前,因吳國貴在湖廣武岡州被砲打死了,而今在僞將軍王邦圖跟前。又問:前日永寧打仗有幾個將軍?帶領多少兵馬?供:一個尤將軍、一個高將軍、一個王將軍,連喻、黃、楊、毛八九個總兵,共領有七千多人,二千多馬。問:這一陣殺了賊兵多少?供"陣上殺了我們見過的有七八百不止,還有河裏淹死的,山上跌死的,我們眼裏未見不敢說。"又問:"你們打的甚麼旗號?"供是黃旗、白旗,現有解來大、小旗幟可驗。問:"賊兵共有幾座營盤?"供:"有五座營盤,俱被大兵躧了。"又問楊泗、盧進忠、王國相等五十二名?據供:皆係僞將軍尤廷玉、高元烈下的兵,俱是各鎮上的,不知藩下舊人,當陣被擒是實等語。兩司審單口供俱同,臣等仰體皇上好生之德,將擒獲賊兵概行免死,剃頭發營安插外,臣亦會同將軍臣吳丹、俄克濟哈,督臣楊茂勛,撫臣杭愛合詞題報訖。

今於五月初九日行據各鎮將龔玉柱、李芳述等呈稱，"該卑職等遵照牌內并抄咨事理，查得四月初七日未時，有提標隨征總兵劉魁帶領官兵抵永寧城外小西門五龍廟下營，隨準總兵劉魁面云：官兵共計一千二百員名"。當即報明本將軍部院在案。至於初八日逆賊的係約共五千有餘，過正南橋，蜂擁繞路而上。卑職等率領官兵分頭撲剿，會議總兵劉魁占團山之左，以壯聲援。職等鏖戰擊殺，有劉魁帶領官兵從小西門而出，直抵團山之左，卑職等已於前報叙明在案。今劉魁冒稱三面受敵，各鎮協營官兵相繼追殺過河等語。查職玉柱等攻剿團山，連戰七次，逆賊死守不退，職玉柱等與各鎮協營共議分布妥帖，我官兵奮勇爭先，直衝團山之上，鎗矢齊發，賊遂披靡大敗，職等隨即追剿。其時劉魁帶領官兵在未受敵之處，見賊敗遁，亦尾職等之後而追，彼云各營相繼，實相繼於職等之後也。況劉魁官兵初到時，云有一千二百，及職等具報後，查支口糧，實止五百七十四員名。四月初八日之戰，賊衆五千有餘，劉魁以未滿五百之兵當賊五千之衆，縱極精銳，恐亦難調遣分布，且五百之中豈無留守營盤者乎？此欲邀功於一己也亦明甚矣。至於賊營五座，俱係我官兵踏散，劉魁未到賊營，不知賊營之多寡，無惑乎其妄報七座也。今奉行查職等公移劉魁原報情由，并會同各鎮協公相質詢，劉魁自知虛報，推諉目不識丁，云係書辦模糊，即差喚書辦，又云書辦業已潛逃，似此無憑追究。職等知劉魁之意向在邀功，今知公論難容，非一手一目之可掩，事關重大，伏乞本將軍部院會同滿洲將軍差官赴永，踏驗各官兵撲剿戰場，庶虛實得分，功罪得明矣"等情到臣。

臣隨備移提臣速取劉魁口供去後，於五月二十七日准提臣咨覆，內開，"準此案查，本年五月初四日據標下隨征總兵官劉魁稟稱，'康熙十九年四月初八日在永殺賊全勝，業經塘報在案，但勇略將軍標官兵各有分頭殺賊，其山頭高低有遠近不等，是卑職未及細知，不敢將伊標官兵入報。於四月二十八日準勇略將軍標前鋒左鎮李芳述、左營副將龔玉柱等奉勇略將軍行查備咨到卑職。隨傳遊擊冉希堯、守備席豹黃、甲科陳加祥等公同酌議，將所部官兵如何堵殺，照前報逐一分晰，回覆李總兵。五月初一日龔副將差人請卑職到伊寓處，有伊同標各鎮協大小官員，衆口誣昧，挾逼改文。竊職亦不與之爭功，惟表白心迹，共相和衷，仰體德意，是爲遜讓，職回營公同酌議，復改回覆。據龔副將、李總兵等仍尚且不足，着人送回原文，卑職不揣冒昧，具有稟詞，并抄職回文，着塘呈送勇略將軍總督部院鑒奪，理合具稟'等情在案。今準大咨移查爲照，永寧剿賊之役，總伏朝廷洪福，臣子何敢言功。前據總兵劉魁塘報本標官兵剿賊情形，本提督已經具疏題報，并於疏內叙明貴標官兵殺賊情形，聽貴將軍部院另行題報在案。且總兵劉魁係近日投誠之官，面受鎗傷，所部官兵亦有帶傷，并活擒賊犯，得獲僞劄、旗幟、甲械等件俱交龔副將彙解。似非身未受敵，妄報邀功，而各總、副等官挾逼改文，仍復不收之情事已經該總兵具稟，抄錄回文，呈遞貴將軍部院在案，是即劉魁之真實口供，似無庸復行查取也，相應咨覆"等因。

臣卷查五月十三日，據四川提標隨征總兵劉魁稟稱，"卑職帶領官兵馳赴永寧應援，於本年四月初七日抵永，在小西門外下營，次蚤初八日有逆賊僞將軍尤廷玉等狂逞，發賊兵數股過河，至曾家營一帶，擺爲長蛇陣樣，欲侵我境，抄截糧道。當時有龔副將來卑職營內，會商分頭發兵撲剿，議分卑職帶所部官兵從小西門外抵曾家營團山之左。卑職帶領綠旗十桿、官兵五百餘員名順曾家營西梁衝賊之陣頭，是以三面受敵時，職臉下磕帶傷一鎗。鏖戰多時，有河邊逆賊一股始稍退河沿，其團山上之賊死守不退，有龔副將差人請卑職到南壇坡同吳副將三面會議，着卑職領本部官兵更換馬兵所戰之處傳令各營官兵以號爲記，齊攻前進。龔副將衝團山之前，吳副將衝團山之右[42]，卑職所部官兵衝團山之左，團山上之賊遂披靡大敗，其各鎮協營官兵各有分頭撲剿，又非在團山一處。及衆官兵追殺過河，直躪逆賊營盤，自有統領龔副將馳報，卑職是未敢越報天臺。今奉本將軍檄行龔副將、李總兵查報卑職之功是否，卑職遵即備咨回覆。有龔副將、李總兵等衆口誣昧竟不收接回咨，卑職恐其暗中捏詞，致玉石難辯，所有與賊争戰處所現在，卑職下各官兵帶傷疤痕現存，卑職不在圖功，雪明心迹而已。謹將龔副將等不收原咨抄呈，內開"康熙十九年四月二十七日準貴鎮營咨"奉本將軍令牌行查，爲此合咨貴鎮查照文內事理，希速見覆，以憑具文回報本將軍，事關軍功，幸勿刻緩"等因。準此爲照，本鎮帶領官兵五百七十四員名係本年四月初七日巳時到永，在城外五龍廟扎營，當云帶馬步官兵一千二百者，亦無非欲張聲勢，恐有奸細，使賊人不知我兵實迹之故。至次蚕初八日卯刻，逆賊僞尤、高、王三將軍統領賊衆蜂擁繞路而上，有龔副臺到營內，會議分股迎敵。本鎮隨打綠旗十桿，領官兵五百餘員名，從小西門外直抵曾家營團山之左，龔副臺抵團山之前，吳副臺抵團山之右，其餘各鎮協營等官兵分頭迎敵，處所山頭高低遠近不等，本鎮不能遥知有逆賊三股由曾家營而出，一股先占團山之上，一股打黃旗三桿至曾家營之右邊溝內。本鎮三面受敵，連戰數回合，彼時本鎮臉下磕帶傷一鎗。至於團山上之賊仍死守不退，龔副臺差人請本鎮到南壇坡同龔、吳二副臺會議，着本鎮帶領官兵鎗手一半來南壇坡共攻團山上之賊。隨令守備席豹黃、甲科陳加祥等領官兵打綠旗六桿，分作二股在曾家營河邊對壘，以敵河南、河北逆賊來抄我兵之後，本鎮領遊擊冉希堯等馬步官兵打綠旗四桿抵南壇坡，方換南壇坡馬兵移近團山之前，有龔副臺下馬親督，傳令各官兵頭號取齊，二號齊齊攻殺，本鎮亦傳令本部三股官兵奮不顧身，鎗砲齊發，刷刀相繼，冒砲矢同龔副臺、吳副臺等馬步官兵齊擁前進，矢石交加，其團山上之賊遂披靡大敗，各鎮協營等官兵各有分頭殺賊，乃是上下一帶相繼追殺過河，又非在團山一處撲剿追殺過河，則本鎮原塘報內所說亦非說相繼本鎮也。至云連躐賊營七座，內有真武山、大營盤四座，過河有小營接連二座，又磨盤山梁上砲臺小營一座，按前後左右接連，共算大、小營盤七座。至本鎮所報云僞總兵十五員者，乃本鎮審問所獲活賊徐國忠等口供僞總兵十五員，是以據入報內，亦非本鎮冒言也。又本鎮所云活擒賊兵，得獲旗幟、器械，及帶傷官兵，容查明一并解報之語，并未敢有云有功人員之語，此又非本鎮有誇功也。則貴鎮所云本鎮與同各鎮協俱在何處剿殺之語，竊思彼時有龔副臺公議分股迎敵，皆在貴鎮洞鑒中矣，非本鎮所敢預聞。今奉本將軍行查準貴鎮大咨前來，相應查明回覆"等語。

再據臣差官楊世印稟稱，"蒙差小的前去永寧踏勘殺賊戰場真武山，離城不遠，逆賊果有營盤五座，其陣勢戰場在南壇寺沿河一帶殺死屍首甚多，那邊有兩個行善的和尚，除掩蓋了的牲口，拉扯了的不算，現在那邊暴露者以小的看尚有五六百多。又各官隨傳集官兵仍打旗幟齊出，於原排陣敗賊地方各按山頭扎站，某人於某處排陣，於某處攻賊，於某處敗賊，如何撲剿，如何追殺，都在圖上開寫，惟總兵劉魁并彼下官兵屢傳不到"等語及圖稟報到臣。該臣查看得逆賊尤廷玉、高元烈等出犯永寧，吳世璠偽敕諄切，至王邦圖拼命死戰，其勢急在奪取永寧，其心要在窺伺全川，如我官兵奮勇努力，李芳述始終堅貞，遂保守孤城，大破賊衆。至解到旗幟不同，生擒逆兵，多係遼東舊人，臣當同將軍、督撫、文武各官以及兵民驗明，皆稱逆賊近身勁旅，共耳共目，在人嘖嘖口吻中矣。故臣前疏題明，叩懇從優議敘。及降弁劉魁溷冒其間，殊非法紀，查該弁所領投誠兵三百，支糧數五百七十四名，即以五百七十而論，假使俱行，臨陣不過隨衆敗賊，已在公報題敘中矣。何得越衆妄報，敢稱"卑職三面受敵，奮不顧身，獨敗五千賊衆，躙營七處，各鎮協營官兵相繼追殺過河"。竊思相繼者相繼於後也，即就該弁所報偽將軍三員、總兵十五員、賊衆五千、營盤七處，而劉魁一人，兵五百能敗如許偽官，如許賊兵，躙營七處，反置各鎮協營四千官兵相繼於後耶？提臣豈不自揣，豈不詳查，乃竟直然入告，滅衆欺公。再如該弁稟呈抄文，內云，"本鎮帶領官兵五百七十四員名，當云馬步官兵一千二百名者，無非欲張聲勢，恐有奸細，使賊人不知我兵實迹之故。初八日逆賊偽尤、高、王三將軍統領賊衆，蜂擁繞路而來，有龔副臺會議分股迎敵，本鎮領兵五百名從小西門外直抵曾家營團山之左，龔副臺抵團山之前，吳副臺抵團山之右，其餘各鎮協營等官兵分頭迎敵"等語，此該弁自言各鎮營官兵公排陣勢禦賊，原非該弁一人一標獨當也明矣。又言，"龔副臺下馬親督，傳令各官兵頭號取齊，二號齊齊攻殺"等語，此又該弁自言遊擊龔玉柱總統，親督傳令，而各官兵齊齊攻殺賊始大敗，原非該弁一人一標殺敗之賊，即該弁尚在聽人號令中也尤明矣。又言"龔副臺、吳副臺馬步官兵齊擁前進，矢石交加，其團山上之賊遂披靡大敗"等語，此又該弁自言遊擊龔玉柱、吳志殺敗團山之賊，而該弁不過隨衆敗賊，乃妄報冒功今出自陳自露顯明更切矣。又言"各鎮協營等官兵各有分頭殺賊，乃是上下一帶相繼追殺過河，又非在團山一處撲剿追殺過河，則本鎮原塘報內所説亦非説相繼本鎮也"等語，此又該弁自言自道，或爲良心使然也。查巳時奮勇敗賊者李芳述、屠存義、張友成、王夢楨未時直衝，破賊者李芳述、蘇虎、王之俊、郭騏、陳英、張憲載，而劉魁隨衆不問又更可知矣。

　　提臣始而朦朧具疏，或爲奸弁一時欺愚；繼而臣既取到李芳述、龔玉柱回報之文，內有劉魁情虛，自稱目不識丁，書辦模糊，及問書辦又云潛逃無踪等語。如劉魁有無此語，提臣理當查取口供，追究明白回覆，以憑對質，乃不行查問，不取口供，却引劉魁言各鎮將挾逼改文，不獨不言理路，愈增一番刀口。再如臣差官楊世印前去永寧查取各官口供，并踏勘戰場，而各鎮營官兵齊出，於原排陣勢殺賊地方列隊，并賊站山頭營盤繪畫圖形，劉魁躲避不到，尤出情弊顯然。臣若不據實指參，仰懇嚴敕歸正，以警奸邪，不但四千官兵不肯服心，大有未便，即兵部據何爲憑，以何議叙？至前永寧報賊添兵，將軍臣吳丹、俄克濟哈暨臣公同參贊佛尼勒、掐塔衆議，滿洲馬匹尚瘦，而臣下官兵又去建昌，兩路兼顧，遂令提臣王之鼎親身并伊標下官兵三千星馳前去永寧，協同剿賊。乃提臣行至瀘州觀望不前，止遣降弁劉魁帶兵數百前去塞責，設若賊衆我寡，永寧一失，則全川震動，而叙、馬、瀘州、嘉、眉、邛、雅之民盡皆入山，即使成都有兵，臣等極力支持，其如無民應糧,何今仰仗我皇上天威,賊已殺敗,隔省提督原無節制,臣可以姑置不言,但雲貴未下,川西、川南又係微臣恢復過地方,不獨逆賊現今出犯,急在用兵,抑臣等兩路進剿,四川爲後應根本重地,若不請嚴功令,臣等何以督率鎮將以期克效耶?再照聞賊觀望不前,所指地方不到,以及妄報冒功,不當題而越奏,條例俱有一定之處分。國法不爲不嚴,惟是正在用兵,地方正在領兵之人部覆概俟事平之日再議,今六年於茲矣,人視泛常,竟無省惕。臣愚以雲南爲賊老家,逆孽無所退,無所逃,不降則惟有一死戰,我之統兵言進者豈可不慮!豈可不備!於是臣不得不言,言猶恐後也。

總之封疆事重,進剿事大,要在人心人力。伏乞皇上鑒臣愚衷,敕下嚴加察議,務使人人知儆,處處努力,雲南一定,則天下定矣。緣係降弁滅衆,妄報冒功,提臣不行詳查入告,仰祈嚴敕處分,備叙前後敗賊始末,貼黃難盡,合并叙明,謹題請旨。

再題川省文職疏

題爲報明委署新復地方官員,仰懇聖明俯允,以竟前勞,以勵後效事。

康熙十九年六月十三日准吏部咨:"文選清吏司案呈奉本部送吏科抄出,勇略將軍趙良棟題前事等因。康熙十九年四月二十日奉旨:'該部議奏。欽此'欽遵,抄出到部。該臣等議得,'勇略將軍趙良棟疏稱,隨征候補都司馮天惠等委署龍安府知府等缺,以示激勸'等語。查川省各缺,臣部於本年三月內奉上諭,將應陞、應選補官員挨次籤補給憑在案,應將該將軍趙良棟所題之處無庸議等因。康熙十九年五月初二日奉旨:'依議。欽此。'"欽遵,抄部送司,相應行咨,案呈到部,移咨到臣。

臣思名器至重,不輕畀人者[43],昭爵賞之無私;而酬庸大典,有功必錄者,信予奪之不爽。當臣奉命天討,不浹月而川西、川南底定,敢曰一手一足之力[44]？其間出奇制勝，所至全城，收功一旦，以慰我皇上數年西顧之憂，實資文武將士力也。臣所恢復成都等地方，上自司道，下及府、廳、州、縣并雜職等員，共計二百八十二缺，如臣前止題委三十五員者，原自慎重，不敢一概濫用匪人[45]。查爾時敗賊或於經過地方搶掠，或於山林聚結害民，赤身百姓畏怯，遠避者有之，苗蠻彝猓心持兩端、觀望者不少[46]。臣一旅孤單深入[47]，地方遼闊，全藉隨征各官招撫百姓，安慰人心，清查殘賊，催辦軍需，無非爲朝廷地方起見。但知人則哲，自古其難[48]，臣之所以用此數十員者，蓋不知幾費籌度於此矣。除馮天惠、張仁敏、顧耀祖、楊三鳳、朱常惠、江九鼎、陳名英、趙勛鼎、狄世特、陳天祥、齊人鳳、陳經濟、楊凌雲、諸秉鉞武不改文，并遲照、羅安不敢概請外，如原任徽州僞知州蔡廓，臣前克取州城，不隨敗賊逃遁，率民首先繳印投誠，忠誠可嘉，繼則隨征略陽，進剿入川，不辭危險，隨臣騎馬渡江，不離左右。臣以成都初復，同知專司兵糧，必得不苦兵、不害民，出入公平、持心端正之人，不阿上，不凌下，支持有法，品行兼優之才方克勝任。查本官署事以來，不獨錢糧清楚，事事不誤，而且不收加耗，民頌載道[49]。現今供應滿洲大兵糧草，投誠總兵潘九蘭，雖以武弁，實係文士，自投誠隨征效力，頗有才智。查自委任成都通判以來，協辦軍需，極力供職。現在建昌軍前料理兵糧，投誠副將屈大伸，原係禮縣生員，久有歸正之心，如前紅川僞將軍杜學占山寨，屯糧草，原欲抗衡，復疑本官恐爲内應，因而不戰奔逃，本官差人納款，可謂臣進剿一路首先倡順之武弁也。臣因嘉其效順，又以吏才可惜，隨委任綿州知州。查自署事以來，招民復業、安輯地方稱職；[50]投誠原任徽州僞州判張贊，臣前克取略陽後[51]，兵馬乏糧，本官於徽州兩次催督銀，買糧料，接濟兵食，頗著勤勞，而大兵入川，本官亦冒險隨營前來。查自委署平武縣知縣以來，民安無擾，可稱百里之才。投誠原任雅州僞知州常念茲，不獨率民繳印，首先投誠，抑且保全倉庫，報出收存銀兩。投誠原任石泉僞典史李瓊瑶，當成都未下，敵賊在前，民皆觀望本官，皆倡先效順於臣馬首之前[52]，徒步前導呼叫山林之民,雖克城略地有方,民懷民歸有素,然究本官之心忠而念尤切也。查自委任新都以來,不獨路當孔道,能理劇治繁,抑且民懷稱德[53]。候補同知楊大威准將軍臣畢力克圖咨送,原於延綏有功候補。查自委任簡州,衝繁大路,頗見其才。成縣典史卜延廷督運軍糧入川,可謂冒險深入,備歷勞苦。查自委署蘆山以來,平易近民,無忝乃職。隨征守備金琦、陳正試、馬際伯、趙雲龍有志請纓[54],原出儒士[55],自備鞍馬[56],心切上達[57],不獨軍功可紀,辦事可錄。查自委任以來,留心閭閻,民稱其便。隨征生員李應璧、趙名鼎、宣翰、盧士哲、馬承先、高任隆,原任知縣貢生徐起鵬,當新復之初,人心風鶴之際,或冒險深入山林招民[58],或督兵剿除聚結之賊,至治政寬和,敷宣教化,而民心悦服,輸將恐後,軍需無誤,又今日之所最急。

以上各員數千里隨征,念切滅賊[59],忠奮可嘉[60],若一概擯棄不錄[61],不獨可文可武之才堪惜[62],抑且正兹進定滇黔[63],何以激勸人心而收後效?於是臣再四思維[64],不得不仰懇聖明,允臣所請,倘邀恩格外,則已委各官展布有地,必不敢負國以負民生[65],而未委諸人,比效思奮[66],自能奏績戡亂,蚤期蕩平[67],在此用人一着矣[68]。伏乞皇上睿鑒,敕部議覆施行。

亟言秦糧當運叙府疏

密題為進征期迫,急請秦糧速運叙府,以重軍機事。

查臣等前議兩路進取雲南,建昌一路應用川糧,永寧一路應用秦糧,川糧運建昌,秦糧運叙府。諸王議覆:官兵糧米關係亦屬最要,建昌預備糧米,交與四川總督楊茂勛、巡撫杭愛將四川省糧米運送毋誤;叙府預備糧米陝西河路已通,交與陝西總督哈占、巡撫鄂愷,甘肅巡撫巴錫,由陝西運送毋誤。仰荷俞旨:"依議速行。"部文咨移到臣,欽遵有日。在陝諸臣當念川西一路官兵不曾搶掠,而成都之民能應建昌一路兵糧,減秦民全運十分之半,將永寧一路秦糧急急督運於叙府,共圖滅賊,蚤期蕩平。乃督臣哈占豈不知雲南爲賊老家、四川爲賊門戶[69],進剿事關重大,兵糧已經奉旨,反阻撓其間,巧言推卸,是誠何心?臣秦人也,深知秦地重,深知秦民苦,殊不知川地更重,川民更苦,姑不遠舉,僅就耳目之所及者爲我皇上一一陳之。如四川環山阻水,有天生之險,人民強悍,歷代稱雄,自張獻忠殺戮殆盡,州縣俱成荒丘,保寧至成都八百里絶烟[70],可爲慘極。逮我朝定鼎,順治三年,肅王入川,張獻忠授首,孫可望南奔,總兵李國英、柏永馥、馬化豹、盧光祖等分守四川,或乏糧失宜,群盗四起,僞伯王祥、李占春、袁韜、楊展,僞藩朱榕等竊犯,川南、川東、川西皆失,李國英等退守保寧,督臣孟喬芳督運川糧,調撥邊兵,平西王吳三桂、墨勒根蝦駐劄漢中府,秦民之苦有自來矣。順治九年,吳三桂、墨勒根蝦入川,三邊之兵調撥無休,總兵南一魁於叙府全軍失陷,陳德於川東失利,吳三桂、墨勒根蝦自嘉定退保寧,是時,劉文秀雖敗,而全川復陷於賊手矣。李國英、馬寧、沈應時、嚴自明等撫鎮戰與守相繼[71],五六年止得一保寧與龍安耳[72]。延至順治十五年,孫可望、李定國內變,大兵三路進取雲南後,十六年由建昌而適成都,全川始定,其間數十年不知費朝廷幾千百萬金錢、幾千百萬民力。及至吳三桂反叛,全川降賊,在陝諸臣議戰、議守者又經六載,收復川疆之難不其然乎[73]?何諸臣頓忘入川之難,不以雲貴爲重,調兵則言陝西爲重,無兵可發;請糧則言保寧有船,巧爲推卸。若曰爲民苦請命,臣知秦民苦矣,民苦入骨矣[74],督臣急宜痛禁司道、府廳、州縣,絶其私派私折,留民脂膏,單爲朝廷公家出力,民苦無怨[75]。若曰以四川各有督撫岐視推卸,當此何時,[76]奉旨進兵,又係何事[77],豈容督臣以一己之私心弄巧成拙,而誤大事[78]?

再查保寧幅幀數百里,搶掠一空,順慶、重慶亦然,民苦甚於漢中[79],督臣又豈不知民苦且不聊生,尚有船乎[80]?夔州依山近水,久不睹王化之民,且與賊爲鄰,臣愚姑待以寬,遵義爲賊所據,患在肘腋，是川東、川北不可問矣。雖川西、川南不曾搶掠，然除去生番、苗猓以及不毛之蠻，民力有限，田糧有限，派供建昌一路兵糧，加以供應，現駐成都應進川東、川西滿洲大兵糧料猶慮不及，此臣等前行司行道，通盤打算斟酌至再至三，方敢入疏。且今建昌八千防兵口糧屢報日支不敷[81]，而馬料全無，其進兵應行裹帶之糧，顆粒未運，且成都米價日漸增長，每斗已至三錢五分，較臣克復之初每斗六分，一倍六倍矣，尚不知將來作何底止。轉盼深秋，進兵在即，兵糧爲要，何以應急，臣見諸臣如此舉動，憂心如焚，敢不據實入告，急請歸正。伏乞皇上乾斷，仍照諸王前議，勒令陝督將秦糧速運叙府，勿致有誤。

至臣生長於秦，有不爲桑梓地[82]，而反爲川民切慮者，因四川人民實實無多，且心性強悍，素稱頑梗，是臣前疏懇請痛禁搶掠，收川首要得其民心。今克復成都六月矣，而近山之民，或與苗猓雜處，或與賊境不遠，尚有觀望之心，撫綏得宜則近我，稍加督責則從賊，此臣一言再言，原與川民無親無故，總爲恢疆滅賊、軍國重計起見也。貼黃難盡，叩懇皇上睿鑒全覽，嚴敕速議施行。

康熙十九年七月二十五日奉旨："該部確議具奏。"

請給征兵家口坐糧疏

題爲兵丁遠征[83]，懇請照例准給家口坐糧，以免內顧，以勵進剿事。

竊惟國之所重者惟兵，而兵之所賴者惟食，兵食兩足，斯國稱強焉，由來尚矣[84]。臣思官兵遠征[85]，衝鋒破敵，履險蹈危，使外有所依，内無所養，嗷嗷待哺，非所以下安兵心，上體國事也[86]。查各兵正餉之外，隔省尚有鹽菜、銀兩，我皇上浩蕩之隆恩，豢養官兵可爲至極至盡矣。而官兵感恩思奮，鼓勇争先[87]，亦可謂克濟征討，以期滅賊矣。惟是數千里遠征，離家一載，誰無父母、妻子之情，且臣痛禁搶掠，匹馬不許出城，各兵亦自守法[88]，凡修整器具、衣帽、鞋脚并其食用，俱取足於餉，實無餘橐以贍養家口，即或間有一二減用者，而進征漸遠，亦難稍帶，及時顧濟。今各兵比例陳情，臣敢不據實入告耶[89]。

再查定例，隔省遠征之兵，原有家口坐糧米三斗，而各省有行者、有未行者，即陝西一省有造支者、有未造支者，臣叩懇聖明，敕下陝西督撫，將寧夏入川官兵於十九年正月初一日破險入川起，每兵遵照定例准給坐糧米三斗，俾其家口安妥[90]，則各兵得釋內顧之憂，益感恩思報，奮志宣忠，無不環至而立效矣[91]。至於各鎮營入川、征剿官兵自應一視同仁，合并叙明，以昭畫一。臣以進剿全藉兵心起見，伏乞皇上睿鑒，敕議施行。

康熙十九年八月十七日奉旨："該部議奏。"

恭謝聖恩寵眷疏

奏爲恭謝天恩事。

竊惟義重君臣，情親父子，然未有如我皇上恩光下逮[92]，大申錫於無既也[93]。臣家世邊鄙，碌碌常人[94]，忻逢盛世，仰戴國恩，蒙我皇上不次拔擢，畀以將軍之權，寄以總督之任。臣長子趙弘燦文則章句欠通[95]，武猶戰陣少練[96]，復蒙寵眷，授爲總兵，繼臣之後[97]；季子趙弘煜同赴行間[98]，宣力左右。總之聖明忘君臣之分，察父子之情，皇恩浩蕩，帝德難名，而臣父子何幸何修，邀恩若是耶？捐竭頂踵，期以身世[99]。至復傳密旨，聖懷切重生民，臣雖不敏，敢不仰副皇仁[100]。伏思奏治於清平，師中靖節之常猶勞睿慮。遏亂於時艱，閫外宣威之則尚煩神武。臣遭遇主知，誓期簞食壺漿；感蒙照臨，益切秋毫無犯[101]。惟願君臣一德，克紹汋穆之休；父子同天，永護靈長之祚耳[102]。謹奏謝以聞。

康熙十九年八月三十日奉旨："該部知道。"

恭謝欽賜弓矢詩文圖說疏①

奏爲恭謝天恩事。

康熙十九年七月二十九日，臣子趙弘燦齋捧欽賜臣御製祭文詩、御筆《太極圖説》并御佩腰刀、撒袋到蜀，臣即率大小將領郊迎至署，恭設香案，望闕叩頭，謝恩祇領訖。

伏思聖明文治旁洽，學尊羲氏之傳；武備聿修，材重膚揚之佐。詎世風浸衰，未免聲教之繁，而武功之替。故《易》精天人，津涯莫測；《詩》正風雅，蘊藉難窺。我皇上抉微觀化，畫追龍馬之圖；逸韻流風，法參天寶之制。字陋鍾繇，傳摹蒼頡，洵文運之天開也。但耀德觀兵，本無二理；而行仁討罪，總出宸衷。臣身在戎行，長驅虎士。擐甲枕戈，念切致主；除凶定亂，願矢從王。詎荷皇仁過爲眷注，輝煌彩鞬，解自聖躬；陸離寶刀，錫宣楓陛。赫赫龍章，驚拜上方之物色；種種天錫，爭看御苑之珍奇。臣殊乏全才，虛叨重寄。敢曰蚤脫囊中，希聲武庫；惟知自奮轅下，不改冰心。再頌詩章，我皇上收儲精於五字，色動山河；慰將士於數言，感深書檄。臣自此益勵勤勞，期調玉燭之輝；重加鞭策，永奠金甌之盛矣。謹奏謝以聞。

康熙十九年八月三十日奉旨："覽卿奏謝，知道了。該部知道。"

---

① 此文與康熙四十八年刻本之内容相差甚大，將刻本内容抄録如下：奏爲恭謝天恩事。康熙十九年七月二十九日，臣子趙弘燦齋捧欽賜臣御製詩、御筆《太極圖説》并御佩腰刀、撒袋到蜀，臣即率大小將領郊迎至署，恭設香案，望闕叩頭，謝恩祇領訖。伏思我皇上聰明天縱，聖學淵深，文德武功超越前代，乃萬幾餘暇，究羲氏之心傳，自太極以遡無極，發唐虞未傳之秘旨，昭示來兹；念戎馬之遠征，由歌風而及肆雅，製漢唐正始之元音，慰勞將吏。龍翔鳳翥，頒自皇朝；玉振金聲，傳諸閫外。耀德觀兵，同乎一理；行仁討罪，悉秉睿謨。更且彤弓羽矢，利刃昆吾，解自聖躬，賜之臣下。捧天府之奇珍，實人臣所希覯。輝煌彩珮，蚤增壁壘之光輝；赫奕龍章，永壯河山之氣色。臣邊鄙庸流，戎行下質。識疏學易，理未晰乎天人；才愧敦詩，任濫叨夫節鉞。振旅提軍，願致身於此日；投戈講藝，待休沐於他年。自顧何人，邀斯寵錫。至於宸翰所頒，慰將士於數言，感深肺腑；動歡聲於萬里，志切馳驅。臣惟有益勵匪躬之節，少酬高厚於涓埃；迅整滅賊之師，冀盡臣心於萬一已耳。謹奏謝以聞。康熙十九年八月三十日奉旨："覽卿奏謝，知道了。該部知道。"

恭謝欽頒《四書解義》疏

奏爲恭謝天恩事。

康熙十九年七月二十九日，臣男趙弘燦、趙弘煜至蜀[103]，捧到皇上欽頒《日講四書解義》一部到臣，臣恭設香案，望闕叩頭，謝恩祇領訖。

恭惟我皇上光被四表，協和萬邦。闡千百聖道學之源，大成斯集；開十六字傳心之要，帝統丕昭[104]。臣嘗讀大德之詔，凡有天下者，無不法則先王，道遵往聖，以開萬世無疆之業。我皇上神智天篤[105]，聖學日新，謂百王治平之理，非孔氏無以明[106]，而一貫忠恕之微，非宸修無以發[107]，罄洙泗之淵深[108]，纂朱程之要旨[109]。臣雖不敏，敢不奉爲典型[110]，惟有傳之子孫，世守勿替，以仰體我皇上正心誠意、格物致知之實學耳。謹奏謝以聞。

康熙十九年八月三十日奉旨："覽卿奏謝，知道了。該部知道。"

題報僞將軍通款并請速備軍需疏

題爲僞將軍差人通款，謹報明疑似情形，仰祈睿鑒事。

竊臣以建昌爲進取雲南第一緊要之區，遵照俞旨，屢次遣發官兵嚴加固守，并擊敗攻城之賊，現在對壘情形經臣前疏題報在案。而後數報逆賊添兵[111]，或互相斷糧，或擡檔木迎敵，大肆鴟張，官兵奮勇，屢有擒斬，臣因未經大敗賊衆，不敢輕爲入告，所有各官塘報俱俟破賊後，方行彙叙。止嚴飭官兵固守，以待秋深糧足，大兵一齊進剿。今於本年七月二十六日據建昌軍前臣標前鋒遊擊王洪仁、西寧遊擊趙元輔、隨征總兵王好文、建昌總兵王進才等差隨征都司劉成領來僞鶴麗將軍下隨征遊擊關繼忠至成都，投到僞將軍海潮龍與臣印書一封，內云伊等官兵駐劄鹽井，欲爲應天順人之舉，與各標副將李鍾秀、張虎、劉友功、程應貴會議，妥確聯絡迤西一帶。并通親軍鐵騎前將軍田進學內應，引大兵由北勝、賓川直取會城，僞泰和侯張國柱亦有歸正之心，惟希致字，彼自來歸，而敝標中軍總兵官辛敬從中抗阻，於本月十三日業經梟首，追出關防劄付，專差齎繳，惟望迅發大兵策應，或先發告示，曉諭官員兵民，收服人心等語。復訊關繼忠口供無異，又稱"海將軍原係朝廷舊人，久有此心，小的原係鑲藍旗下人，於十三年保寧被截，海將軍養爲兒子"等語各等情到臣。臣隨請將軍臣吳丹、俄克濟哈，參贊佛尼勒，副都統覺和托，督臣楊茂勛，撫臣杭愛於臣署公同閱畢來書，復一一細問口供訖。

該臣查看得用兵之道，詐術多端，而謀用在人，豈可不備。今閱其來字，察其來人，情似可信，然繳到僞印、劄不過一塊銅、一張紙，有何確憑實據。況劉起龍現在建昌窑山統七千賊衆，扎營死拒，會川有僞將軍張國勛，金沙江有僞將軍王屛翰、僞總督王公良又復新到，續報於會川過河，犯德昌，已與我兵對敵。而海潮龍在鹽井，距建昌尚有五日程途，田進學在永昌更遠，且查鹽井出賓川州二十餘日，無人烟、無糧米。又二日適洱海、迤西地方，復回走雲南府十二站，不獨須防狡賊詭計，抑且枉道深入，又豈不慮。是臣不敢信其必真，輕舉妄動，亦不敢盡以爲假，塞其向化之門。除厚賞關繼忠，即與海潮龍、田進學、張國柱修書三封，并齎膽黃敕諭以及告示，差官冶國用、梁輔唐同去，以禮回答，觀其動靜，再於成都續發官兵星馳前去，暨密授軍前鎮將方略相機而行外，俟另有情形再爲題報。

至於臣應進建昌一路，前後共發過綠旗官兵一萬有零，日支之糧尚報緊急，而裹帶之糧通未運到[112]，川東之賊又在蠢動，而運叙之秦糧尚無着落[113]。軍機重大，蚤晚難期，兵糧切要，尤宜上緊，謹一并報明，伏乞皇上睿鑒施行。

康熙十九年八月二十四日奉旨："戶、兵二部會同速議具奏。"

偽將軍歸誠差人齎繳印劄疏

　　密題爲偽將軍投誠已有可據,謹再報明情形,仰祈睿鑒事。
　　竊照偽將軍海潮龍差人通款,臣即一面遣發官兵前去,諭令軍前鎮將相機而行,仍致書并齎謄黃敕諭告示,差官前去鹽井,觀其動靜,以辨真假,緣由業經具疏題報在案。今於八月初九日復據軍前鎮將差官王通領到偽將軍海潮龍下偽隨征遊擊殷朝陽繳到偽雲南路鶴麗將軍銀方印一顆,偽親軍鐵騎前將軍標偽中軍副將銅關防一顆,偽永北鎮中軍副將銅關防一顆,總、副、參、遊等官偽劄八十一張,臣俱一一查驗訖。而海潮龍復與臣印書一封,內云"自癸丑之變,謀逆稱戈,生靈塗炭,迄今七載,幸天心厭亂,殄滅元凶,猶有餘孽尚恣螳臂。今龍上順天意,下應人情,統領兵馬,聯絡鎮將,由迤西進取,拯救黎明。況龍乃世祖章皇帝舊臣,渥德懷恩已非一日,茲當大舉之會,應宜竭盡忠忱,以報皇恩於萬一也。但兵貴神速,不可久延,倘洩其機,未免又多一番爭戰。惟祈大將軍老勳臺碩畫奇謀,遣兵迅發,先以萬騎前驅,隨後陸續接應,如兵蚤至一日,則民蚤解一日之倒懸矣。所有龍原授將軍印篆以及各官印信、劄付差官,理合呈繳,仰冀代爲轉奏。其有兵冊應宜即投,因事在迅速,未及清理,俟展限方行造報,伏惟大將軍老勳臺俯鑒愚忱,臨楮曷勝瞻切"等語。復訊殷朝陽口供,備道投誠真確緣由,以及滇中虛實情形,又稱各標官兵俱已剃頭,惟有海將軍只候我朝官到,即便剃頭,惟祈速發大兵各等情到臣。
　　該臣查看得逆賊負固,恢剿雖貴乎蚤圖[114],而審時度勢,事機必察夫至當。今海潮龍率領全軍於官兵未入其境納款[115],繼而齎繳印劄,又復聯絡迤西地方,自任前驅,滇省動搖,事不難於在此一舉[116]。況與臣前疏條奏八月終一齊進發之期不遠,臣理當親赴建昌,相機調度,出洱海,取金江,兵分兩路,直搗雲南,機會誠不可失。但逆渠胡國柱、馬寶、王會、王緒諸逆出犯,仁懷、合江兩縣已失,永寧、瀘州兩處緊急，川西、川南之民以及松潘等處番彝、苗蠻不免又是一番人心[117]。成都爲根本重地，臣若輕易一動，萬有不測，關係不輕，臣只得再遣官兵星馳建昌，諭令軍前鎮將一面破德昌之賊，退窯山之衆，一面分兵，應海潮龍相機前行，俟兩處再有情形，臣會同將軍臣俄克濟哈商酌前進，斷不敢有誤根本之地，亦不敢失進定之機[118]。惟是事多阻滯，力不從心，臣又不得不據實奏明，仰祈我皇上聖明乾斷。如應進永寧一路滿漢官兵係將軍臣吳丹所主，臣既任建昌一路，原不當越言[119]，然雲南爲賊老家，四川爲賊門户，勢在必爭，永寧、建昌自須重兵，川江、瀘州尤當防備。臣擬將原進川東、今駐保寧漢兵速調赴永寧、瀘州防守，二處統兵者亦須練達之將，蚤爲責成，一則彈壓地方，以壯聲勢，以備進剿；再則破逆之狡[120]，喪賊之膽[121]，以開招徠之門。臣善言理講，公所會議十餘次，不啻舌敝，將軍臣吳丹不聽，此猶五、六兩月内之言也。迨至七月初六日，投誠僞舉人李天成言馬寶封蜀王來遵義，臣又請衆至公所，言之至再，諭之至三，衆議調王用予赴瀘州，次日又復中止。今逆賊果來出犯，仁懷、合江已失，永寧、瀘州緊急，原在川東投誠僞官何良柱、袁縉復叛從賊，僞授將軍、總兵，惑亂人心。運叙之秦糧出自公議，奏請奉旨已久，乃大家使巧，推卸不運，兹合江既失，河路阻梗，竟置耽閣兩路。進取雲南應用陝西綠旗漢兵四萬，亦出公議，乃奏請各別，以致推阻於今。續調之兵尚未到來[122]，不能應急，建昌官兵日支之糧不敷，裹帶之糧尚未運到，成都滿漢官兵糧餉壓欠，裹帶之糧亦在未備，十九年正糧有限，蚤已完納，而召買屢派屢催，未見照數發銀與民，而民稱苦累，布政司又言庫内無銀，協餉不到。至湖廣官兵既過楓木嶺、辰龍關取辰、沅，坦坦大道可以直抵貴陽，何馬寶、王會、王緒等逆舍鎮遠而來四川，臣所無法，臣所不解，惟有仰懇聖明，嚴飭諸臣，統兵者務令蚤至所指之地，司糧者務令極力督催，湖廣滿漢官兵立限速速進取貴州，將軍臣吳丹應即去瀘州調度滿漢官兵，恢復合江，先通糧道，遵照題明，兩路進取雲南。運叙之秦糧，陝西督撫速爲催督，務使刻期入川，成都、建昌兩處滿漢官兵裏帶之糧,四川督撫急急備辦,不可有誤。陝西續調官兵,請敕下大將軍速爲調撥;秦省協餉[123],督臣不拘何項銀兩,先儘督運四川接濟進兵。倘臣言不謬,我皇上准遣部臣各一員,分頭催督,庶克有濟,而臣亦得一心一力前進。又慮時已八月半矣[124],往返請旨以及差官到地方九月初旬,而海潮龍投降之機會可待九月初旬耶?抑逆賊出犯,又可待我之兵齊糧足於九月初旬耶?此臣言念及此疾首痛心者[125],徒深扼腕而已。事既至此,臣惟有仰仗我皇上天威,相機前進,勉力支持。所有繳到僞印、僞劄,臣當另爲差官齎繳,大小各官因急在鼓勵,臣照銜暫行換給劄付,兵丁俟其造報到日,預借餉銀,安慰向化,仍差官齎送袍帽、花紅、銀牌前去分賞,并遣官兵與之連合,均俟微臣一一布置。

　　至僞將軍海潮龍傾心戀主,當逆賊分路出犯、狂逞之時,能率領全軍獻地投誠,先機效順,是滇省蕩平在此一人首倡矣。想我皇上嘉與維新,自不靳其酬庸之典,然臣思優異一人即可以激勸千萬人,又不得不代爲請命也。臣叩懇皇仁,將海潮龍仍畀以將軍之任,令其統領原兵以爲前導,其應給敕印由御塘飛遞軍前,俾其身佩符節,取信遐荒,則在滇諸人無不聞風響應恐後矣。臣復有請者,張國柱、李本深、王會、高啓隆俱係皇上舊臣,或爲一時迫脅,應否照馬寶、吳應期一例頒發恩赦,以廣招徠。合并奏請,貼黃難盡,伏乞皇上睿鑒全覽,敕議速覆施行。

　　康熙十九年八月三十日奉旨:"議政王、貝勒、大臣會議具奏。"

遣發鎮將聲援建昌疏

　　密題爲再報軍機緊急并陳分布情形,仰祈睿鑒事。

　　竊臣以僞將軍海潮龍繳印投誠須兵接應,而仁懷、合江失守,瀘州、永寧緊急,并諸臣緩視貽誤,情節業於前疏題明在案。今建昌軍前鎮將差官費重振、冶國用、夏騰龍先後至成都請兵,報稱迷易所又出賊一股，約有萬餘，并王公良合力犯德昌，於河西斷鹽井之路，劉起龍窑山之賊又添六個營盤，於八月十二日擠檔木方營六座，欲占北山一帶下營，邀截我兵後路，雖被我兵奮勇躧了方營一座，殺死逆賊數百，然賊衆我寡，火器又多，晝夜攻戰無休，須速發萬餘大兵前去，方可破得賊衆，遲恐誤事。又遣去鹽井衛官兵不能兼顧，禮州防守官兵糧米缺乏，天王廟營盤現在受敵等情。臣思建昌如此緊急，臣理宜會同將軍臣俄克濟哈親統滿漢官兵星馳前去，力圖滅賊，進取雲南。但永寧一路續報，瀘州又復失陷，逆賊已過大江，則嘉、眉、邛、雅等州縣之民逃避山菁，隆昌、富順等州縣之民多變而爲賊，將軍、督撫以全川震動，咸謂臣不宜去建昌，留臣守成都，彈壓地方，以定人心。而臣亦以患在肘腋，合當先爲撲滅，是將兩路滿洲大兵俱撥去瀘州，將軍臣吳丹調王用予官兵協勦，將軍臣俄克濟哈亦督兵前去。如叙府爲瀘州上流，總兵李芳述等官兵并其家口住彼，臣於聞仁懷、合江之信時，遣都司潘士龍帶兵五百名前去防範，今已入城協防。又李芳述等綁解逆賊出首逆書，臣復遣遊擊顧隆帶兵一千前去固守。仍諭該鎮將俟大兵至隆昌，留兵一半守叙府，帶兵一半從上流直下，協取瀘州。臣既不便輕離成都去建昌，而建昌深入之官兵屢屢告急，甚爲堪慮。無奈續調官兵未到，滿洲大兵俱去瀘州，不獨成都爲重，抑且無兵可遣，然事出緊急，臣又不得不於萬難處置中，勉爲調劑，急救燃眉。今擬遣鎮臣朱衣客帶伊標兵一千名，隨征總兵段登仕帶領鎗砲手兵丁五百名，再於大渡河防隘兵丁中挑選五百名，令總兵趙名友統領，共合二千名前去建昌，以爲聲援，以安兵心，并嚴飭官兵暫爲固守，不可輕敵。臣惟候續調之兵到，并瀘州克捷後，臣統漢兵自成都前赴建昌，將軍臣俄克濟哈統領原進建昌一路滿兵，自瀘州由叙府適雅州前赴建昌，勦滅逆賊，接應海潮龍，進取雲南，所有成都省會須兵彈壓。查巡撫尚無標兵，提督標兵俱去永寧，總督標兵多半在重慶，帶來兵一千已發去救援納溪未回，而臣一路官兵除去遣發以及傷病尚不足二千，曁臣暫留，勉爲支撐，合并叙明。貼黃難盡，伏乞皇上睿鑒全覽施行。

投誠文官降等授銜疏

　　題爲投誠文官事同一體，應照武職降等授銜，以廣招徠，以收實效，仰祈睿鑒敕議事。
　　案查本年三月十一日，准兵部咨，該議政王等會覆微臣成都既定等事一疏，內開"查將軍趙良棟既身在地方，具題應如所題，准補授總兵官六員，共設官兵三千名，此總兵等官即隨該將軍進定雲貴，其餘兵丁，不堪任官員俱解散爲民[126]，堪以隨征人員俱照伊等僞銜降一等，聽將軍趙良棟換給印劄，隨征效力，文職官員選其堪用者暫行委署，其不堪用內如有旗下官員，令其回旗。至逆賊吳三桂藩下之人，查明暫留成都府，如係各省民人俱令發回伊等原籍。僞巡撫張文德亦令回京可也。奉旨：'依議速行'"等因到臣。該臣欽遵會覆，奉旨事理，即於投誠各總兵中選其老成歷練、膽勇過人并有身家忠實者六員，遊、守等官俱照漢中事例選拔兵丁三千名，合馬二步八之例，於奉文之日起支俸餉，已行令將官員職名、兵丁數目備造花名清册完日，并降一等給劄隨征人員清册，另文送部。僞巡撫張文德亦即起發回京。所有投誠文職官員內道、府、州、縣有願回原籍及不堪用者，陸續給照回籍；堪用人員有現隨臣標效力者，有尚委署州縣聽候交代者，均俟臣起行進剿之時，查明造册，咨報吏部存案。
　　今查僞按察司董定國、僞督糧道黃起廕原係旗下人，當全川被陷，嘗懷歸正報國之心。自投誠後，爾時兵馬雲屯，督撫未到，新補布政久駐保寧，二官極力催督軍需，料理諸事，不獨才幹可取，抑且忠誠可嘉。原任建昌道僞授太僕寺少卿張元凱率子遠越千里，前來投誠，忠順之心昭然，練達之才已見，且熟悉川、蜀、滇、黔地理。以上三員應同大兵進剿，隨征辦事，并爲招撫[127]。至僞驛鹽道王律、僞川北道何呈秀、僞成都知府王鼎、僞馬湖知府王弘性、僞重慶知府王化賢皆逆渠藩下之人，理應遵旨安插成都，但伊等父子兄弟多係賊中領兵之人,應擇其可使者一二,隨臣前進,則招撫一着更爲親切。今擬將王鼎、王弘性、王化賢交送撫臣成都安插,王律、何呈秀隨臣軍前招撫。再投誠武職官員既荷皇仁,准降一等,令臣給劄隨征,而文職事同一體,亦應降等授銜。臣叩懇聖明,俯將董定國、黃起廕、張元凱、王律、何呈秀無論司道,概准降以僉事、道職銜,隨征前進,一以廣其招徠,一以鼓勵投誠。臣因滅賊恢疆、蚤期蕩平起見,伏乞皇上睿鑒敕議,行臣遵奉施行。

【校勘記】

［1］堅：康熙四十八年刻本作"鋒"。
［2］年：康熙四十八年刻本作"年間"。
［3］戕：康熙四十八年刻本作"害"。
［4］實切：康熙四十八年刻本作"日切切於"。下同。
［5］非臣無以驅令：康熙四十八年刻本作"樂爲臣用,已有成效"。
［6］康熙四十八年刻本"克捷"後有"奏功確有明驗所以"等八字。
［7］康熙四十八年刻本"遠征"前有"隨師"二字。
［8］可期克效：康熙四十八年刻本作"可收臂指之用"。
［9］康熙四十八年刻本"推補"前有"新經"二字,"進征"前有"遠道"二字。
［10］交孚：康熙四十八年刻本作"孚合"。
［11］敕下：康熙四十八年刻本作"或再奉綸音使"。
［12］康熙四十八年刻本"人心"後有"事權不一心志難齊"等八字。
［13］遠：康熙四十八年刻本作"遙"。
［14］惟今：康熙四十八年刻本作"今此"。
［15］滅賊朝食之心：康熙四十八年刻本作"枕戈待旦滅賊朝食之血誠"。
［16］何：康熙四十八年刻本作"指揮莫措,又何以奏蕩平之效耶"。
［17］此又臣：康熙四十八年刻本作"此臣所以輾轉思維"。
［18］在：康熙四十八年刻本作"方"。
［19］鑒、照：康熙四十八年刻本分別作"賜""鑒"。
［20］八日：原作"四日",據康熙四十八年刻本改。案:本文上文有"竊照本年四月初八日永寧官兵殺敗逆賊飛報大捷前來",亦作"八日",此蓋誤刻。
［21］你：康熙四十八年刻本作"爾"。

[22] 許：康熙四十八年刻本作"此之多且李環等皆"。
[23] 況：康熙四十八年刻本作"而"。
[24] 者也：康熙四十八年刻本作"以示鼓勵"。
[25] 功苦尤最：康熙四十八年刻本作"功勞尤著"。
[26] 比效：康熙四十八年刻本作"人人"。
[27] 無不：康熙四十八年刻本無此二字。恐後矣：康熙四十八年刻本作"效力者也"。
[28] 切：康熙四十八年刻本作"念"。
[29] 王好文：原作"王好交"，據康熙四十八年刻本和清華抄本改。案：本書多處提及總兵"王好文"。
[30] 竊憶：康熙四十八年刻本作"所計"。
[31] 兵：康熙四十八年刻本作"兵而"。
[32] 康熙四十八年刻本"用之"後有"得"字。
[33] 焉：康熙四十八年刻本作"更何所"。
[34] 康熙四十八年刻本"輕忽"後有"視之"二字。
[35] 曰：康熙四十八年刻本作"第"。康熙四十八年刻本"雲南"後有"原係賊巢"四字。
[36] 遇阻：康熙四十八年刻本作"遇有險阻"。須自努力：康熙四十八年刻本作"各須自爲努力"。
[37] 須自獨當：康熙四十八年刻本作"更須獨當一面"。
[38] 言切陳：康熙四十八年刻本作"切言之"。
[39] 事期：康熙四十八年刻本作"計出"。
[40] 康熙四十八年刻本"四萬"前有"用兵"二字。
[41] 過：康熙四十八年刻本作"多"。
[42] 右：原作"石"，誤，據清華抄本改。
[43] 輕：康熙四十八年刻本"輕"後有"以"字。
[44] 敢曰：康熙四十八年刻本作"原非"。
[45] 匪人：康熙四十八年刻本作"廢員"。
[46] 康熙四十八年刻本"不少"前有"亦復"二字。
[47] 康熙四十八年刻本"孤單"前無"一旅"二字。
[48] 其：康熙四十八年刻本作"爲"。
[49] 民頌：康熙四十八年刻本作"民之頌聲"。
[50] 稱職：康熙四十八年刻本作"克稱厥職"。
[51] 康熙四十八年刻本"後"字前有"之"字。
[52] 皆：康熙四十八年刻本作"能"。
[53] 稱：康熙四十八年刻本作"頌"。
[54] 有志請纓：康熙四十八年刻本無此四字。

[55] 出：康熙四十八年刻本作"係"。
[56] 康熙四十八年刻本"自備"前有"志切滅賊"四字。
[57] 心切上達：康熙四十八年刻本作"隨師進剿"。
[58] 招民：康熙四十八年刻本作"招出民人"。
[59] 念切：康熙四十八年刻本無此二字。
[60] 忠奮可嘉：康熙四十八年刻本作"忠績茂著"。
[61] 康熙四十八年刻本"若"前有"今"字。
[62] 堪惜：康熙四十八年刻本作"甚爲可惜"。
[63] 兹：康熙四十八年刻本作"在"。
[64] 於是：康熙四十八年刻本作"此"。
[65] 生：康熙四十八年刻本無此字。
[66] 而、比效：康熙四十八年刻本分別作"即""觀感"。
[67] 期：康熙四十八年刻本作"奏"。
[68] 在此用人一着矣：康熙四十八年刻本作"臣從軍前用人起見"。
[69] 豈：康熙四十八年刻本作"非"。
[70] 絶烟：康熙四十八年刻本作"烟火斷絶"。
[71] 撫鎮戰與守相繼：康熙四十八年刻本作"招撫坐鎮戰守并行"。
[72] 康熙四十八年刻本"年"後有"間"字。
[73] 不其然：康熙四十八年刻本作"非其明證"。
[74] 入：康熙四十八年刻本作"且徹"。
[75] 苦：康熙四十八年刻本作"雖苦"。
[76] 何時：康熙四十八年刻本無此二字。
[77] 又係何事：康熙四十八年刻本作"何等緊急重大"。
[78] 而：康熙四十八年刻本作"貽"。
[79] 民苦甚於漢中：康熙四十八年刻本無此六字。
[80] 尚有船：康熙四十八年刻本作"安得尚有船隻"。
[81] 且：康熙四十八年刻本和清華抄本無此字。
[82] 地：康熙四十八年刻本作"請寬民力"。
[83] 遠征：康熙四十八年刻本作"遠道從征"。
[84] "斯國稱强焉由來尚矣"：康熙四十八年刻本作"斯稱勁旅"。
[85] 臣思官兵遠征：康熙四十八年刻本作"今官兵遠道從征"。
[86] 體：康熙四十八年刻本作"濟"。
[87] 先：康熙四十八年刻本作"前"。
[88] 守法：康熙四十八年刻本作"恪守法紀"。
[89] 不、耶：康熙四十八年刻本無此二字。

[90] 安妥：康熙四十八年刻本作"無饑餒之虞"。
[91] 恩思報奮志宣忠無不環至而立效：康熙四十八年刻本作"皇恩無盡，其奮勇争先，齊心圖報，自不難於刻期奏蕩平之效"。
[92] 光下：康熙四十八年刻本作"慈廣"。
[93] 大申錫於無既：康熙四十八年刻本作"曲體下情，使臣之一門遭此隆遇者"。
[94] 常人：康熙四十八年刻本作"無長"。
[95] 則、欠：康熙四十八年刻本分別作"雖""粗"。
[96] 猶：康熙四十八年刻本作"則"。
[97] 康熙四十八年刻本"繼臣之後"有"領師軍前，聽臣驅策"等八字。
[98] 行間：康熙四十八年刻本作"軍中"。
[99] 以：康熙四十八年刻本作"諸"。
[100] 仰副：康熙四十八年刻本作"益體"。
[101] "伏思"至"益切"：康熙四十八年刻本作"概率領師徒於行間，無事之日，時切仰遵聖訓，況躬攖甲冑於救民水火之會，敢不愈凜天威、廟謨神武！臣祇承以不殺爲威，聖德遐宣，臣誓禀而"。
[102] 護：康熙四十八年刻本作"祝"。
[103] 趙弘燡：康熙四十八年刻本無此三字。
[104] 統：康熙四十八年刻本作"德"。
[105] 神智天篤：康熙四十八年刻本作"神明天亶"。
[106] 康熙四十八年刻本"明"前有"發"字。
[107] 非宸修無以發：康熙四十八年刻本作"藉宸衷爲之鑒定"。
[108] 罄：康熙四十八年刻本作"窮"。
[109] 要旨：康熙四十八年刻本作"奧義"。
[110] 型：康熙四十八年刻本作"訓"。
[111] 而：康熙四十八年刻本作"此"。
[112] 而：康熙四十八年刻本無此字。
[113] 無着落：康熙四十八年刻本作"託空言"。
[114] 恢：康熙四十八年刻本作"征"。
[115] 其境：康熙四十八年刻本作"境之前"。
[116] 事不難於在此一舉：康熙四十八年刻本作"正在此舉"。
[117] 人心：康熙四十八年刻本作"搖惑"。
[118] 失進定：康熙四十八年刻本作"坐失進取"。
[119] 越言：康熙四十八年刻本作"越俎而言"。
[120] 康熙四十八年刻本"狡"後有"謀"字。
[121] 膽：康熙四十八年刻本"心膽"。

［122］來：康熙四十八年刻本作"川"。
［123］康熙四十八年刻本"協餉"前有"應解"二字。
［124］又慮：康熙四十八年刻本作"又可慮者"。
［125］此、者：康熙四十八年刻本無此二字。
［126］兵丁不堪任官員：康熙四十八年刻本作"不堪任使官員、兵丁"。
［127］爲：康熙四十八年刻本作"令"。

奏疏存藁卷之五

投誠鎮將出首逆書疏

題爲報明投誠鎮將出首逆書，終始堅貞，仰祈敕議加恩，以勵忠順，以期克效事[1]。

康熙十九年八月二十二日，據投誠總兵李芳述、鄒九疇、蔣榮德、翟洪陞、任夔道等差遊擊陳應先同臣前差領兵都司潘士龍齎稟前來，內稱"逆賊僞閣部將軍胡國柱差逆兵雙兒等二名到敘，乃劉沛武奉胡國柱發與各官僞諭、僞書七張，餌誘各官。竊思卑職等前因大勢迫陷賊中，今既歸誠，始見天日，況皇恩浩蕩，官不失原職，兵厚給糧餉，惟有誓死以報朝廷，斷不爲逆賊愚惑。但卑職等所統官兵原係僞昭勇將軍劉之復標下者，今劉沛武令人前來聳動人心，若發兵稍遲，有誤大事，除將奸細二人綁拿候示外，今將逆渠胡國柱與總兵鄒九疇、蔣榮德、翟洪陞、任夔道等密諭，專差遊擊陳應先齎投出首"。又據潘士龍密稟，"李芳述言胡國柱諭中言一二小人者，即指李芳述而言。'因我前在永寧不受他的僞書，殺了王邦圖等的官兵，以爲讎恨。'劉沛武係劉之復長子，敘府官兵多係他家官兵，其意有搖惑衆人殺害李芳述的光景，必懇將軍部院加恩與衆，方保無虞"各等情到臣。該臣查得李芳述、鄒九疇係投誠後遵旨設立領兵之總兵也，前遣於永寧破賊，身先士卒，屢戰有功，且出首僞敕、逆書，題名在案。今仁懷、合江失守，瀘州復陷，賊正鴟張，勢在危急，逆孽狡謀，乘隙搖惑，該總兵等矢心報國，不爲餌誘，擒綁逆差，鎮靖人心[2]，可謂能知君臣大義、忠忱不二者[3]。蔣榮德亦係遵旨給以副將劄付隨征之員；翟洪陞、任夔道原在川東督臣楊茂勛軍前投誠僞總兵，未經授職，二弁因其家口俱在敘府，感臣保全其妻子，遂同心協力保守孤城。除諭令各官益加黽勉，慎志滅賊，以示獎勵[4]，并飭續遣遊擊顧隆等官兵嚴加固守。臣叩懇聖明，俯准加恩，大施勸典[5]，不獨五員爲川將中之翹楚，熟悉滇中虛實，可爲前導，而歸誠之衆無不傾心戮力效命恐後矣。所有僞諭、書帖另文咨送兵部外，相應具題。伏乞皇上睿鑒敕議施行。

請敕嚴催各路進兵疏

密題爲微臣謹遵天語等事。

准兵部密咨，"該議政王等會覆定遠平寇大將軍固山貝子章泰等題前事等因。康熙十九年七月二十四日題，八月初六日奉旨：'議政王、貝勒、大臣會議具奏。欽此。'該臣等會議得'大將軍貝子章泰等疏稱，"臣等兵馬於閏八月盡從沅州進取貴州，將軍吳丹等兵馬恢取遵義府，即進取貴州，則貴州地狹民稀，兩路大兵會合一處，糧米艱難，如將軍吳丹等兵馬恢取遵義府仍應進取雲南，大將軍簡親王、將軍莽吉圖等兵馬從廣西進取雲南，則大兵恢取地方有益。行令將軍吳丹、俄克濟哈、趙良棟，大將軍簡親王約定日期并進，臣等請撥兵馬、馬匹具題，准兵部咨到即便通行。今已一月，軍前并無捐送馬匹，今臣等兵馬或竟無馬匹，期月將盡，仍進取雲貴"等因。查先經將軍吳丹等疏稱："雲南地方係賊根本，宜於建昌、永寧二路厚集滿漢官兵。進征大兵馬匹瘦損，應照十五年例喂養一月，過雨水時，進取雲南。湖廣兵馬如不得貴州，臣等統領滿洲、綠旗官兵共取遵義，前往夾取貴州。"臣等會覆俱應如所題，具題奉旨，欽遵行文在案。今大將軍貝子章泰等疏內既稱："臣等兵馬進取貴州，將軍吳丹、俄克濟哈、趙良棟等兵馬恢取四川遵義府，仍應進取雲南，應請敕下將軍吳丹、俄克濟哈、趙良棟等恢取遵義府，即行定雲南，擬定大兵進定日期，速行奏聞,具題到日,行文湖廣、廣西大將軍、將軍等,約期一同進定雲貴。"至鎮南將軍莽吉圖統領大兵回南寧,遵照前旨進定雲南,大將軍貝子所請廣西大兵進取雲南之處,無容另議。再疏内稱"通行捐馬將及一月,軍前并無捐送馬匹,臣等兵馬或竟無馬匹"等語。今大兵進取貴州,馬匹係大兵急需,應請敕下湖廣巡撫、偏沅巡撫,鼓勵通省官員捐馬一千匹,務於閏八月内送至大將軍貝子軍前,無誤進剿軍機事務。捐助各官職名、馬匹數目造册送到之日,聽該部照長沙捐馬之例議叙可也'等因。康熙十九年八月初八日題,本日奉旨:'依議速行。欽此。'爲此合咨貴將軍,煩爲欽遵施行"等因到臣。

　　該臣看得逆賊搆亂狂逞[6],竊踞疆土,荼毒生靈,經今七載,我皇上命師征討,原爲出民水火,蚤登衽席。在外統兵諸臣皆受朝廷豢養之恩,復膺聖主委任之重,理當盡心盡力[7],勉竭效忠[8],各照分進之路,蚤至所指之地,則勢窮之殘賊何難一鼓而下。況雲南爲賊老家,退無可退;四川乃其門户,勢在必争必守。逆渠不降,惟有死戰,其手下兵丁總不爲渠效死出力,抑誰無父母妻子[9],豈肯束手待斃?要在我之官兵同心合力,一路勇往似一路[10],一處争先於一處,逆賊總欲人人拚死,又焉能遍爲支持?若夫推靠緩視[11],仍蹈陝西、湖廣故轍,今日議不妥又在明日,今年進不成以待明年,滇、黔、川、蜀不比秦楚,大相謬矣。[12]湖廣滿漢官兵爲數不少,當全川恢復,辰沅之賊奔退,若肯一加努力,沅州抵貴陽,[13]坦坦大道,并無險隘,可以直取[14]。而貴陽城池環繞皆山,四面受敵,賊自不守。爾時,遵義之賊逃遁尚恐不暇,又敢拒守耶!原進川東滿漢官兵於恢復保寧之後,順慶、重慶之賊俱逃,人心風鶴,若肯直下,何患遵義不得,此固已往之誤[15],言之無益[16]。至於永寧、瀘州爲重[17],將軍臣吳丹若不偏執,蚤聽臣言,預爲布置,焉有此番之失,此又近日之乖舛[18],以致人心摇動,大費收拾。事既如此,言亦無補[19],而臣何必頻瀆[20],但時已深秋[21],重賊俱來,四川、湖廣官兵尚不急急進取貴陽,又請敕下在川陝西官兵進取遵義,如必欲在川陝西官兵取遵義,湖廣官兵方取貴陽。

查建昌距成都一千五百餘里，最險最難之山路，成都又去遵義亦有一千五六百里之程[22]，不獨建昌官兵與賊對壘，且屢報逆賊添兵，大肆鴟張，敢來攻城攻營，理勢不當退兵，抑且不能退兵。總使可退，想此三千里程途，用多少日子到得遵義[23]？又用多少日子復回建昌？方進雲南，即永寧現有重賊，官兵敗賊之後，自當乘勝追賊，直進雲南，豈可舍賊不追又去遵義？況湖廣官兵取了貴陽[24]，止可取安順[25]，前則雞公背盤，江河天險，賊自拒守，甚難用力，既不能進雲南，豈有靜坐於貴陽之理。遵義相距四小站，平路急行三日可以到得，湖廣應進滿漢官兵多似陝西入川官兵，無論有賊無賊，理當分兵兼取，一以就近破賊收功，一以接應重慶，以鎮川東，又可爲永寧一路進剿官兵後應聲勢，總爲朝廷封疆出力。

再查遵義之賊出犯仁合、瀘州，多去永寧，將軍臣吳丹統領總兵王用予等滿漢大兵二萬有餘，理宜急急渡江前去救援，永寧賊若一敗，尾追前進，不可稍停容賊守險，不必以遵義在後遲疑誤事。如前慮遵義者[26]，彼時湖廣官兵尚未見過辰龍關、楓木嶺，今既已到沅州[27]，則永寧一路官兵自當直進雲南，不必仍復拉扯遵義，曠日持久，以長賊勢，以失機宜。蓋臣前疏曾爲軍機不可預定，陳明在案。將軍臣俄克濟哈所統題明原進建昌一路滿洲大兵，瀘州賊退，不必再去永寧，可由叙府適雅州，同臣前去破建昌出犯之賊，應海潮龍進取雲南。廣西官兵或兩路、或一路，更懇聖明再加嚴敕速進，以分賊勢。倘如湖廣官兵不進永寧，官兵遲疑，廣西官兵遠寫[28]，則建昌一路官兵深入[29]，進不能[30]，退不可[31]，大爲可慮。即使仰仗天威，到得雲南，亦恐一路官兵單弱無益[32]。此臣一言再言，深慮切重者[33]，總欲急在滅賊，畚奏蕩平，事期於萬全也。今將軍臣吳丹兵行將近一月，尚未渡江，恐永寧不能持久，萬一不保，賊勢愈大，民心愈亂，且臣一路官兵俱遣發去建昌、禮州、瀘沽、大渡河一帶，并兼顧叙府，在省之兵無幾，而嘉、眉、邛、雅之民多有逃避，富順、隆昌、江安之民多變爲賊，烏蒙、鎮雄等土司爲賊運糧，松潘、天全等土司、苗蠻、番猓不無觀望，川東尤爲急切可慮,此又臣焦心如焚,寢食所不安者也。臣以事在緊急,皇上恩深,封疆爲重,不得不言。否則微臣何人,敢與王爵近臣較論短長,自招嫌怨耶?我皇上聖明,洞照萬里,倘以臣言爲公忠激切,或下嚴旨,或遣内臣催督,令湖廣官兵先進,立取貴陽,分兵遵義,將軍臣吳丹急速敗永寧之賊,乘勝進取雲南。況水西禄氏土官安勝祖暨阿烏等諸頭目現與逆賊讎殺,前已差人至成都納款投降請兵,將軍臣吳丹曾閱其字,曾賞其人。又威寧僞副將王嘉禄、大定僞副將蕭鳴鳳俱有投誠之稟,大兵一到,彼自内應。又姚安土知府僞授川東兵備道高奇映亦已差人具稟納款,前來請示,以爲内應。逆賊雖在鴟張,雖在狂逞,然内虛勢亂[34],機不可失,時不可錯。如在外統兵諸臣遲疑,等待各路官兵,推靠不前,則拼命之賊日漸鴟張[35],觀望之民日漸離亂[36],不獨雲貴不能進,抑且四川不易守。封疆爲重,關係匪輕,伏乞皇上鑒臣愚忠[37],全覽敕議速覆施行[38]。

康熙十九年九月初七日奉旨:"議政王、貝勒、大臣會議具奏。"

題報僞將軍已抵禮州疏

密題爲僞將軍傾心來歸,謹再報明遣發官兵接護,已抵禮州情形,仰慰睿懷事。

竊照僞將軍海潮龍始則差人通款,繼而繳印投誠,經臣前後兩疏題報,并請仍畀將軍名色,以廣招徠,以勵忠順。當蒙會覆,俞允行文,欽遵在案。查臣於該將軍繳印之初,即飭建昌鎮將挑撥官兵前去鹽井,一以會合,一以探聽虛實,嗣逆渠王公良擁衆萬餘,於迷易所出犯德昌,鹽井之路已爲中斷,而天王廟營盤現在受敵,禮州官兵人不去甲、馬不離鞍,日夜鏖戰救援,守護糧道與水路。臣因請兵緊急,復發鎮臣朱衣客等官兵前去接應,相機剿殺并飛檄建昌鎮將於僻道探聽接應海潮龍去後。今據建昌軍前鎮將王進才、王洪仁等塘報,"僞將軍海潮龍差人從小路至建昌,口稱'海將軍欲量帶精兵前來,只慮打冲河逆賊阻截，不能急渡，須速發大兵於沿河一帶往來接應，以作聲勢'等語。卑職等以天王廟緊急，建昌城守當嚴，議定禮州防剿官兵除現在救應天王廟以牽賊勢，量撥精健官兵由拖浪小路適打冲河探聽接應。今海將軍帶兵四百名并卑職等、前遣遊擊穆應魁等所帶兩次接應官兵，於本年閏八月十四日已到禮州下營，理合塘報"等情。又據該鎮將差官周得才引到投誠僞守備楊蘭等齎到僞將軍海潮龍與臣手書，內開"龍傾心戀主，自繳印净髮之後，日望綸音，不意逆渠猶自狂逞，從中阻梗，龍欲静坐鹽井，恐屬下官兵以及迤西一帶久而生變，欲急赴建昌，而打冲河水深流急，賊於沿河把守甚嚴。今同副將李鍾秀等量帶官兵，藉大兵威力，於六馬六槽扎筏過渡，仍從間道前來，已抵禮州鹽井衛。留官兵一千守城，其餘官兵俱令副將張虎、程應貴、劉友功，參將閆四知等統領回北勝州，同大將軍老勛臺差來領兵官李元勛前去，安慰人心，以防不測。其永北鎮僞總兵葛鳴鸞、永寧府僞同知韓文宗并北勝文武官員、土司高斗光等亦皆差官齎繳印信、劄付前來，惟希大將軍老勛臺轉爲奏請。臨啓不勝顒望"各等情到臣。

　　該臣看得逆賊大勢已去，雖曰釜底游魂，而負固憑陵[39]，在在拒守。若我官兵稍有遲回，稍有疏懈，輒敢大肆鴟張[40]，如近日瀘州之失，永寧危急[41]，豈非明鑒耶？且建昌爲雲南後背，止隔金沙一江，最切最要，理勢必爭，故劉起龍於窯山相持死守，王公良又復出犯德昌，倘鹽井一路再來逆兵，則禮州、盧沽、松林一帶俱爲賊有，而建昌自是不保，川疆尚慮危急，何以進取雲南[42]？今海潮龍不背國恩，傾心戀主，於逆賊尚在鴟張之際[43]，乃能獨出勇敢之心[44]，率一路全軍先機效順，若非大有謀猷、大有擔當者不能如是[45]。我皇上大施柔遠[46]，不靳酬庸，特畀將軍敕印，統領原管官兵以爲前導，更出一時曠典，臣復何言。惟是滇黔告變以來，投誠頗多，或爲時勢所迫，勉强就降；或爲官兵追急，希逃一死。即間有一二懷忠歸正[47]，又爲機洩事敗，僅爲狼狽一身[48]，以此較之，不亦大相徑庭乎[49]？臣以爲國舉忠，詞語不禁重叠懇切[50]，合再奏明，統祈聖鑒。除臣遣員致書慰勞，復齎袍褂、靴帽、鞍馬什物、盤費以及各官衣帽、花紅，分賞兵丁銀兩，暫爲安插，其官員職名、兵丁數目，行令備造清冊前來，以便預支糧餉，再爲撫安。而副將李鍾秀、程應貴、劉友功、張虎等皆係迤西各路實缺之官，現爲領兵之人，能同心一力奮斬違抗之辛敬，倡衆歸誠，忠勇可嘉，功猶難泯[51]。至各標大小官員以及復繳印劄投誠文武、土司，均俟備細查明，造冊至日另爲題請，合并叙明，伏乞皇上睿鑒施行。

康熙十九年九月十七日奉旨："據奏將軍海潮龍率領官員、兵丁前來投誠，已抵禮州，感戴國恩，先機效順，傾心向化，忠悃深爲可嘉。着從優議叙具奏。餘着議奏。兵部知道。"

初報庸鎮退兵疏

密題爲報明緊急軍情事。

康熙十九年九月十一日據西寧鎮臣朱衣客塘報，內稱"竊照建昌告急，奉憲臺遣發，本職統領官兵前來合剿。本職於閏八月二十九日到馬打滾，見各營將弁言天王廟駐防我兵被賊圍困至緊，數日絕糧，本職未曾停息，即赴李家莊逆賊下營之處，觀看賊勢情形，見天王廟週圍連有賊營一十六座，俱係水旱重壕、梅花樁、木柞、土墻，叠叠堅守，賊數甚多。天王廟對面北梁有賊營三座，本職與各鎮將密議，若奪得此梁逆營一座，則天王廟之官兵糧路可通，而建昌城之門戶亦可無阻矣。隨會同建昌城內官兵於九月初二日分開營頭一齊奮勇攻殺，令彼彼此不能救援，因僞將軍劉起龍營盤離建昌較近，令憲標副將王洪仁等官兵對敵，甘寧撫標右營遊擊趙魁英帶領馬步官兵攻殺一營；寧夏靈州參將呂自魁帶領馬步官兵攻殺一營，建昌鎮標左營遊擊黃進忠帶領馬步官兵攻殺一營，隨征副將郝俊龍帶領馬步官兵攻殺一營，本職標下前營遊擊楚名俊、隨征副將陳世虎領馬步官兵攻殺一營，以分賊勢。令撫遠大將軍公標下隨征總兵趙名友帶所領官兵，隨征總兵段登仕帶所領官兵,新投誠副將李鍾秀帶該營官兵,本職標下中營遊擊米之順、右營遊擊趙元輔領標屬馬步官兵攻殺北梁,期其必取。議令四更起行,黎明各抵分定賊營,一齊奮勇,攻克其餘賊營六座。我兵單薄,不及分攻,令興安鎮標右營遊擊鄭有榮、陝西督標前營守備王功名、憲標後營守備李洪各帶所領官兵堵截。本職親冒矢石,馳援督陣,迹至壕邊,自黎明攻起,直至未時,各官兵努力鏖戰,跳壕拔樁,雖殺死逆賊甚多,無奈重疊高厚,火砲如雨,攻取不開,而我之官兵傷亡難支,職標中軍遊擊米之順身先士卒,拚死攻戰,被重傷,當陣落馬殞命,方始收兵。本職急欲整搠,次日再戰送糧。不期王總兵見賊勢猖狂,受困絕食,當日晚暗撤官兵離天王廟而出也。米之順戰死疆場,情實可慘,伏乞憲臺立賜題恤,以勵將士,以慰忠魂。至各標營傷亡官兵,容查明另冊呈報外,所有殺賊情形及陣亡營將相應飛報。其天王廟糧路久斷,在事各營官兵因開路運送,屢次傷亡甚多,不惟糧不能送,官兵漸漸虧折。今天王廟既已不守,建昌堪慮,更祈憲臺迅發大兵急來防剿"等情。臣據報,正在嚴飭固守禮州、盧沽,并查總兵王好文因何擅棄天王廟營盤及建昌城內官兵情形間,十六日復據該鎮塘報內稱,"自失天王廟,賊勢重大,在馬打滾、禮州、松林一帶與我兵屢次厮殺,情由業經差官飛報憲臺訖。初八日黎明,逆賊從河西一帶各山口俱到盧沽對面,本職督率官兵堵禦鏖戰,自寅至午,賊勢愈重,我兵鉛藥連日用盡,無以應敵,只得分布官兵極力堵殺,賊兵未退。再觀賊人形勢,有留兵在此誘敵,暗發精兵抄出我後之意。除撥官兵偵探外,查盧沽無糧,恐兵馬不能久屯,本職酌量緩急,隨機堵剿,事在萬分緊急,合行飛報"等情。同日又據該鎮塘報內稱"案照九月初八日與賊在盧沽對敵間,見賊勢愈重,隨即一面塘報請兵,一面會兵堵殺。至午後,賊兵益增,從大路東山各擡方營來攻我營。本職分兵堵殺,戰至日晡,我兵鎗砲無幾,鉛藥用盡,力不能支。本職急不欲生,親帶將弁三面衝殺,胯被鉛傷,膀被箭傷,甘寧撫標右營遊擊趙魁英腿被鉛傷,其千、把等官帶傷甚多。正與各官誓死鏖戰，被差探本標右營千總吳大康報稱'賊從西山發動，欲抄我後'，本職即同各官出峽，而賊兵已到峽北山梁，復整兵攻擊，天色已晚，賊入深林。本職與各將計議，逆賊狡計，若乘夜抄過小象嶺，則越巂不保，我數千官兵皆困於此，官則有死無二，兵心散亂，必為賊有，是誤朝廷，更誤官兵也。隨當夜撤兵至象嶺，堵截要口。初九日至越巂衛，然賊人全仗火砲，我兵火器原少，且師久疲累，連連攻戰，傷亡數多，一遇對敵，心膽俱寒，全無斗志。如賊人逞狂再至，恐越巂亦難固守"等情。臣復飛檄遊擊孫國祥協同岳天壽嚴加把守河口，差官前去阻攔退兵，於十七日據遊擊岳天壽稟報，"海將軍標下領戎旗將官海現瑞、副將李鍾秀帶兵四百名於本月十三日過大渡河，總兵王好文下中軍傅副將官兵亦於十四日過河，又有撫標右營遊擊趙魁英一同過河北岸下營"等情。今於本月十九日復據鎮臣朱衣客塘報內稱，"竊照退回越巂及撥防小象嶺緣由業已呈報外，今於九月十二日據差探河州營把總林時貞報稱，逆賊塘馬三百有零，步賊滿山遍野，不知其數，已經下山等情到職。本職會同各鎮將備等官挑選精壯馬兵、鳥鎗手出城站隊，候本鎮親督迎敵，其餘步戰守兵上城，嚴防垛口，把守門禁去後，不意各營兵丁不遵法律，不但不戰不守，抑且聞風遠奔，差官執令攔阻，置若罔聞。本職雖有原帶馬步一千之兵，內除陣亡帶傷病故及沿途患病未到之外，僅有七百餘名，令其守門上城。本職意欲死守，忽有總兵王好文等將職強擁上馬，擁扶出城，隨訊各官：'爾各營兵不遵紀律各自竟散，意欲何為？'隨據各官稟稱：'兵丁原屢次對敵，傷亡甚多，各兵膽寒，且五六個月無餉，身上無衣，腳下無鞋，疲累堪憐，他不過趕過大渡河去休息整頓，他往那裏去。'本職沿途目擊各營兵丁有弓無箭、有箭而無弓者，有鎗而無鉛藥者，且馬匹羸瘦，不堪騎征，實難遇敵。本職所帶之兵無幾，戰守不能，不得不過河暫駐大渡，拒守要隘，再為整頓"等情到臣。

該臣看得建昌、永寧為賊必爭之地，自題明分進之後，臣惟恐一路不妥[52]，兩路牽制，是以於諸臣之前一言再言，天聽之下一奏再奏，總以雲南爲賊老家，四川爲賊門户，勢在死守，勢在必爭，且進剿之期不遠，豈可輕視緩急，在臣不過慎重其事，期以合力同心恢疆滅賊，蚤奏蕩平耳。無奈將軍臣吴丹使巧偏執，將分定應進之路竟不調兵，選將委任以專，而未及進剿期前，縱賊出犯，以致仁懷、合江失守，瀘州復陷，因患在肘腋，遂將兩路滿洲大兵俱發往永寧一路，將軍督撫又以事在緊急，人心洶洶，成都關係兩路進剿官兵之重，咸謂臣不可輕離，留臣暫駐，鎮定人心。建昌一路發鎮臣朱衣客帶領漢兵前去接應，且將軍臣吴丹擁兵二萬，將成都去永寧不過七八百里程途，十二三日可到，况瀘州賊既騰空不守，以空城餌我，明係緩兵。南溪過渡，叙府備有船隻，理當急爲前去解救，乃挨延六十餘日，必至永寧再陷，是誠何心[53]？至建昌官兵與賊對壘，鏖戰半載，未嘗少挫其鋒[54]。"僞將軍海潮龍來降，迤西、北勝等處鎮道、土司、兵民剃髮繳印投誠，及一聞仁合、瀘州之失，兵心自危"，此陝西督標遊擊馮德昌從建昌來成都請兵口稟之言，振武將軍臣俄克濟哈、督臣楊茂勳、撫臣杭愛曾經面問。今譚弘、彭時亨、何良柱、袁縉群起，川東變亂，松潘可慮，在在危急，起自何來[55]。此臣一腔忠赤有所不甘者，如臣之罪責自不敢辭[56]，惟候我皇上嚴加處分，而貽誤封疆之由，仰懇聖明電照。其退兵情故[57]、天王廟營盤因何不守、建昌城内官兵又何形狀，容臣一一查明具題，另爲請旨。除臣即遣隨征總兵馬山帶兵星馳大渡河，監督西寧鎮暨各領兵鎮將等官於北岸下營固守，并飭令防河遊擊岳天壽、孫國祥於南岸曬經關下營拒守，仍行催該管衙門，速備糧餉，以安兵心外，臣謹據報先爲題明。貼黄難盡，伏乞皇上睿鑒全覽，敕議處分施行。

康熙十九年十月初七日奉旨："議政王、貝勒、大臣會議具奏。"

特參庸鎮輕棄汛守疏

密題爲庸鎮怯懦之甚[58]，輕棄汛守，竟置建昌不問，退兵又復不顧其後,致令官兵狼狽已極[59],謹據實指參,仰祈睿鑒,即賜處分,以重軍紀,以申國法事。

竊照天王廟失守,官兵退回大渡河,即遣總兵馬山帶領官兵星馳前去河口分布防守,并行查退兵情故及建昌城內官兵形狀[60],業已具疏題報在案。今於本年九月二十七日復據西寧鎮臣朱衣客咨呈,內稱"竊照各營兵馬退扎瀘河緣由已經具報外,該本職看得各營兵馬出征日久,弓箭、器械、衣衫盡皆損壞,馬匹陣斃及倒斃者十存一二,所存者俱皆瘦損脫蹄,不堪騎征。其步兵有鎗而無火藥、鉛子,俱係棍棒,形如乞丐,似此之兵不但不能戰,即守亦無用。況陣亡病故、患病帶傷者大半,雖有其數而無其實。總責之營將整頓,不惟無銀,即有銀,在此深山窮谷之中亦無處覓買,徒費糧餉,終不濟事。本職再四籌度,逆賊勢重,火砲甚多,不來則已,若來務取瀘河,如此疲憊之兵,勢難堵禦。倘有疏虞,貽誤不小。合無帶回成都,休養整頓,聽隨大兵進剿,另發能練總統帶精銳兵四千,多帶火器砲位急速前來,庶保無虞"等情。臣據報,一面申嚴各該鎮將加意防守河口,南岸曨經關最要,須安兵挑壕,打梅花椿固守,以通建昌聲息去後。次日又據該鎮咨呈內稱,"九月二十二日二更時分,有副將郝俊龍等帶領原撥駐防官兵到河南岸,稟稱'逆賊已抵平彝堡,離河南站二十里,恐船隻水手缺少,臨時遽難過渡'等情到鎮。據此,查各營官兵孤立,河南有事,隔河難以接濟,既已撤回,隨令過河,在於河北下營堵禦外,相應報明"等情。十月初二日又據該鎮咨呈,內稱"竊照逆賊已到河南岸立營,議欲率領官兵過河撲殺,奈我兵雖有鳥鎗而無火藥、鉛子,砲藥、砲子、弓箭俱皆損壞,且是疲憊之兵,更兼數日絕食,全無鬥志,深屬可慮。本職雖加意撫馭,努力固守,恐不濟事。瀘河渡口甚多,稍有疏虞,關係不小,合再急請,伏祈憲臺垂念封疆為重,迅發大兵,多帶火器、砲位、火藥、鉛子兼程前來,并祈檄催糧道速將糧米輓運軍前,以資糊口,倘若遲緩,恐各兵不能久待矣。事在至緊至急,今差寧越營守備王朝幹請示施行"等情。本日據投誠參將郝俊龍、蘇虎稟報，內開"九月初二日王總兵自天王廟撤出，在馬打滾下營，於初三日奉朱總兵令，段總兵同卑職等官兵赴馬黃下營以應諸處營盤；於初六日逆賊猖狂，擡方營數座前來攻敵馬打滾各營。卑職等同段總兵領兵下山救應，與賊迎敵時，各營官兵已撤至禮州，卑職等欲踞山梁堅守，不無兵單而勢孤難處，於即日撤兵赴禮州同守，待候添兵，再圖撲剿。及至禮州，但見朱總兵同各營官兵已退松林、盧沽一帶，卑職等官兵進退無門，屢陣衝殺，我兵已隔兩處，不得已，當夜從小路撤至銅槽，時朱總兵已令各兵過象嶺抵越嶲。卑職等官兵只得隨後於十一日亦至越嶲，十四日塘馬探報，賊下象嶺至小哨下營，各兵不能聽令，直奔前途。段總兵同卑職等斷後，徐徐而撤。但各兵俱過大渡河，於十八日調回。段總兵止留卑職同遊擊劉清、都司魏驊帶領本標鎗手及王總兵官兵二百員名曬經關把守，蒙朱總兵令諭，河下船隻無多，尚有隔江之阻，堵關兵單，現報賊兵已抵河南站，相離咫尺，倘有警息，恐過江不及。將所部官兵於二十四日撤回，分布河隘"等情。又據隨征食俸千總委署寧越營守備王朝幹口稟，"九月十六日朱總兵領兵退過大渡河，有段總兵、郝參將、蘇參將領兵收後至河南站曬經關，駐劄守禦。朱總兵差人持令箭調各官兵俱着過河下營，段總兵遂領兵遵令過河，郝參將不肯過河，仍扎曬經關堵禦。至二十四日朱總兵又復差人持令箭催調說'我們通過了河，你們幾個兵住在那邊是何意思？'[61]郝參將不敢違拗，領兵即於二十四日過河北岸下營。二十五日賊至河邊下營，不過數百之衆，段總兵、郝副將等請稟朱總兵發兵過河撲剿，朱總兵阻攔不肯叫去"各等情到臣。

該臣查看得建昌官兵與賊對壘，鏖戰半載，曾未少挫其鋒，屢有擒斬之效，堅守孤城可謂心雄氣壯者矣。嗣因瀘州之失，人心搖動，天王廟受困，建昌緊急，臣等因患在肘腋，故將兩路滿洲大兵俱先遣去恢復瀘州，救援永寧，遂令鎮臣朱衣客統漢兵去建昌，解天王廟之圍，而嚴固守也[62]。豈料該總兵以專閫重鎮，握八千官兵，戰則力不爲單，守則兵不爲少，理當愼重其事，自不難破賊。乃才庸計拙，不用挨牌、攻具憑馬以當鎗砲，致令損兵折將，遊擊米之順陣亡，人心膽寒[63]，天王廟於是夜反棄不守。及至馬打滾下營，又不挑挖壕塹，粗心膽大，全不知用兵。況建昌官兵正在守城，逆賊斷無舍建昌而敢來遠追之理，即使來追，賊係步人擡一木柞追及馬兵，未有如此之雄、如此之速者[64]。況盧沽、銅槽、象嶺一帶皆一人一馬細路[65]，處處可以拒險守要，且退回官兵中西寧鎮屬有六千餘衆[66]，何難督令堵截拒守。再越巂衛有城池、有糧米，儘可屯扎，復託言兵不遵法，衆官強擡上馬，此又該鎮庸怯之言[67]，欲蓋而彌彰也。既經退過大渡河，將南岸之曬經關最緊要之地不守，又將段登仕、郝俊龍等奮力守險官兵差人持令箭屢次催調過河，却捏以郝俊龍等隔河，稟稱"賊抵河南站，恐無船隻、水手，不能急渡"等語，此又該鎮之飾罪欺妄自露也[68]。至該鎮無才無膽，平日不知養人馭兵，臨時倉皇[69]，竟置建昌一鎮一道各營數千官兵於不問[70]，猶稱大渡河亦難固守，此更不知該鎮何所見而心怯一至於此也[71]。且據該鎮節次塘報，有稱"塘馬探報有賊"者，有稱"賊來抄後者，不來則已，來則必取瀘河"者。

查總兵段登仕，參將郝俊龍、蘇虎等收後，隔該鎮兩日方到，是該鎮之後無賊更可知矣，該鎮又何所見而奔忙一至於此也[72]？該鎮身受朝廷封疆重任，且係旗下舊人，擁數千官兵，不能克敵制勝，既退過河，尚無悔罪之心，必欲推藉於兵[73]，不守河口，請撤回成都[74]，是目中全無國法矣[75]。臣本欲候建昌官兵消息，統俟查明再爲題參請旨處分。今該鎮故違軍紀，目中全無國法，竟敢如此存心，如此欺貌[76]，當此何時，豈容惑亂兵心[77]。臣謹據實題參，伏乞皇上睿鑒全覽，敕議嚴加處分。至該鎮庸怯如此[78]，知不能守河[79]，隨遣寧夏總兵趙弘燦、隨征總兵偏圖等帶兵二千前去，會同總兵馬山設防河口，相機奪取曬經關，接應建昌外，合并叙明。

康熙十九年十月二十二日奉旨："據奏朱衣客庸怯，輕棄汛守退回，大干軍紀，着嚴加議處具奏。兵部知道。"

題報敘府危急疏

密題爲再報緊急軍情事。

康熙十九年十月初三日據總兵李芳述、鄒九疇，遊擊顧隆、呂錦從敘府差官馳稟報稱，"本年九月二十九日，據督標呂將官下把總瞿得勝、職營隨征把總劉芳貴差押船隻下南溪，隨帶渡河兵丁回敘，稟稱'滿洲各位將軍率領官兵仍回南溪過江，於十八日起渡，二十七日夜盡一更時分盡已渡回南溪。據此竊思瀘州官兵五六千、永寧官兵六七千尚不能支持，而滿洲將軍統兵二萬去安寧一帶，尚且不能敗賊。今又復退回過江，遥聽南溪猶不扎營，并不言及敘府，則敘府之官兵多寡，難逃憲鑒，須迅發大兵，星馳來敘防禦，庶保萬全'"等情。又據李芳述、鄒九疇稟稱，"職等一介武人，庸愚末弁，仰蒙洪慈拔之泥塗之中，置之犬馬之列，雖捐頂踵以報國恩，亦難仰酬於萬一也。惟今永寧失守，援師北渡敘府，疆土孤危，在邇有不得不披心瀝血冒陳於憲前者。職等原係本朝舊弁，迫脅數年，情非得已，亦無容瑣陳，惟是本年投誠之初，曾接僞諭，令職救援保寧。職等志堅歸正，力抗僞命，故駐劄重慶以待大師。欣逢本將軍部院恢復全川，職等即倡率官兵挽舟上游，望風歸命，并收拾沿江一帶人心，率領重慶道府以及敘、馬、瀘州等處，文武官員無不傾心向義，荷沐洪恩，憐職等之投誠，原不與臨陣逼迫、勢不得已者可比，得蒙從優題敘，俯加擢用，隨奉憲檄，前赴永寧。職述遵示起行，於三月初十日抵永，即遇僞將軍尤廷玉、王邦圖、高元烈等擁衆萬餘，窺犯永寧。此時，職同龔副將所領官兵僅及一千，永寧官兵未及一千，值賊衆猖狂，日夜攻圍，歷初十、十三、十五三日大戰，職率衆效命，力保孤城，枕戈擐甲，晝夜奔馳，固守二十餘日。蒙發屠副將帶馬兵一千，八日即至永寧，後發張、王二總兵同楊、吳兩副將陸續抵永。於四月初八日復遇大戰，職同各鎮將等奮勇先登，極力衝殺賊兵，敗衂死亡無數，所獲鎗砲、旗幟等項已蒙洞鑒。隨奉行調，前進建昌，暫休敘府。方期領兵就道，不意瀘、納失守，永寧被困，而江安一帶悉爲賊有。職等修城築堡，日夜憂勤，急請大兵赴救永寧。即南溪擺渡一事，其船隻悉係職營原所買備者，尤苦敘府人民悉已久逃，而職等只得將營中餘丁、幼子勸諭前去，裝渡大兵一月。此職自歸命以後，矢勤矢慎，真不啻血盡心枯者，無非委身封疆，報知遇以報朝廷也。詎意永寧失守，滿洲各將軍中途而回，職等猶望退守敘城，共相堵禦。豈料滿漢官兵渡回南溪，尚不留心敘府，而賊兵狂逞，相去咫尺。職等官兵家口不無慮心，昨雖具文請搬，乃各兵中有兒女累墜者，有身處貧窘者，行動亦屬艱難，又況船隻稀少，陰雨連綿，苦情萬狀，亦難悉稟。萬一敘府被圍，漫云誤官兵之家口，負職等前此之忠勤，而國家疆土寧不足致念耶？今滿兵業已若此，職等處至緊至急之際，故不覺言之瑣褻，伏懇鑒照"等情。據此查未據稟報之前，臣恐敘府緊急，已遣守備王國興帶兵於嘉定一路偵探聲援。今復嚴飭各鎮將，勉力固守城池，仍曉以大義，令其一心滅賊去後。初五日又據各鎮將稟報，內稱"滿洲衆將軍旋渡南溪不扎，盡往瀘州，其一路塘兵已回。本月初一日據百姓報稱有幾個僞將軍帶兵已抵沙河驛扎營之語。據此，竊照沙河驛離敘城不過六十里，職等擬料各逆到彼扎營，自是窺犯敘府，敘府不保，嘉定一路無人，難以撐持，恐有不可言者。本將軍部院神明洞察，或不待職等瑣瑣，竚望本將軍部院畚賜主裁"等情。同日又據遊擊顧隆密稟，內稱"逆賊於沙河驛扎營，業經公具塘報外，竊思沙河驛離敘府不過六十里，若不窺犯敘府再無他往，然一遇有警，指望成都聲援，往返必須半月，況且各官、各兵家口俱要出城，於北岸搭棚駐扎。卑職現今再三勸住，恐將來終不能留，無事尚且如此，臨事不料可知。若賊果蜂擁突至，則瀘州之不戰可鑒於前，永寧之失守可虞於後。懇乞本將軍部院速賜裁示"各等情。臣繕疏間，於初六日准建威將軍臣吳丹咨爲知會事，內開"據提標隨征總兵邵一仁奔赴本將軍軍前，稟稱永寧城池已於本年九月初九日逆賊奸計，用火藥炸破攻開情由到本將軍。據此本將軍意欲復取永寧,但各官兵口糧斷絕已久,連被綿雨泥濘,道路難行,馬匹瘦損不堪,難以前進,而又准蕩寇將軍貝子清字移咨,內開:譚弘、彭時亨等叛亂內地。再查瀘州逆賊屢添,比先甚多,防守之夸蘭大等屢次請兵,本將軍撤師轉回,於本月二十七日回渡南溪大江前赴瀘州,擬合咨會"等因到臣。該臣看得敘州一府處大江之南,居瀘州上流,切近永寧,三城犄角,猶如唇齒,乃將軍臣吳丹應進之路、屯糧之所,業已公疏題明在案。前以仁懷、合江失守,瀘州告急,臣因投誠總兵李芳述等官兵家口住彼,恐賊餌誘,遂遣署遊擊顧隆等帶兵星馳前去防獲,實爲牽絆投誠官兵之心起見,原非微臣應進之路、應防之汛也。如將軍臣吳丹擁滿漢大兵二萬逗遛不前,挨延六十餘日,必待永寧復陷而後已,即川東譚弘、川北彭時亨復叛,皆由吳丹逡巡所致。瀘州賊既騰空不守,明以空城餌我,并力去取永寧,豈可爲賊所愚。及至渡江又不合力破賊,反觀望於後,況退兵理當守敘府,控其上流,遏賊之脅[80],抄賊之後,斷賊之糧,接連瀘州,賊自不敢過渡,一道大江可爲天塹。再大渡河嚴加固守,北有成都、保寧以應,兵糧不缺,局勢在我,而徐圖滅賊尚可布置。如王用予一旅全軍并兩路滿洲大兵勢不爲輕,兵不爲少,何難破賊急救永寧,乃吳丹始終私心,始終弄巧,故延撥制,以致如此。今棄敘府不守,過渡直然長往[81],揆李芳述等稟詞激切,勢在不保,不獨成都再無如此一二萬大兵可遣,即有兵,亦恐途遙,無濟於事,且保寧緊急,松潘可慮,成都人心愈加洶洶,投誠官兵以及土司難期難料[82]。若敘府再一失陷,大渡河隔絕於後,嘉、眉、邛、雅之民不可保,全川之事不可問。臣竟不知吳丹所存者何心,所執者何見,欺君誤國,莫此爲甚。至前將軍、督、撫諸臣公議,以患在肘腋,兩路滿洲大兵俱去瀘州、永寧,慮成都爲重,留臣彈壓,以定人心,而臣敢不以朝廷封疆爲重、全川局勢爲要耶[83]?成都爲兩路官兵根本、民心兵糧爲要,是臣不能急去建昌[84],專力永寧,豈期庸鎮退兵[85],竟置建昌不問[86],雖出朱衣客庸怯無膽[87],實出吳丹始終所誤,臣心所不甘者[88],然尚期徐圖[89]。今吳丹再棄敘府不守,是局勢大壞矣。而臣一腔忠赤，入川苦心[90]，終不能無遺恨於其間也[91]。今臣心竭力盡矣，惟有捐此身命，仰答君恩。然思聖明在上，凡於戡定機宜，重煩睿慮，逆賊如此鴟張，統兵大臣如此乖舛[92]，臣再諱而不言，恐九重萬里終成矇蔽，則全川土地、數萬官兵關係誠非渺小。臣謹據實題聞，統祈皇上睿鑒全覽，嚴敕急救施行。

康熙十九年十月二十一日奉旨："議政王、貝勒、大臣會議具奏。"

題報投誠川弁復首僞諭疏

題爲再報投誠川弁復首僞諭，始終堅貞，仰祈睿鑒敕議加恩，以收實效，以勵人心事[93]。

康熙十九年十月十三日據領兵總兵官李芳述、鄒九疇等稟報，内稱"有原僞昭勇將軍標戎旗遊擊補僞夔州援剿副將沈明龍前於川東投誠，在合江爲民，今復投入胡國柱下，於本月初七日巳時分帶領塘馬數百撒至城下，對河大聲喊叫：'有文書在此。'就放在河邊石上，轉去。職等與同城文武眼同差人過河取來，係逆渠胡國柱與職等僞諭一紙，其間詞語狂悖，無非陳其利害，計圖聳動官兵。職等既經歸正，身受國恩，又蒙本將軍部院推心置腹，多方體恤，惟有誓死以報朝廷，敢存異念？是以職等前具稟，懇將眾官兵家口移往嘉定、崇慶州安插，一以就食，一以斷絶官兵兩持之心。即今逆賊蜂擁蟻聚，滿洲大兵自南溪退回，竟去瀘州，不顧敘府。職等所統官兵并顧副將所統官兵無不人人極力願守孤城，但賊勢日重，職等兵單，仍懇本將軍部院移文眾位滿洲將軍就近迅發大兵前來，庶救危急。所有僞諭理合封投電覽"等情。又據署左營遊擊事前營守備顧隆密稟，内稱"滿漢大兵自南溪過渡，退往瀘州，而敘府投誠官兵與前不大相同，人人俱懷疑懼，似有兩持之心，所有前議起發官兵家口赴嘉定、崇慶州，今竟有不肯動移之情。若非總兵李芳述堅心立意，暗令卑職等官兵披甲并彼督率親信官兵傳諭：'若有遲疑，不令家口出城，拿來斬首。'幾有不可言問之變。即今於城頭嚴加設備，復於城外山上修築營盤、打梅花樁、挑挖壕塹，以期內外固守，且逆賊臨城隔河，或持逆書，或執將軍印劄，百般引誘，李總兵即大聲叫罵，架使鎗砲擊打，於是人心方定"等語。十五日又據嘉定偵探守備王國興報稱"有敘府投誠總兵李芳述等官兵家口陸續到嘉定，婦女多係步行，人衆甚是苦累，必須急爲安插"等情到臣。該臣看得總兵李芳述自率衆歸誠之後，抗拒僞命，舉首逆書，且前遣發永寧，大破勁敵，殺敗王邦圖等逆，宣力國家，可謂投誠川弁中之矯矯者。臣屢疏奏請，已荷皇仁，授爲總兵，頒給部劄，嗣因瀘州失守，逆渠胡國柱差人餌誘，又復擒綁奸細，出首僞諭逆書，亦經臣具疏題報，請旨議叙。再永寧復陷，滿漢大兵俱退，仍復過江，竟去瀘州，不顧敘府，而敘府又在大江之南，該總兵不獨堅貞不渝，矢志效忠，抑且才智膽勇可嘉，如請移家口以杜官兵疑二之心，賊臨城下，不爲利害、衆寡搖惑。臣再四思維，蜀地依山環水，人民強悍，素稱難治，平川首在得人之心。如李芳述者，乃川將中之翹楚、投誠中之堅貞也。[94]臣叩懇聖明，授以實缺總兵，隨臣平定川蜀，進征雲南，可期克效。

查黔省各鎮已奉俞旨，推補有人，而滇省舊有永順、蒙景、廣羅、曲尋四鎮合無將李芳述准補一鎮，一以嘉其忠順[95]，以收克效[96]，一以大示激勸，以勵將來[97]。至鄒九疇已遵旨擬爲領兵總兵官，然尚未授給部劄，而蔣榮德、翟洪陞俱出一事，同心之人亦當加恩，使其合力報效，均當授以總兵官，准給兵部劄付，隨征進剿。至各官兵家口，徒步跋涉前來，深爲可憫，臣請照順治十七年滇省投誠官兵事例，無論家口多寡，每一兵準家口糧一分，每月給米三斗，以示皇仁，以便安插。除送到僞諭咨移兵部外，臣因急在收拾人心、恢疆滅賊起見，相應具題，伏乞皇上睿鑒全覽，敕議施行。

建昌官兵堅志守城疏

密題爲報明建昌官兵情形，仰慰聖懷事。

竊照鎮臣朱衣客退兵狼狽，以致兵心渙散，險要不守，縱賊已渡瀘河[98]，直過大象嶺、小關山，幾薄雅州，臣遣總兵偏圖、趙弘燦等統兵前去堵禦，前疏具題報明在案矣。而大路險要俱爲逆賊所踞，建昌阻隔千里，聲息不通，雖遥度守城官兵五千中多係寧夏標營前鋒勁旅，必不肯輕易棄城，料在堅守，然恐日久，未知成都之信，人心搖動，事又難期。臣一面遍發密諭，重其賞賚，令附近苗蠻地方邊汛官兵及土官等前去通信，令其堅心固守，以待大兵；一面整頓官兵。正擬破賊接應間，於本年十一月初十日建昌鎮將公差鎮標中軍遊擊劉登賢等至成都禀稱"自九月初六日朱總兵退兵之後，建昌官兵堅守孤城四十餘日，逆賊屢來攻圍，我兵出戰，尚有擒斬，即逆字偽書屢來煽惑，各官兵心志愈堅，皆齊集神前，鳴誓效死，以報朝廷。凡有奸細及差來之人當即擒斬，一切逆書一概不看，盡皆投火焚毀，以絶小人猜疑之心。惟是馬打滾、禮州兵退，四下苗蠻俱叛，爲賊處處把截，道路不通，各鎮將復赴神前誓心，議令卑職帶各鎮營挑選善走膽勇步兵、鎗手三百名，舍死忘生，從野蠻地方尋路而來，自十月十八日自建昌起身，沿途多係大山懸崖，冰雪難行，林木深厚，官兵俱是步走，攀藤附葛，砍伐樹木而行，到處苗蠻截路。卑職等官兵總不敢稍停，無分晝夜，艱辛前來，行至馬邊地方，已屬内地，兵丁疲乏已極，俱緩行休息在後，卑職自峨眉縣騎驛馬前來"等語。再閱該鎮將等印文，内開"建昌鎮、道、副、參、遊、都、守、千、把并在建領兵各官王進才、傅作楫、藍兆周、胡振雄、吕自魁、馮德昌、鄭有榮、温光顯、陳世虎、俞之江、馬聲雷、李洪、李一虎、馬進務、杜呈源、倪進朝、王進忠、穆應魁、李見龍、王標、魏慶等連名禀報，爲孤城被困日久，萬分危急，速請援兵飛救事。竊自九月初六日自馬打滾朱總兵退兵竟回，賊勢漸狂，止遺建昌一城官兵死守，其危急困守情形屢具塘報，僱覓苗蠻從蠻地轉送成都，不知中途被賊阻梗，抑有別情，不曾投到，經今四十餘日，未見成都信息。城中官兵心志雖堅，但強敵在外，訛言難聽，誠恐久而生變，惟望大兵蚤渡瀘江，庶孤城不致危陷，不盡情形，俱囑遊擊劉登賢口禀"等情到臣。

该臣看得建昌逼近云南,为贼必争之地,[99]自恢复之后,逆贼旋即出犯,而臣陆续遣发官兵,申严再三[100],与贼对垒鏖战七个月,曾未少挫其锋。[101]逮泸州失守,人心疑二,而庸镇接踵退兵,又复狼狈之甚,竟置数千官兵隔别于不可问[102]。臣心如焚,寝食俱废,今仰仗我皇上天威,官兵矢志坚守孤城,而救援之兵难容缓待。但胡国柱等贼扎乾溪、七星山等处,距叙府二十里;刘起龙等贼踞大象岭、小关山一带守险。现在会兵破肘腋之贼,朱衣客奔散之兵数多,已遣员分头堵截,现在收集安插,除内顾之患,均俟微臣会同将军臣俄克济哈极力布置,另疏题请。而建昌望信紧急,臣选差随征总兵毛正义,都司刘成,千总毛成虎、王朝干、王恩荣等带精壮步兵五百名同刘登贤原带之兵仍从原路前去建昌,谕令官兵安心固守,以待大兵。又虑生苗野蛮,不睹王化,中途作梗,臣宣布皇仁,传牌抚谕,更备紬布银牌,令其随处赏赉,以通道路,并重赏刘登贤前来官兵暨毛正义再遣官兵讫。所有建昌官兵守城情形相应具题上闻,仰慰圣怀,伏乞皇上睿鉴全览施行。

康熙十九年十一月二十九日奉旨:"兵部议奏。"

遵奉上谕回奏情由疏

密奏为微臣钦奉上谕,谨叙明回奏情由,仰祈睿鉴事。

康熙十九年十一月初二日科臣摩罗、部臣陶莫和口传上谕,谕将军赵良栋,"凡为将者,同心合意,为国勤劳而不离间,方可平定地方,剿灭贼寇矣。朕近闻得尔等皆为彼此意不相从,俱是不和,若各持其意,不但于事无益,而朕笃赖之意皆虚矣。自此以后,应当同心合意,平定地方,剿灭贼寇可也。钦此。"臣跪听之下,不胜惶悚,当即叩头谢恩讫。念臣庸愚武夫,孤子汉人,不能规正将军臣吴丹,泸州失守,永宁复陷,由臣之才力不逮[103];庸镇朱衣客接踵退兵,建昌隔别,又臣之任使不明[104]。我皇上不即加處分,温綸戒飭,仰見聖明浩蕩寬仁,臣復何説[105]。然封疆事大,上命爲重,臣又不容不言,謹簡略奏明,仰懇睿照。

　　查進取漢南、克平川蜀乃臣首倡具疏,急急滅賊,蚤定雲南,以終其事,出臣切願。滿洲勋舊,朝廷心膂近臣,而臣豈不自揣,豈不敬畏,又豈不樂與和衷?此臣不得已之曲折[106],孤忠心迹[107],諒我皇上早已洞照矣。至湖廣緩兵不進,以致重賊俱來四川,吳丹係題定一路,將軍私心弄巧,不肯嚴防汛守,不待進兵之期,失陷應進之路、所指之地,難逃聖明電察。如雲南爲賊老家、四川爲賊門户,出必爭、必守之地,我當須重兵須嚴防,川人强悍,土司、苗蠻以及投誠人等依山恃水[108],難期難料[109],而且地方荒殘,州縣無城,不比陝西首要得其民心[110]。建昌恢復之後,逆賊劉起龍等旋即出犯,與官兵對壘,惡戰死守,且離雲南近[111],距成都遠[112],甚爲可慮[113],必須重兵扼守。永寧出犯之賊雖經殺敗,然退去畢節,尚在窺伺,是二處最爲緊要,副都統覺和托官兵自重慶就近留瀘州養馬,不必又來成都。原進川東一路官兵惟奮威將軍標五千官兵中有二三千勁卒應調王用予永寧駐防,四川、雲貴非山即水,前導必須漢兵步人,多用鎗砲,興安總兵程福亮在南山征剿日久,深明步戰以及山水道路,可調來用,爲永寧一路前部。湖廣官兵既到沅州,直進貴陽,坦坦大道,請敕湖廣官兵急急進取貴陽,而貴陽相距遵義四小站平路,賊自奔退,我們兩路只要嚴防汛守以待進兵,不必拉扯遵義,否則未有舍對壘窺伺之賊、撤要汛之兵遠去他圖之理。況水西禄氏安勝祖、阿烏等與逆賊讎殺兩年,今既差人前來投誠,願爲内應;大定、威寧僞副將王嘉禄、蕭鳴鳳亦已具稟投誠,機會可乘;鹽井僞將軍海潮龍亦在投誠,迤西俱應,兩路俱有機會,朝廷洪福,事期八九。惟是逆賊退無可退之地,勢必拼命死戰,我之進兵在八月,終恐狡賊不待八月終[114],不可不防[115]。若我嚴謹汛守,賊出何妨,倘如緩視懈怠[116],一有不利,事關不小,且漢兵不比滿洲,要好官[117],要謹慎[118],猶如玩鷹鷂一般,用的當應心應手，稍有差錯，只是飛走叫不回頭。將軍不要厭聽，四川不比陝西，不可兒戲。此臣自三月會議言起，不啻舌敝，將軍臣吳丹不聽。後馬寶封蜀王來遵義，永寧、瀘州更覺緊要，復請調王用予官兵赴瀘州，直至破面不聽。及仁懷、合江已失，瀘州告急，請兵之文報於七月二十九日到成都，臣等正在郊外接旨，衆議説調王用予官兵已是遲了，恐不濟事。滿洲馬匹已肥，請速發一千，限以時日，星馳瀘州防護，又不聽。

　　查瀘州失守在八月初十日，若肯八月初一日發兵，初七、初八可到，則瀘州無事矣。及瀘州失陷，全川震動，人心洶洶，臣何敢以吳丹偏執誤事、不以封疆爲重，置而不管？臣即言賊勢愈重，賊膽愈大，不便輕敵，當急急調王用予官兵，兩位滿洲將軍留一位同督撫守成都，我亦前去并力破賊，只是吳將軍將瀘州官兵不守，速速題明。又王用予無權，難以束兵，我們大家上本，公保他行提督事，總爲鈐束漢兵，鼓勵他破賊。吉孫略老練夙將，膽勇過人，我知之最切，大家公題他永寧總兵，着他星馳前去協同守城。將軍、督撫咸稱臣"公心公論極是，我們心服"，而將軍臣吳丹半吞半吐，仍不聽不用。至瀘州賊既騰空不守，以空城餌我，明係分兵之計，不必爲賊所愚，請速去急救永寧、破重賊爲上策，臣又復差人持書并文前去，不但不聽，反屬叱其差，回文大有不然。再永寧一路用秦糧出公議，題明之後，又復弄巧。兩路漢兵用四萬出公議，乃題疏參差以致誤事。奉旨着去重慶，不去重慶而來成都，情願認走永寧一路。及其題明奉旨，又不切實防汛，東拉西扯，以致誤事，進兵日行十餘里，現有王用予通詳。

　　竊思臣與將軍臣吳丹同一將軍，各分一路滿漢官兵，分定有數，應進之路、應防之汛，各有所指，調遣分布，各有專司[119]，原不當言。然朝廷封疆爲重，且恐一路不妥[120]，兩路牽滯[121]，是臣又不得不言，言之不聽，亦無奈何[122]。若夫微臣敢有兩視之心，必不肯舍建昌緊急不救，將臣一路滿洲大兵俱發去瀘州，又分漢兵顧敘府、守成都，爲兩路聲勢，且懷心不睦[123]，又豈肯苦口盡言，招人忌怨[124]？此臣一腔忠赤，入川苦心[125]，或諸臣忌臣、恨臣者有之，而臣未有不敬吳丹、不親吳丹、不願與其和好者，原委冗長，始末語繁，不敢備叙入疏，俱面陳於科臣摩羅等代臣啓奏。再思科臣等以密旨諭臣，而臣以密奏單入科臣之耳，恐科臣等難以微臣一面之言爲至公，是臣又不得不將始末情節當同將軍臣俄克濟哈、督臣楊茂勳、撫臣杭愛、參贊臣佛尼勒等跪奏於科臣、部臣之前，指爲証據，想二臣還闕復命，代臣面奏之下，自是仰邀聖明睿察，而臣孤忠之憂心魂夢始安矣[126]。所有兩路官兵渙散、兩路逆賊鴟張，大費心力、大費振刷，臣敢不勉竭駑鈍，再效愚忠[127]，容臣會同將軍臣俄克濟哈極力布置，另疏請旨外，緣係叙明回奏情由，貼黄難盡，伏乞皇上睿鑒慈原[128]，臣不勝悚切待命之至，謹密具奏聞。

康熙十九年十二月初五日奉旨："議政王、貝勒、大臣會議具奏。"

報明收集官兵疏

密題爲報明收集過奔散官兵，現在缺額數目，急爲整練，并請開除，以肅軍紀，以利進剿事。

竊照西寧總兵朱衣客官兵大散，據報由小路適青川奔逃，臣遣發官兵分頭堵截收集，業已題明在案。今據臣標中軍參將胡攀桂、西寧鎮標遊擊署成都副將事屠存義暨分遣各官王國臣等報稱，"共收集過西寧鎮馬步官兵四千四百二十九名，遵照憲牌，將尚堪充兵者二千三百五十名交遊擊趙元輔、孫國祥管領，留在雅州，協同各鎮營官兵堵剿。卑職等帶回兵二千七十九名內傷病者六百五十名，全無器械不堪者一千四百二十九名"等情到臣。臣查原在天王廟、馬打滾、禮州、盧沽峽四處官兵八千九百九十名，內除撫遠大將軍標總兵王好文官兵五百五十名、趙名友官兵二百四十五名、靖寇將軍標遊擊柴英官兵三百名、陝西督撫把總杜勛官兵二百名、略陽營守備葉自昌官兵四百名、略陽投誠參將郝俊龍等官兵三百一十名、成都投誠總兵段登仕等官兵五百名，七營共官兵二千五百零五名，其六千四百八十五名俱係西寧鎮總兵朱衣客管轄之兵也。茲據回報，收集過西寧鎮官兵四千四百二十九名，尚少西寧鎮官兵二千零五十六名，或係傷亡，或係奔逃，或係別有差遣，應聽朱衣客并原領將弁細開報部，并報陝西總督衙門核查。但原調入川進剿建昌一路西寧鎮官兵八千名，今報少兵二千名，帶回傷病不堪二千名。又原在成都患病八百名，楊三虎帶去永寧署事二百名，是不獨九千官兵退回，渙散驟難爲用，而西寧一鎮官兵八千，缺數以及不堪用者即有五千矣。當此逆賊拒險守要，進剿急須兵力，豈堪若是？[129]而臣又不得不勉竭心力[130]，急爲振刷，以利前驅。除留雅州尚堪充兵者，申明紀律，責令該管急急領餉，收拾衣裝什物，速爲整頓，以備進剿。而帶回成都者，嚴限官弁極力整練，其狼狽不堪特甚以及傷病殘廢共計六百名，在川徒糜糧餉，應發回陝西，另爲招募，并缺數請其撥補。但臣急在攻險破賊，此項撥補官兵遠不應急，除臣行令各官分晰造册，移咨陝西督臣哈占并報撫遠大將軍查照兵數撥補前來，繼臣兵後以爲接應，再咨明四川撫臣杭愛清查糧餉外，所有微臣分遣官兵收集過奔散之衆，分派嚴限整練，并請發回不堪及缺數，急爲撥補，相應據實題報，貼黃難盡，伏乞皇上睿鑒全覽，敕議施行。

請寬營弁以收後效疏

　　密題爲庸鎮退兵已經革職提問[131]，營弁百員現在進剿，不便概爲質審，仰懇聖明法外施仁，以安衆心，以收後效事。

　　竊照總兵朱衣客於馬打滾、禮州退兵，竟不守險，其間將弁按以軍律均應指參。但爾時官兵大散，逆賊已過大渡河，臣若不稍寬安慰若許將弁[132]，必人人畏懼[133]，不獨不能遏其外賊[134]，而恐內患[135]，有不可問者矣。今則事雖稍緩，人心稍定，然各官弁俱現在領兵剿賊出力[136]，猶覺不便一概提審[137]。內除王好文有無強行扶掖朱衣客上馬，應聽質審，楚明俊庸怯無膽，現在推病，另疏指參外，其餘將弁，念在天王廟、馬打滾、禮州與賊對壘七個月，身經百戰，有屢帶傷重、尚在奮力者[138]，有膽勇破陣、擒斬獲功者，有退兵殿後、保全傷重官兵者，有官卑職微、兵不多而無權者[139]，臣叩懇皇仁，概准寬赦，以期後效。

至總兵朱衣客身爲封疆大吏[140]，且提本鎮本屬官兵六千，不能破賊取勝，反退兵直奔千里，又兼大渡河不守，自言自報"不能管兵，請回成都"等語[141]，即此一端，可定其庸怯之罪矣[142]。臣因急在進兵，首要收拾人心起見，應否寬免，伏候皇上睿裁，敕議施行。

題請實授要鎮疏

題爲庸鎮怯懦等事。

康熙十九年十一月十六日，准四川督臣楊茂勛咨開，"康熙十九年十一月十三日准兵部密咨，內開'職方清吏司案呈奉本部送密封內該本部覆勇略將軍總督趙良棟題前事等因。康熙十九年十月初六日題，本月二十二日奉旨："據奏，朱衣客庸怯，輕棄汛守退回，大干軍紀。着嚴加議處具奏。兵部知道。欽此。"密封到部。查定例，臨陣敗遁按以罪之輕重照律治罪等語。該臣等議得將軍總督趙良棟疏稱，總兵朱衣客身受朝廷封疆重任，且係旗下舊人，擁數千官兵不能克敵制勝，既退過河，推藉於兵不守河口，請撤回成都，是目中全無國法[143]，伏乞敕議，嚴加處分等因。查總兵官朱衣客統領八千官兵前赴建昌救援，不能破賊救援建昌，反在天王廟地方失利，不守越嶲衛緊要地方，即過河退回，殊干軍紀，應將總兵官朱衣客革職，請敕四川總督楊茂勛嚴提究擬具題，俟命下之日，將西寧總兵官員缺，臣部另行具題請旨可也等因。康熙十九年十月二十四日題，本月二十七日奉旨："朱衣客着革職，嚴提究擬具奏。餘依議。欽此。"爲此合咨貴部院，煩爲欽遵查照施行'等因。備咨到部院。准此爲照，總兵朱衣客乃進剿之員，現在領兵駐守雅州，必須遴委能員前去署理該鎮事務，將兵馬等項交代接管，方可提審，擬合移咨，爲此合咨貴將軍部院，煩請查照，希即委員接管朱衣客原領兵馬營務，庶便行提審擬并希示覆施行"等因到臣。臣隨檄行候補總兵官偏圖前赴雅州署理西寧鎮事，接管兵馬外。查朱衣客官兵大散，逆賊已過大渡河，現在拒險守要，臣等急在進攻，而西寧總兵員缺，若候部推，自非旦夕可到。況值官兵退奔之後，渙散難用，雖經收集整頓，然必須膽勇戰將爲之統率方可振刷。查偏圖勇敢之將，禦侮之才，且係皇上特拔揀選、遇川省雲貴總兵缺出補用之員，合無准其實授西寧鎮總兵官，統領所屬官兵，隨臣進剿，以收速效，實出兩全，但應否允從，聖明自有睿裁，非臣所敢擅必也。伏乞皇上俯鑒，敕議施行。

成都起行進剿日期疏

題爲報明臣等會商統兵進剿起行日期事。

竊照建昌孤城自總兵朱衣客退兵之後，已在隔別，而該鎮所統官兵又在大散奔逃，臣雖遣發官兵分頭堵截收集，不獨人心渙散，驟難爲用，抑且西寧一鎮原調入川八千官兵中缺少以及傷病即有大半矣。當此急在攻險破賊之際，再請調撥官兵，自是遠不應急，是臣又不得不整頓收集之兵，設法鼓勵，再竭愚忠，以期破賊恢疆，仰答君恩。而總兵李芳述等節報，胡國柱等逆俱過馬湖河西來，欲與劉起龍等賊會合，臣與將軍臣俄克濟哈將成都所有滿漢官兵統領，於十二月初四日起行，前進撲剿，俟滅賊之後，如何救應建昌、恢取雲南另疏題報。至於省會重地，交明撫臣杭愛，臣等亦量撥官兵留守外，所有臣等統兵起行日期相應報明，伏乞皇上睿鑒施行。

康熙十九年十二月二十日奉旨："兵部知道。"

報明統兵前赴嘉眉先滅重賊疏

密題爲報明建昌官兵等事。

康熙十九年十二月十六日准兵部密咨，"職方清吏司案呈奉本部送密封内該本部覆勇略將軍雲貴總督趙良棟題前事等因。康熙十九年十一月十五日題，本月二十九日奉旨：'兵部議奏。欽此。'密封到部。該臣等議得勇略將軍雲貴總督趙良棟疏稱，'建昌官兵矢志堅守孤城，而救援之兵難容緩待，臣選隨征總兵毛正義等帶兵五百名前去建昌，諭令官兵安心固守，以待大兵'等因。查大將軍貝子等滿洲、綠旗大兵恢復貴州、鎮遠、貴陽等府，進定雲南。貴州、雲南係侵犯四川賊寇後路，今逆賊必然振潰，應請敕下在川將軍俄克濟哈、佛尼勒、趙良棟等乘逆賊振動之際剿滅逆賊，速救建昌危困之處會商，毋失機會而行。至將軍趙良棟，將貴州大兵進取雲南、四川大兵剿賊前赴建昌救援緣由差人曉諭建昌所有官兵，令其固守地方。至將建昌危困救援之日，該將軍將建昌文武各官保全城池之處查明具題可也等因。康熙十九年十二月初二日題，本日奉旨：'依議速行。欽此。'爲此合咨貴將軍，煩爲欽遵查照施行"等因到臣。

查臣與將軍臣俄克濟哈統領滿漢官兵自成都起行，原當前赴邛、雅，相機攻取關山、象嶺敗賊，由大渡河急救建昌，不期途次新津，准將軍臣佛尼勒咨移，并總兵李芳述等塘報，暨嘉、眉州縣之文報頻頻[144]，俱言胡國柱、王緒等逆擁衆二萬有餘[145]，驅象六隻，下營一十七座，從馬湖渡江，欲從沐川司出犍爲，侵犯嘉定，抄叙府之後，出銅河，犯峨眉，通榮經。叙府兵單，甚爲緊急。又峨眉縣稟報，"沐川司土官已經從賊，胡國柱遣賊兵抄截新鎮之路，馬邊地方已爲阻梗，有本將軍部院遣發毛總兵等官兵現駐青龍塲，不能前進，賊欲出沐川司，適銅河來峨眉"各等情。

臣思逆渠胡國柱等以勢窮之殘寇，初乘隙於瀘州，再僥倖於永寧，[146]使逆焰復熾[147]，而兩路之賊會合西來，必蓄妄念，是臣前疏奏明者。今狡賊果有此謀，臣等若以永寧一路之賊自有永寧一路將軍聽其調遣官兵，撲剿防遏，臣等各任建昌一路竟去邛、雅，則恐嘉定、犍爲、峨眉、夾江不保，不獨叙府隔絕，而成都大有可慮。且峨眉直達榮經，以通關山、象嶺、大渡河之賊，若兩路狡賊接連於一處，賊勢愈重，更難剪除。臣等再四思維，切慮地方總屬朝廷封疆，敢不於緊急中先爲策應耶。除臣嚴飭總兵偏圖固守雅州，并更調總兵趙弘燦、參將康調元等官兵前來會合，共期先破重賊，臣等統領滿漢官兵於十二月十二日抵夾江，爾時犍爲、嘉定、峨眉、夾江之民俱皆逃遁，犍爲道路竟爲阻梗，而沐川、銅河一帶處處皆賊。有報逆賊一股由沐川司出犍爲，犯嘉定，一股由鳳凰村出銅河，來峨眉。又報自馬湖適新鎮，通建昌，又報由中鎮適大渡河。臣會同將軍俄克濟哈分遣滿漢官兵於犍爲、嘉定、峨眉、銅河、新鎮一帶迎賊遏要，接連叙府剿殺沐川司出犯之賊，控制馬湖。再於洪雅遣發官兵把守，使榮經、關山之賊不敢東窺，一面知會將軍臣佛尼勒調瀘州官兵來叙府協力破賊。至於建昌官兵堅守孤城，求援甚切，臣等既不敢輕視出犯之賊，置嘉、眉重地於膜外，然亦不敢少緩接應之兵，以失衆望。如前遣總兵毛正義等官兵既爲賊阻，慮恐兵單，復添發總兵王國臣、李應魁等共合漢兵一千員名於太平墩適涼山，從蠻地前進。再遣漢兵五百尾後撒塘，以通聲息，并行總兵偏圖、馬山整頓邛、雅滿漢官兵，相機於高、楊二土司地方抄小路奪取象嶺、大渡河、矖經關。今新鎮、銅河之賊俱退，又報棄馬湖去豆壩。總之逆賊歸無可歸，恃山憑水，忽東忽西，竟成流寇，雖曰釜底遊魂，滅在旦夕，而僥倖之殘賊勢尚猖狂，臣等既不敢自分彼此，只得分頭發兵先滅重賊，兼顧兩路。謹將分布遏要剿賊情形，臣會同將軍臣俄克濟哈合先題報，伏乞皇上睿鑒全覽施行。

康熙二十年正月二十日奉旨："兵部知道。"

【校勘記】

［1］以勵忠順以期克效：康熙四十八年刻本作"以彰獎勵"。
［2］靖：康熙四十八年刻本作"定"。
［3］忱：康熙四十八年刻本作"貞"。康熙四十八年刻本和清華抄本"二者"後有"矣"字。
［4］以示獎勵：康熙四十八年刻本無此四字。
［5］勸典：康熙四十八年刻本作"獎勸"。
［6］狂逞：康熙四十八年刻本無此二字。
［7］盡：康熙四十八年刻本作"效"。
［8］勉竭效忠：康熙四十八年刻本無此四字。
［9］抑：康熙四十八年刻本無此字。
［10］似：康熙四十八年刻本和清華抄本作"於"。
［11］靠：康熙四十八年刻本作"諉"。
［12］大相謬：康熙四十八年刻本作"亦大謬"。
［13］康熙四十八年刻本"抵"前有"之"字。
［14］康熙四十八年刻本"直取"前有"長驅"二字。
［15］固：康熙四十八年刻本作"皆"。
［16］康熙四十八年刻本"言之"後有"亦屬"二字。
［17］爲重：康熙四十八年刻本作"亦爲重地"。
［18］曰、舛：康熙四十八年刻本分別作"事""謬"。
［19］無：康熙四十八年刻本作"何"。
［20］而：康熙四十八年作"然"。何必頻聒：康熙四十八年刻本作"仍不敢緘口結舌於此時者"。
［21］但：康熙四十八年刻本作"切今"。
［22］康熙四十八年刻本"程"後有"途"字。
［23］到得：康熙四十八年刻本作"方到"。
［24］取了：康熙四十八年刻本作"果能直取"。
［25］止可取：康熙四十八年刻本作"亦止可抵"。
［26］如前：康熙四十八年刻本作"蓋前之"。
［27］今：康熙四十八年刻本作"故耳"。
［28］遠寫：康熙四十八年刻本作"寫遠"。
［29］康熙四十八年刻本"官兵"後有"既已"二字。
［30］康熙四十八年刻本"進"後有"則"字。
［31］康熙四十八年刻本"退"後有"復"字。

[32]單弱無益：康熙四十八年刻本作"勢單氣弱無益於事"。
[33]深慮切重：康熙四十八年刻本作"慮深而計遠"。
[34]内虛勢亂：康熙四十八年刻本作"内勢已虛，人心已散"。
[35]拼、鴟張：康熙四十八年刻本分別作"亡""鴟張狂逞"。
[36]觀、日漸離亂：康熙四十八年刻本分別作"而觀""漸致流離變亂"。
[37]康熙四十八年刻本"愚忠"前有"激切"二字。
[38]康熙四十八年刻本"全覽"前有"俯賜"二字。
[39]陵：康熙四十八年刻本和清華抄本均作"險"。
[40]輒敢：康熙四十八年刻本作"即"。
[41]危急：康熙四十八年刻本和清華抄本均作"之危"。
[42]何以進取雲南：原作"又復望恢取雲南耶"，據康熙四十八年刻本改。
[43]鴟張：康熙四十八年刻本作"狂逞"。
[44]獨出勇敢之心：康熙四十八年刻本作"勇敢忠誠"。
[45]若：康熙四十八年刻本和清華抄本均無此字。擔當：康熙四十八年刻本作"膽略"。
[46]大：康熙四十八年刻本作"恩"。
[47]康熙四十八年刻本"歸正"後有"者"字。
[48]爲：康熙四十八年刻本作"存"。
[49]亦：康熙四十八年刻本無此字。
[50]臣以國舉忠詞語不禁重叠懇切：康熙四十八年刻本作"臣爲國家舉薦勇敢忠誠之將，不自知其言之煩而詞之切也"。
[51]功猶難泯：康熙四十八年刻本作"功難泯没"。
[52]不妥：康熙四十八年刻本作"有失"。
[53]是誠：原作"不識"，據康熙四十八年刻本改。案：本書《糾參貪婪營將疏》與《亟言秦糧當運叙府疏》均有"是誠何心"之用法，顯係趙良棟語言習慣。
[54]未嘗少挫其鋒：康熙四十八年刻本作"兵鋒未嘗少挫"。
[55]起自何來：康熙四十八年刻本作"此番變動因何而起"。
[56]如：康熙四十八年刻本和清華抄本無此字。
[57]故：康熙四十八年刻本作"由"。
[58]之甚：康熙四十八年刻本作"退縮"。
[59]"竟置"至"已極"：康熙四十八年刻本作"不顧建昌，不顧官兵"。
[60]故：康熙四十八年刻本作"由"。
[61]你：康熙四十八年刻本作"爾"。
[62]而嚴固守也：康熙四十八年刻本作"嚴固守"。
[63]心：康熙四十八年刻本作"遂"。
[64]雄：康熙四十八年刻本作"勇"。

[65] 況：康熙四十八年刻本作"且"。
[66] 且：康熙四十八年刻本作"又"。
[67] 之言：康熙四十八年刻本作"退縮之狀"。
[68] 飾罪欺妄自露也：康熙四十八年刻本作"捏情欺妄，諉罪他人，一一自露也"。
[69] 臨時倉皇：康熙四十八年刻本作"惟知倉皇遠走"。
[70] 不問：康熙四十八年刻本作"不議不論之列"。
[71] 見而心怯：康熙四十八年刻本作"見聞而膽怯心虛"。
[72] 見、至於：康熙四十八年刻本分別作"畏懼""若"。
[73] 藉：康熙四十八年刻本作"卸"。
[74] 康熙四十八年刻本"請"字前有"輒"字、"成都"後有"修養"二字。
[75] 是目中全無國法矣：康熙四十八年刻本作"設或人皆效尤，則國家征剿大事尚可問乎"。
[76] "竟敢"至"欺藐"：康熙四十八年刻本作"尚敢虛詞欺飾"。
[77] 當此何時豈容：康熙四十八年刻本作"此何等時可以容其"。
[78] 如此：康熙四十八年刻本作"退縮情形具載塘報"。
[79] 知：康熙四十八年刻本作"臣知其"。
[80] 脅：康熙四十八年刻本作"勢"。
[81] 直然長往：康熙四十八年刻本作"遠走"。
[82] 難期難料：康熙四十八年刻本作"其設心俱難度料"。
[83] 要耶：康熙四十八年刻本作"念思"。
[84] 是臣：康熙四十八年刻本作"臣之"。
[85] 豈期庸鎮退兵：康熙四十八年刻本作"豈無謂耶，何期庸鎮退兵"。
[86] 康熙四十八年刻本"不"前有"於"字。
[87] 出：康熙四十八年刻本作"由"。
[88] 康熙四十八年刻本"臣心"前有"此則"二字。
[89] 然尚期徐圖：康熙四十八年刻本作"然尚在調遣招集，徐圖進剿"。
[90] 入川苦心：康熙四十八年刻本作"兼程入川，盡瘁苦心"。
[91] 終、其間：康熙四十八年刻本分別作"實""此時此事"。
[92] 舛：康熙四十八年刻本作"謬"。
[93] "以收"至"心事"：康熙四十八年刻本作"鼓勵人心事"。
[94] 堅貞：康熙四十八年刻本作"傑出者"。
[95] 順：康熙四十八年刻本作"貞"。
[96] 克：康熙四十八年刻本作"實"。
[97] 以：康熙四十八年刻本作"用"。
[98] 已：康熙四十八年刻本作"竟"。
[99] 賊必爭之地：康熙四十八年刻本作"賊所必爭"。

[100] 三：康熙四十八年刻本作"四"。
[101] 曾未少挫其鋒：康熙四十八年刻本作"兵鋒曾未少挫"。
[102] 康熙四十八年刻本和清華抄本"問"字後有"之地"二字。
[103] 由：康熙四十八年刻本作"皆出"。
[104] 康熙四十八年刻本"又"字前有"此"字。
[105] 說：康熙四十八年刻本和清華抄本作"言"。
[106] 此、曲折：康熙四十八年刻本分別作"而""苦心"。
[107] 孤忠心迹：康熙四十八年刻本作"忠勤自矢，孤掌難鳴"。
[108] 人等：此二字原無，據康熙四十八年刻本補。
[109] 難期難料：康熙四十八年刻本作"心難期料"。
[110] 要得其：康熙四十八年刻本作"在收拾"。
[111] 康熙四十八年刻本"近"字前有"爲"字。
[112] 康熙四十八年刻本"遠"字前有"甚"字。
[113] 甚：康熙四十八年刻本作"深"。
[114] 不待八月終：康熙四十八年刻本作"之乘間出犯，未必靜待至八月終也"。
[115] 不可不防：康熙四十八年刻本無此四字。
[116] 賊出何妨倘如緩視懈怠：康熙四十八年刻本作"賊來何害，倘偷安疏懈"。
[117] 康熙四十八年刻本"官"後有"操練"二字。
[118] 康熙四十八年刻本"慎"後有"鈐束"二字。
[119] 司：康熙四十八年刻本作"責"。
[120] 不妥：康熙四十八年刻本作"失利"。
[121] 牽滯：康熙四十八年刻本作"掣肘"。
[122] 亦無奈何：康熙四十八年刻本作"亦處於無奈何已"。
[123] 且：康熙四十八年刻本作"設"。
[124] 招人忌怨：康熙四十八年刻本作"招忌招怨"。
[125] 苦心：康熙四十八年刻本作"以來之苦心苦口"。
[126] 之憂心：康熙四十八年刻本作"報國召忌招怨之"。
[127] 再效愚忠：康熙四十八年刻本"盡瘁效忠"。
[128] 睿鑒慈原：康熙四十八年刻本作"聖慈原鑒"。
[129] 康熙四十八年刻本"若是"後有"疏誤"二字。
[130] 而：康熙四十八年刻本作"此"。又：康熙四十八年刻本無此字。
[131] 退兵已經革職提問：康熙四十八年刻本作"已蒙敕究"。
[132] 若：康熙四十八年刻本作"如"。
[133] 畏懼：康熙四十八年刻本作"自危"。
[134] 遏其：康熙四十八年刻本作"滅此"。

［135］而：康熙四十八年刻本作"竊"。
［136］康熙四十八年刻本無"現在"二字，"出力"後有"疆場"二字。
［137］猶覺：康熙四十八年刻本作"似"。
［138］傷重：康熙四十八年刻本作"重傷"。
［139］無權：康熙四十八年刻本作"不能自主"。
［140］爲、大吏：康熙四十八年刻本分別作"膺""重任"。
［141］康熙四十八年刻本"自報"後有"皆稱"二字。
［142］康熙四十八年刻本"庸怯"後有"無能貽誤封疆"六字。
［143］是：康熙四十八年刻本無此字。
［144］報頻頻：康熙四十八年刻本作"屢次報稱"。
［145］俱言：康熙四十八年刻本無此二字。
［146］康熙四十八年刻本"僥倖"前有"希圖"二字。
［147］康熙四十八年刻本"使"前有"遂"字。

奏疏存藁卷之六

報明三路進兵夾剿逆賊疏

密題爲臣等親督官兵破險剿賊、救援建昌并留守犍爲、嘉定官兵聲援叙府，謹報明情形事。

竊臣前與振武將軍臣俄克濟哈統領滿漢官兵，自成都起行至新津，因准建威將軍臣佛尼勒咨移，暨總兵李芳述等塘報，并各州縣文稟俱言"胡國柱等逆從馬湖渡江，欲由沐川司出犍爲、銅河，侵犯嘉定、峨眉，抄叙府後，連滎經之賊"等情。臣等聞報，即抵夾江分遣官兵於犍爲、嘉定、峨眉、洪雅、銅河、新鎮一帶，先遏重賊，緣由業經題報在案矣。今節據臣前遣去銅河、鳳凰村一路總兵、副、參段登仕、李鍾秀、李弘鑒、蘇虎、仲玉位等前報於鳳凰村、稍箕坡兩敗逆賊，追至滎經，斬殺甚多。據生擒逆兵朱維吉等稟稱新鎮有僞沈總兵并冷遊擊有兵三千，又供建昌劉將軍差人來在胡將軍這裏請兵等語。繼報"抵新鎮，逆賊果有數千於對河排陣，用鎗砲固守，官兵奮勇躐水過河，大破逆賊，俱各奔入箐林。殺死三百餘名，生擒六十餘名，得獲大砲、器械，俟查明另報。已得新鎮，惟是雪山，馬匹不能行走，請示"等情。又據總兵李芳述等塘報，"職等奉文扎犍爲遏賊，隨遣發官兵於沐川司，而逆賊又復退回。今王緒扎豆壩，胡國柱過江扎對岸"等語。又前遣赴建昌總兵毛正義等初稟新鎮守備冷攀龍投誠，又報官兵無糧退回等情。再據續遣總兵王國臣、李應魁及毛正義又報中鎮殺馬溪難行，不能前進。又據天全土官高一柱差人王天培赴建昌，引出隨征把總馬應祥禀稱，"逆賊又於姜坡添兩座營盤，斷左右二所糧路，官兵望大兵救應"等語，各等情到臣。

該臣等看得出犯永寧一路逆賊於瀘州、叙府一帶對江扎營，而胡國柱等雖忽出忽退，出犯建昌一路逆賊尚在鴟張，又復斷我官兵糧道。今賊既不敢犯嘉、眉，又銅河、沐川司兩路之賊已退，而河水漸長，轉盼陰雨，則建昌官兵焉能久待，是臣等不得不親身統領官兵破險剿賊，救應建昌緊要。除再遣總兵趙名友、遊擊吳志帶兵接應新鎮，并飭段登仕等新鎮、太平墩兩路官兵挑選步兵星速前進與建昌通信。而李芳述等官兵不動，復撥遊擊屠存義等官兵一千名，共合三千名，令李芳述總統扎犍爲，以遏賊勢，接應叙府。振武將軍量撥滿兵扎嘉定，接應犍爲，互相聲援。又將邛州官兵俱調至雅州，公議振武將軍臣俄克濟哈統領滿兵走洪雅，適榮經，督同總兵偏圖攻取正關。又將綠旗漢兵挑選二千名，責令副將柴英等走紫眼，越關山、大象嶺，抄出黎州。臣同懷忠將軍海潮龍率寧夏總兵趙弘燦自峨眉入山[1]，走金口，越過關山、大象嶺，抄出大渡河，三路夾攻剿殺出犯之賊，奪取象嶺、大渡河，接應建昌，俱於正月二十八日自夾江起行前進外，理合報明，伏乞睿鑒施行。

康熙二十年二月十七日奉旨："兵部知道。"

奉遣官兵疑畏不前擒拿正法疏

密題爲奉遣官兵疑畏不前，難容驕縱，僅報明正法，以振兵心事。

竊臣自克復徽州、略陽、成都以來，官兵勇往，投誠效力，無不爭先，乃自朱衣客退兵之後，人心疑畏，投誠觀望，臣申嚴訓戒，不啻舌敝，慮内防外，心血用盡[2]。如建昌隔別數月，相離一千四五百里，處處險要，俱爲賊踞，因遊擊劉登賢從蠻地前來，臣且喜且痛，急在遣發官兵先爲通信。臣以投誠總兵給劄副將毛正義在川日久，素有膽勇之名，臣不惜厚賞，隨給快騾、壯馬各一匹頭，銀一百兩，復將臣身着猞猁孫皮褂一件解以付與，仍面許如到建昌送信後，即題實缺，更有重賞，諄言切囑，至再至三。豈期梟弁野心未退[3]，不思朝廷不殺之恩[4]、微臣保全之德，敢觀望不前[5]，搖惑兵心。如前遣去新鎮乃劉登賢原來之路，況又添兵五百名，該弁竟以冷攀龍降賊，恐賊尾追，託故不進。及臣令走中鎮，復添王國臣、李應魁、葉自昌、張攀鰲、王朝幹等官兵，共合一千五百名，毛正義仍前逗遛，初報路險，繼言無糧，及至有糧，又言"兵丁紛紛亂言，大有不妥"等語。及劉登賢、王朝幹、張攀鰲等已經前去，而毛正義、王國臣、李應魁等竟自撤回，又報亂言之兵俱已脫逃，欺公貌玩，大干軍紀。查係微臣題明准給副將劄付之員，理應請旨處分，但正值進兵，而毛正義等如此不前，如此惑衆，若不急急正法，何以鎮定人心。除王國臣、李應魁係後遣、毛成虎等末弁外，毛正義當即擒拿正法訖，相應報明，伏乞睿鑒施行。

康熙二十年二月二十九日奉旨："兵部知道。"

題報建昌官兵自行撤出疏

密題爲報明建昌官兵情形事。

竊臣等前以出犯永寧一路逆賊占踞馬湖，侵犯嘉定、峨眉，聞報統兵即抵夾江，分遣官兵於犍爲、嘉定、峨眉、洪雅、銅河、新鎮一帶，先遏重賊。繼據臣前遣去新鎮一路總兵副參段登仕等塘報兩敗逆賊，又據總兵李芳述塘報沐川司之賊復退，胡國柱過江扎對岸，而建昌鎮將差員前來報稱逆賊添兵斷糧，新鎮一路官兵報雪山馬匹難進；太平墩一路官兵復以路險不前。是以臣等公同商酌，於犍爲、嘉定添撥滿漢官兵，以遏賊勢，接應叙府并嚴飭段登仕等新鎮、太平兩路官兵挑選步兵星速前去與建昌通信，臣與將軍臣俄克濟哈親督官兵分道入山，由蠻地前進，約期攻取象嶺、大渡河，接應建昌，各緣由俱經題報在案。今於本年二月初四日師次黑龍場地方，據原遣接應建昌遊擊張攀鰲，守備葉自昌、王朝幹、王恩榮，暨劉登賢等報稱"卑職等督率官兵，將窄狹處所并殺馬溪、偏橋、獨石俱已修理，前進至雪山地方，有建昌撤出先到官兵，說稱因城內無糧，於正月十九日官兵撤出，王總兵等各官兵離殺馬溪尚隔兩天路程，後邊逆賊尾追"等情到臣。臣一面知會將軍臣俄克濟哈，一面飭令臣前探官兵適太平墩先撲出犯之賊，接濟建昌撤出官兵，俟官兵到日，訊明如何撤退緣由，方敢入告。

今據建昌鎮、道王進才、傅作楫，領兵總兵藍兆周、胡振雄，參、遊、都、守呂自魁、馮德昌、鄭有榮、黃進忠、哈蛟龍、任定國、李一虎、李洪、王功名等稟稱，"自總兵朱衣客退兵之後，建昌官兵矢志苦守，不期逆賊攻圍日甚，城內無糧，兵心不堅，且四下蠻獠俱變，又不知援兵遠近，遂於本年正月十九日督率全軍突圍而出。逆賊尾隨，野蠻於險要高山壘石邀截，日在接戰，行至雪山，幸遇接應官兵"等語。該臣看得建昌守城官兵自朱衣客退兵，千里險要俱為賊踞，隔別四月能同心合力，可謂矢志，今全師前來，尤稱雄健。惟是不待援兵自行撤回，有棄城不守之罪，然皆出微臣力不從心，不能急急救應，而臣之罪甚於守城官兵之罪[6]，伏乞皇上嚴加處分。至兩遣通信官兵疑畏不前，藐玩已極，難容寬貸，除將毛正義正法另疏題明外，今建昌官兵既出，而逆賊全勢前來，應如何遏要、如何破賊，臣當與振武將軍臣俄克濟哈會商，題請遵行。謹將建昌官兵自行撤回情形合先題報，伏乞皇上睿鑒施行。

康熙二十年二月二十九日奉旨："兵部議奏。"

協剿官兵屢敗逆賊克捷疏

題為報明分遣截剿官兵殺敗逆賊，克捷情形事。

竊照建昌官兵以無糧撤出，臣據報當即入告，其官兵如何退法、逆賊如何尾出，查明另報。而建昌官兵到齊[7]，復據遊擊張攀鰲、蘇虎，守備葉自昌、王朝幹等稟稱，"建昌鎮道官兵至雪山前，為熱水一帶生蠻於險要處所將路挖斷，於高山壘石，逆賊隨後尾出，見接應官兵，生蠻入山，逆賊亦皆退去，卑職等即爲收後前來"等情。臣與振武將軍會明，正在分布官兵間，接准兵部密咨，內開"總兵官王用予仍遵前旨，統伊屬官兵速行，恢取遵義，應請敕下將軍俄克濟哈、佛尼勒、趙良棟剿滅侵犯敘府等處逆賊，進定雲南之處公同商酌，毋失機會而行"等因。臣以龍塲爲太平墩、中鎮一路總要，撥留官兵以遏出犯之賊，而銅河不獨可出峨眉、夾江，且通沐川司，并適中鎮出大渡河，不可不防，飭令總兵段登仕等官兵移兵防守要險，接連犄角，互相聲援，其建昌撤出官兵，行令總兵王進才於夾江、峨眉兩處分扎，一以就糧防守，一以休息兵鋭，整頓器械。而關山、象嶺有賊，雅州最爲緊要，准振武將軍咨覆，督率滿漢官兵挑挖壕塹立營，嚴加固守，臣遂親統官兵由茶天岡適嘉定州會剿。

再查逆渠胡國柱等賊既踞馬湖、豆壩，又出沐川司，扎莽通壩暨十丈空一帶，而我之官兵應如何分頭剿殺，以滅重賊，隨差員會商建威將軍臣佛尼勒，再咨振武將軍臣俄克濟哈去後。隨據總兵李芳述等稟報，"職等奉遣前去，當同漢中副將王化行前往天池，探至豆壩，見河那邊營盤雖在，而賊似覺無多[8]。職等觀看之間，有賊營跑來一人，名喚曹守太，係陝西華州鐵匠，隨費總兵營盤做活，永寧被擄，供稱有王緒、黑邦俊在各營拔了六千精兵，於二月二十二日從河那邊往馬湖去了，説是離馬湖兩天路，我兵下有四個營盤，前去堵口子。又説去接建昌出來的賊兵要犯嘉定消息等語。職等詳其口供，逆賊王緒等來馬湖，窺視我兵四個營盤者，料係犍爲四營，不可不慮，況莽通壩逆賊已扎有營盤，又云去接建昌，逆賊要犯嘉定，俱不可定，先將曹守太口供飛具稟聞"等情。臣隨遣寧夏總兵趙弘燦，暨隨征領兵總兵張友成、瞿洪陞并副將康調元、胡攀桂，遊擊顧隆等星馳前去，協同原駐犍爲總兵李芳述、鄒九疇，遊擊屠存義，署遊擊陳英等會同協力夾剿。又飭現駐銅河總兵段登仕、趙名友，副將李鍾秀，遊擊李弘鑒、吳志、蘇虎、仲玉位等小心汛守，偵探逆賊向往，會兵合剿去後。隨准建威將軍臣佛尼勒咨開，"僞將軍胡國柱、王緒、尤廷玉、黑邦俊等於本年二月二十九日夜三更時分上馬湖之路去了，本將軍親統官兵於三月初一日清晨自敘府起行，酌量追殺賊寇"等因。臣復飛檄各官兵遵照前行，星馳進剿。初八日復准將軍臣佛尼勒咨開，"我親統官兵追賊，離馬湖三十里，僞將軍胡國柱等親統賊寇收後，與我兵對面站立"等語。及臣再檄行催總兵李芳述、副將康調元、遊擊陳英等官兵徑適馬湖協剿，總兵趙弘燦、張友成、鄒九疇、瞿洪陞，副將胡攀桂，遊擊顧隆等官兵抄賊之後，夾剿去後。而兩准將軍臣佛尼勒咨云，"我追趕逆賊過馬湖二十五里餘，因路甚險窄，樹林深大，俱是土司地方，不便深追，撤兵回敘府，前去永寧"等語。又據總兵李芳述等塘報亦稱"職等遵奉憲檄，由沐川司進莽通壩，逆賊下營二座，官兵一到，不敢抵敵，退去馬湖一帶。逆賊俱去中都，建威將軍不曾跟賊前來，撤兵去永寧。職等官兵雖尾後追剿，實實兵力單薄"等情。

臣思胡國柱等一起重賊全勢西來，而分發協剿官兵既經深入，滿洲大兵又東去永寧，臣只得親身前去接應，仍飛檄該鎮不可以兵單少停，況總兵趙弘燦、段登仕等兩路官兵俱進，本將軍部院亦已前進，接應飭行去後。三月十八日至西壩，據總兵趙弘燦等塘報內稱，"逆賊由中都走十丈空俱西行，據投出永寧被擄兵丁口供'賊內有説要出銅河、峨眉，去榮經，有説到新鎮接應建昌賊兵'等語。職等已行文段總兵接應夾剿，惟是山大路狹，狡賊叵測，處處險要，必須重兵防備，職等前進之兵似覺力單，預爲報明"等情。臣亦於馬上飛飭，嚴加偵探，急急前進。

十九日至象鼻嶺。又據總兵趙弘燦、鄒九疇，副將胡攀桂等差人馳報，"逆賊大衆已到新鎮，發兵出觀音崖、三倒拐兩處，前來塘馬，撒到銅槽子、虎皮岡，據鄉民報稱逆賊要出銅河取峨眉、夾江。又據投出被擄兵丁供稱，'逆賊的實要出銅河，走榮經，奔象嶺，前來係徐、李、沈三個總兵，後係王、尤二將軍'等語。祈請發兵前來接應"等情。臣一面兼程前進，一面飛飭前續遣接應官兵張攀鰲、葉自昌等挑選精健步兵，不分晝夜前去接應。二十日又接據總兵趙弘燦、段登仕、趙名友、鄒九疇、瞿洪陞，副遊胡攀桂、李鍾秀、李弘鑒、顧隆、吳志、蘇虎、仲玉位等塘報，"職等兩路於鳳凰村會合，正議分兵前進間，據前探官兵飛報兩路逆賊擁出，職等即分布官兵迎敵。逆賊果敢架山梁而來，職等亦將步兵并大砲、鳥機分遣於兩山迎戰，馬兵居中衝殺，步兵連奪兩個山頭，馬兵直出抄賊之後，而逆賊不及停腳，且戰且退。職等商議若不乘機追殺，恐於險要安營，攻取不易，即嚴督官兵合力攻剿。逆賊不能抵敵，仍從兩路退奔。職等官兵亦分兩路追進，但前進山勢愈大，不知逆賊是何狡謀，合將敗賊情形先爲馳報"等情。本日亥時又據該鎮將趙弘燦等塘報，"職等前合兵敗賊於鳳凰村，暨後分兵追賊，情形已經塘報在案。職一路官兵於十四日追賊，直抵觀音崖，逆賊恃險守要將關口把守，官兵難以用力，覓鄉民引兵於箐林小路鑽林攀崖而出，抄賊之後，大敗逆賊。除陣斬滾崖三百餘名，生擒八十二名，内有遵義兵劉元等三十八名倒戈者免死外，其餘斬首訖。逆賊胡國柱等扎分水嶺，止離五里，合將官兵斬關直入情形塘報"等情。二十一日寅時，接據該鎮將段登仕等塘報"職等自鳳凰村敗賊，尾追於三倒拐，連奪險要二處，至三道關口，兩山壁立，箐林深密，逆賊於正關蚤已下竹囤，砌牆拒守。職等因見三倒拐地險路狹，又係深箐陷泥，官兵一退有死無生，各官遂身先，兵丁自行掌頭子分三股鑽箐攀崖而上，大敗逆賊，奪取險要，斬殺逆賊并滾崖跌死不計其數，生擒六十五名斬首訖。投出僞都司一員梁天章、僞守備一員趙勝，兵三百二十名剃頭安插隨營外。除有功官兵以及傷亡官兵并得獲器械查明另報，所有殺敗逆賊，奪取險要情形理合報聞"等情。

二十二日至燕子坎，接據總兵李芳述等塘報内稱，"逆賊由中都遁去，職等一面報聞，一面統兵前進。探得十丈空有賊營三座。查十丈空去中都三十里，山路崎嶇，兩邊俱是懸崖深箐，職等挑弓箭、交鎗手步兵一千名，砲十位，遣發前行。職與副將康調元、遊擊陳英督率官兵隨後俱至十丈空，連夜砌起土城二座，安定營盤。十六日攻取，但十丈空係一連兩層石崖，逆賊居高恃險，火器又重，我兵難於直上。職等即選精健官兵從箐林抄出，逆賊顧後，我兵奮勇追上一層，其二層逆賊亦不敢守，披靡大敗。然前路步步皆是險要，恐不能刻期攻進，有投誠馬邊營提調王承恩引路，從石角營翻山可出新鎮。俟職等會兵之日，另具塘報，謹一并報聞"等情。

二十三日至稍箕坡，接據總兵李芳述、趙弘燦、段登仕、趙名友、張友成、瞿洪陞，副將胡攀桂、康調元、李鍾秀，遊擊顧隆、吳志、陳英暨隨征僉事道張元凱等塘報，"職等官兵分路攻險，破賊情形前已具報外。今三路官兵於本月十九日俱出清水河會齊，職等公議賊衆兵寡，且山險地狹，我等既已深入，必須分布周詳，大家努力方可破賊，遂於二十日各統官兵前用挨牌、馬綿、火砲一齊前進，而逆賊離新鎮十里，地名黃茅岡箐口倚山下營，職等於對面排陣。賊兵不動，職等亦以官兵遠涉，未去攻賊之營，遂整隊以待之。二十一日黎明，逆賊偽將軍王緒、尤廷玉、王邦圖、黑邦俊等掌三個頭子，每一頭子用三敵直出前來誘戰，職等將官兵亦分三股迎敵。兩陣鎗砲如雨，互相傷亡甚多，賊係拼命，官兵力敵，彼此衝殺十餘次，直至未時，官兵、逆賊俱皆疲乏，未分勝負。職等遂傳令官兵十分努力，若不努力，我等已是深入，要想善退萬萬不能，都是該死。而官兵一躍奮起，精神百倍，遂將逆賊殺敗，直追三十里，至兩河口天晚，逆賊將橋砍斷。查陣斬偽總兵一員沈明、偽副、參、遊、守張文祥等三十餘員，殺死賊兵以及水溺、滾崖約計二千餘名，生擒偽參遊一十一員，偽兵二百八十二名，俱係拼命死戰之賊，當即問明斬首。內冷攀龍原係新鎮復叛守備，留候發落。得獲馬騾八十五匹，賞給當陣傷斃及跌死馬匹兵丁補額外，偽印、關防三十七顆，偽劄一十三張另文齎繳。其盔甲、器械查明再報。投出偽副總兵一員張文學，偽副將一員羅應申，偽遊擊一員夏昇，偽同知二員王希禹、程世培，帶兵五百名。又救出湖廣、江西、陝西、遵義各處偽兵并瀘、永失陷提鎮營兵，通共一千三百六十一名，瀘、永、仁合、長寧各處難民、男婦五百四十二名口。遊擊李弘鑒頭中鉛子，當陣身亡，吳志右腿被箭傷重，陳應先左手鉛子打透，其餘守、千、把總以及隨征官員、兵丁傷亡甚多，并有功人員，均俟查明，另爲册報。是役也，將弁戮力，士卒用命，皆賴朝廷洪福、本將軍部院用人養兵所致，合將克捷情形先爲飛報。至於敗賊奔烟峰雪山，我兵裹帶之糧已盡，且係生蠻地方，不便窮追，相應報明"等情到臣。該臣查看得胡國柱、王緒等逆乃出犯瀘州、永寧之重賊也，前建威將軍臣吳丹失於布置，致兩城被陷，全川震動，逆賊自此鴟張，官兵自此渙散，而臣憂心切慮，不暇他顧者，總爲此一股重賊爲患不小，故不敢以兩路岐視，不敢以彼此懈心。今官兵勇往直前，屢敗逆賊，追入蠻地，而逆賊計窮，無路敗遁於自絕之鄉，是其天誅，是其自滅[9]，總皆仰仗我皇上洪福、國家威靈所致。既據該鎮將塘報前來，相應題報，仰慰聖懷。至逆賊潰奔遠近情形暨官兵無糧，容臣查明，另爲奏聞。謹將分發協剿官兵屢敗逆賊克捷情形，合先題報，伏乞皇上睿鑒施行。

康熙二十年四月十九日奉旨："覽卿奏。遣發官兵進剿逆賊，擒斬甚多，逆賊胡國柱等逃遁。知道了。該部知道。"

報明官兵無糧撤出銅河疏

題爲窮寇無路，已入蠻地，協剿官兵無糧難前[10]，謹報明情形，仰祈睿鑒事。

竊照胡國柱等逆全勢西來，臣分遣官兵截殺，屢敗逆賊，斬獲情形已經具疏題報外。臣於三月二十五日抵新鎮，據總兵李芳述、趙弘燦、段登仕、趙名友、張友成、鄒九疇、瞿洪陞，副、參、遊康調元、胡攀桂、李鍾秀、顧隆、陳英等稟稱，"職等統領官兵會同敘府滿漢官兵協剿逆賊，初接建威將軍照會，令職等來馬湖，及職等官兵深入，而建威將軍又撤兵東去永寧。職等總以朝廷封疆爲重，繼奉本將軍部院屢檄行催，且官兵既以深入，敢不努力，除殺賊情形前已塘報在案。今逆賊已入生蠻地方，山勢愈大，險要愈多，拼命之賊人人俱下死力，又與建昌逆賊會合一處,難以輕敵。又官兵前在嘉定、犍爲,有支十天、五天之糧者,有支半月之糧者,今追賊將近一月,糧米全無,多係尋野菜、剝竹芽糊口,此一片荒山,無田地、無人民,懇乞本將軍部院目擊,請乞速裁,職等不敢擅便"等語。臣查官兵委實無糧,所過地方果係一片荒山,及再詢前進雪山,更出生蠻不毛之地,全不種田。

竊思兵糧乃三軍命脉,爲第一首重之要[11],邇來地方官以民逃催呼不應,糧米漸次爲艱[12]。如前嘉定發兵時求支二十日裹帶之糧,屢催不敷,今若再望其肩挑背負,遠運於蠻地,前來接濟者[13],知出斷斷不能,而狡賊斷路拒險,處處把守,官兵攻取難期時日。臣差人於各營暗加查訪,不獨無裹帶前進之糧,即目前乏食斷餐,甚是緊急,是臣不得不暫令移出銅河就糧[14]。一面移商滿洲兩將軍如何主裁,一面咨催督撫如何備糧,急爲進剿,另疏題請。臣先將逆賊已入蠻地、官兵乏食就糧情形報明,伏乞皇上睿鑒施行。

康熙二十年四月二十一日奉旨:"該部議奏。"

攻克關山象嶺捷報疏

題爲官兵仰仗天威,攻克險關,奪取象嶺,連破逆渠,追殺百里,直抵大渡河,覆賊全軍,謹報明大獲全勝事。

竊臣前會同振武將軍紀哈禮遣發滿漢官兵三路進剿,暨臣親身督率,緣由已經題明在案。本年五月初八日據前鋒總兵鄒九疇、張友成等報稱,初七日兵抵榮經縣,逆賊棄城不守,退入箐口站拒險等情。又據總兵李芳述等禀稱,"洪雅縣無糧,等候二日。及入山,道路狹隘陡險,馬匹難行,滿兵存後。職率兵前來,若分路走野鴉池,出黎州,路徑更細,問明土著之人,稱說須行十四五日,恐不能如約。如從黃泥嶺下土地橋,先破正關,或再相機,不得不禀明,請乞裁奪"等情。又據總兵王進才等報稱抵秦家街,山路崎嶇,官兵俱係步行,五姓蠻地似覺兵單,再請添兵接應等情。臣見兩路奇兵已遲,正關又不可稍緩,除遣副將石福、守備葉自昌挑選强壯步兵五百名前去秦家街,尾隨王進才接應,遣總兵李芳述過山,適黃泥嶺下黃泥鋪,抄出箐口之後。令總兵張友成、鄒九疇等帶火器步兵由大路為前隊,副將康調元、李九疇、呂自魁等帶馬兵、弓箭手為二隊。臣親身督率前進,而山勢狹隘,箐林深密,一線鳥道,官兵俱令下馬步行[15],將軍臣海潮龍、總兵臣偏圖、趙弘燦接續而進。逆賊果於箐口站、周公橋、八方、黃泥鋪、偏崖連營五處,斷橋守險。總兵、副、參、遊、守李芳述、鄒九疇、張友成、瞿洪陞、康調元、李九疇、呂自魁、柴英、趙名友、吳志、蘇虎、仲玉位、郝俊龍、張攀鰲、陳應先、李勝鳳、劉清、劉承富、唐希順、陳英、李洪、孫洪育、李一虎等率兵直前其間,有正兵奮勇直入攻進者,有奇兵抄後破險者,有自山鑽林直下壓頂者,并擒斬逆賊,出奇破險次序情形,語繁不敢冗叙,有瀆天聽。及抵土地橋,見正關三層,逆賊密布銃砲,橋口兩岸重用柞木、竹牌、石囤,伏賊於後。臣親督官兵重披馬綿,再用竹挨牌、綿簾分左右兩翼,派頭、二兩敵,仍教以進退接應步法,前用鳥機、百子砲步步攻進逆賊伏兵,率皆纏頭、皮盔、馬綿、大刀,官兵奮勇直前,兩陣銃砲如雨,衝殺數次,將賊殺敗,連奪柞木、石囤、重墻三道,直至橋口。臣見橋下陡險,大水汹湧,我兵所站兩山俱係深溝大壑,不接關山、象嶺,輾轉思維,若不速攻,大衆官兵屯聚於窄溝山峪中,自非久扎對壘之地。若單攻正關,不用奇兵,不獨地勢險隘,難以用力,抑且傷兵損威。遂於李芳述、鄒九疇兩營川兵中查出引路長毛民,供有黃泥鋪走山之民劉應素深知山勢,隨供從八方後山鑽林砍箐爬崖,兩日可出長老坪,抄關山之後。各鎮將遂舉善走步將,遊擊陳應先、唐希順、陳英挑選便利步兵一千名,約定十三日透出長老坪,如上路留兵一半預備堵禦象嶺接應之賊,帶兵一半從頂直下舉雙砲放起火為號,橋口官兵首尾夾攻。十二日攻打竟日,賊尚鴟張,十三日再督官兵努力,兩山鳥機、百子砲齊發,逆勢漸挫。午時擁過橋口直上,攻奪頭層,得逆賊西洋紅衣銅砲一位、鳥機數門。逆賊退上關口猶然死拒。申時奪取二層。投出偽守備汪才供稱,"守關係于總兵，滿、曾、楊三副將，象嶺頂係戴總兵，黎州係蔡總兵、楊總兵，于總兵係遼東人，他說正關如此險要，又有紅衣大砲，怕甚麼，叫他只管來攻，實不知大兵如此惡上"等語。審問間，復有跑來投誠僞兵韓文選等四名吐供，山上坐堆子兵傳下砲來，賊甚驚慌等語，臣即令官兵努力攻上追殺。戌時上頂，而陳應先、唐希順等官兵透出兩軍截殺，逆賊大敗，陣斬滾崖無數。臣傳令官兵無分晝夜追殺，不可少停容賊拆橋守險。十四日黎明大敗逆賊於黎州恢城，再敗逆賊於漢陽街破其狡謀。十五日連戰於大渡河，奪其渡口三道，而逆賊無路。僞副、參、遊蘇友直等七十四員，僞兵一千六百餘名盡皆倒戈，分兵順河復追十里於火場壩山峪中，僞總兵蔡國明、戴聖恩、于登明事急而降。

　　查大象嶺上下六十里，偏橋二十餘處，逆賊斷橋守險，復於黎州合兵排陣惡戰，漢陽街伏兵排陣用計，大渡河背水排陣拼命，餘孽無路死戰，官兵深入，倍加努力，屢戰屢捷，大破全軍，賊人膽落。總皆仰仗我皇上天威、國家洪福、各鎮將奮勇所致也。如自箐口站起至大渡河一百四十里，大戰四次，攻險奪隘九次，共陣斬、生擒逆賊四千餘名，滾崖、落水不計其數，得獲馬騾八百餘匹，七尺西洋紅衣銅砲二位，鳥機、百子砲四十餘門，綿甲、皮盔、交鎗、大刀器械甚多，所有攻險破陣有功官兵、傷亡官兵及僞官印劄容臣查明，另疏題報。又象嶺六十里陡險山路，官兵馬匹損傷四五，得獲逆賊馬騾俱令補額，倒戈僞官、僞兵原騎馬騾仍給本人，以安其心，合并叙明。僞總兵蔡國明、戴聖恩、于登明事急而降，原非真心投誠，理當正法，惟是雲南未下，建昌現有兩路重賊，臣仰體皇上好生寬仁，暫令剃髮安插，并陣擒末弁僞兵俱行寬釋，伏乞皇上允臣所請，以廣招徠。再雅州、榮經至黎州皆大山深箐，羊腸鳥道，不能施馬，原議綠旗步兵火器在前，滿洲隨後接應，而臣長驅直入者，所賴滿洲官兵大振軍聲也。今先鋒官兵、明甲官兵副都統參贊臣希福、將軍臣紀哈禮挨次接應俱到，臣叩懇聖明，准照滿洲例議叙，應聽將軍臣紀哈禮開報。至大渡河水勢洶湧，如何過渡前進，現在布置兵食爲重，裹帶之糧已盡，繼運之糧不見到來[16]，而黎州所一線之地，百姓寥寥，田地無幾，素不產糧，且經逆賊蹂躪日久，率皆逃避，兩山苗蠻不毛之地，不但無糧可尋，抑且不便入山尋糧。臣焦心如焚，急如星火[17]，又不得不據實奏明，仰懇電照。緣係恭報官兵大獲全勝事理，相應統叙題明，貼黃難盡，伏乞皇上睿鑒全覽施行。

康熙二十年六月十二日奉旨："據奏，率領官兵擊敗賊衆，已抵大渡河。知道了。餘着速議具奏。該部知道。"

報明官兵渡江前進疏

密題爲官兵渡江守要，急催前進，裹帶之糧，謹報明情形，仰慰聖懷事。

竊臣督率官兵攻取關山、象嶺，克復黎州，直抵大渡河，立破賊衆，盡皆倒戈，克捷情形已經題報在案。而臣以奪取渡口、守矑經關爲要，是以追賊緊急，不容過渡，守險官兵仰仗我皇上天威、國家洪福，覆賊全軍，匹馬不能免脫，此從來罕有之事、罕聞之捷也。

查渡船三隻，一隻損壞，二隻可渡，然每船止可渡馬十餘匹，若渡步人可渡兵三十名，河水洶湧，兩岸陡險，每日止兩渡便晚。自二十一日得船渡起，官兵十渡其三，矑經關已經挑壕、安營固守，是渡口無慮矣。又海棠已經恢復，再遣官兵前去越嶲衛偵探，聞賊於象嶺、銅槽、盧沽、寧番一帶守險。據僞總兵蔡國明、于登明、戴聖恩等稟說，逆賊僞將軍胡國柱、尤廷玉、王邦圖、黑邦俊、劉沛武、王公良、王屏翰統兩路賊兵尚有二萬，俱在建昌，餘丁家口尚多，地方饑饉，米賣二兩一斗。其王緒、李匡帶兵四千去金沙江，聞金沙江無船，復回等語。臣思兩路重賊會合一處，勢力自大，不可不備，然我兵直入，覆賊全軍，聲勢不小，俟官兵過渡一半，臣即當督兵前進。惟是前報雅州無糧，官兵裹帶之糧不多，今已斷糧，過期數日。再如黎州較關山、象嶺，箐林漸減，山勢漸闊，然仍在深山窮谷之中，苗蠻不毛之地，無多民、無多田,實實無糧,官兵甚覺緊急[18],而繼運之糧不見到來[19],臣焦心如焚。除遣營官守催外,謹將官兵渡江守要暨發兵前探情形并候糧緣由先爲報明,仰慰聖懷,伏乞皇上睿鑒施行。

康熙二十年六月十八日奉旨:"該部議奏。"

督率渡河官兵先行進剿疏

題爲再報官兵前進恢城,逆賊狡情叵測,臣等督兵繼進,仰慰聖懷事。

竊照官兵直抵大渡河,覆賊全軍,奪其渡口、船隻過江,守矖經關并恢取海棠,偵探越巂衛情形業經微臣具題報明在案[20]。嗣據前探官兵初報,逆渠胡國柱統兵前來堵江,尤廷玉已扎盧沽,再報僞總兵安民、賀逢泰守越巂,堵小象嶺。臣飛檄總兵李芳述、鄒九疇、張友成、瞿洪陞、副參、遊、守康調元、李九疇、呂自魁、趙元輔、柴英、吳志、張攀鰲、郝俊龍、蘇虎、仲玉位、劉承富、唐希順、李洪、孫洪育、陳英等統領先鋒頭敵官兵前進。再遣總兵偏圖等會同滿洲先鋒接應,仍申嚴須要步步爲家,得一處守一處,不可輕忽,不可遲疑,不時馳報。臣會同將軍臣紀哈禮將渡船二隻,滿、漢各分一隻,督兵急急渡江,奈兵多船少、水勢洶湧,在前每日止過兩渡,即便天晚,今加兵設法,一日可過五六渡或七八渡不等,然終以船少,每一日渡馬則不過二三百匹,渡人則不過七八百名。今據總兵李芳述等塘報,"逆賊安民、賀逢泰已經敗遁,恢復越巂衛城,尤廷玉尚在盧沽,胡國柱出建昌,王緒、李匡不曾渡金沙江,仍復轉回。雖守備田國鳳前來投誠請兵,云賊已出建昌,然狡情叵測,不敢深信。職等已議令總兵瞿洪陞、守備李洪挑選精健馬步官兵一千前往偵探,職等固守越巂衛,又分兵於寧番,一路猓猓溝小道,一路聲勢,謹將情形報明,并送投誠僞參遊柴飛虎、姚思文、黃錫雲等同僞改衛爲州、改所爲縣各官及僞印、僞劄呈繳,請示遵行"等情到臣。臣思官兵既抵越巂衛,理宜前進,而瞿洪陞一千官兵深入，似覺兵單，即再飛檄各官留一鎮守越嶲衛，其餘官兵當速速接續瞿洪陛等官兵前進，不可遲緩。臣復會將軍臣紀哈禮、副都統參贊臣西布公議，若候大兵過完，一齊前進，尚須二十餘日，恐難等待。臣等遂將已經過江滿漢官兵督率先行，前進接應，而未經過江滿漢官兵尚多，責令該管章京將弁挨次過江，隨過隨行。至臣等前進，逆渠或戰、或守、或奔逃，容臣等相機調度，務期破賊。所有前發官兵恢城前進情形，暨臣等督率過江官兵先行緣由理合先爲題報，伏乞皇上睿鑒施行。

康熙二十年六月二十九日奉旨："兵部知道。"

再復建昌捷報疏

題爲官兵仰仗天威，立破險關，覆賊全軍，逆渠聞風喪膽潰奔[21]，謹報明復取建昌，再定全川，仰慰聖懷事。

案照前據總兵李芳述等塘報，恢復越嶲，守城公議總兵瞿洪陛，守備李洪等帶兵一千名偵探，臣飛檄李芳述等，留一鎮守城，其餘官兵速速接續前進，不得遲緩。再會同將軍臣紀哈禮將已經過江官兵臣等督率先行接應，務期破賊，緣由業經題明。今於本月十一日抵平壩，接據總兵李芳述等塘報，"據總兵瞿洪陛、守備李洪報稱，'職等帶兵於本月初四日抵禮州地方，有建昌差來投誠官劉大貴、金相龍等迎接，稟稱逆賊於十九日聞得大兵攻開關山，將蔡、于、戴三個總兵并賊兵數千俱行殺散，投降一個，不能跑脫，甚是驚懼。尤廷玉即來禮州，胡國柱初傳統兵去大渡河堵小象嶺，後見兵抵越嶲衛，賀總兵敗回，將賀總兵絞死於盧沽，殺楊總兵在禮州。胡國柱二十二日先走，王公良、王屏翰二十四日後走，尤廷玉收後將建昌搶掠從會川而去。聞說金沙江不能過渡，王緒、李匡尚在江邊，賊兵到處搶掠，總因前自新鎮敗回，走蠻地，賊兵十分狼狽，什物、盔甲大半皆丟棄，恐過金沙江自必各自逃散'等語。又云'各山苗蠻四起，擾亂地方，建昌兵民望大兵急救。職等於初五日已抵建昌城外扎營,請稟將軍部院示下'等情到職,擬合轉報"等情。十四日又據總兵李芳述、鄒九疇、張友成,副參、遊、守呂自魁、李九疇、趙元輔、唐希順、孫洪育等塘報,"職等同瞿總兵,前後追賊,恢復越嶲、冕山二營,禮州各所,建昌地方,得獲紅衣大砲三位、大砲八位、九子砲六十五位、鳥機四十二門,以及砲車、火藥、火罐、鉛子等項,并投降跟砲參將王琰,守備高應秋、池顯名、李應召、林果勳、祈安邦等帶護砲兵六百餘名,暨追獲皮盔、綿甲、刷刀、交鎗、什物甚多,俱俟查明,另爲册報。職等於初十日抵建昌,官兵、士民吐供,逆賊奔逃,與前報無異,總兵瞿洪陞等遣兵至金川橋,逆賊將橋用火燒毀。據本地官民供稱'此橋須用人夫千名以及物料,必須一月方能搭造'等語。又據自會川奔回建昌營千總魯之彥稟稱:'王緒、李匡於二十一日方自紅布所、迤子小渡過江,胡國柱二十七日自會川起行,王公良、尤廷玉於六月初一日起行,俱奔紅布所、迤子渡,聞要去姚安之信羽林將軍王邦圖已死,兵皆大亂,人心不一。'又問:'金川橋既燒,汝從何來?'據供'我從下首用四兩銀子僱蠻子的筏子方渡我前來'等語。職等伏思官兵前自雅州,馬兵裏帶糧米二十日,步兵裏帶糧米十五日,自攻取關山、象嶺,克復黎州,進取建昌,已逾一月有餘,食米全無,甚是緊急,似此一片荒山,無糧可尋,懇乞亟爲布置接濟。今官兵仰遵本將軍部院入川之令,不敢進城,止量派官兵守城守門外,其餘大衆官兵同職等俱扎營於呂俊坡城外聽候示下遵行,合先塘報"等情。

　　該臣看得官兵仰仗我皇上洪福、國家威靈,飛渡三江,直下成都、永寧,賊遁建昌就撫,而僞將軍、撫、鎮、司、道大小文武千有餘員,遠近響應,獻地獻城。又雲南僞將軍海潮龍來歸,迤西北勝州一帶剃髮僞總兵葛鳴鷟等,僞道府高喬映、夏長庚等繳印繳劄,田進學、張國柱等立待[22],貴州水西土司安勝祖、阿烏等兩次差人請兵,不獨四川底定,而且雲貴事機可乘,八九乃爲悍臣要挾惑亂,接事者又復私心弄巧,再加庸鎮退兵直奔[23],將千里之險盡棄與賊,以致雲南已降者又復中變,四川已定者幾不可問,而臣一身一心安內防外,期以身殉,東奔西馳,兼顧兩路,數月以來,心血已枯,人力用盡。今幸兩敗逆賊於鴟張之際,復土恢疆於萬險之中,總皆我皇上洪福齊天,滿漢官兵倍加努力。今各官報稱,逆賊大潰而奔[24],料難復行糾合狂逞,是四川兩路重賊不復慮矣。惟是兵貴神速,理當急進,但兵糧爲要,馬力當先,又不可不備,容臣到建之日會同將軍臣紀哈禮查其地方,酌其馬力,并候繼運之糧,另疏題請。所有各官報到,恢復建昌等城,并逆賊潰奔情形[25],合當先爲報明。今臣會同將軍臣紀哈禮、參贊臣西布具題,緣係報明進剿恢城事理,貼黃難盡,伏乞皇上睿鑒全覽施行。

康熙二十年七月十四日奉旨:"據奏,官兵進剿逆賊,胡國柱等潰奔,恢復建昌城池。知道了。該部知道。"

懇請另簡督臣疏

題爲敬陳愚忠,仰祈睿鑒,以重巖疆長安久治事。

臣查雲南極邊重地,萬里遐荒,猓仲苗蠻,輕生好殺,古稱難治,且界連交緬,若非重臣,假以權便,不能讋服,歷代創制可考也。如總都統轄兩省,節制文武,權重任重,尤須才望勛舊方克勝任。臣本綠旗漢人[26],不學武夫,不獨望輕才淺,抑且年衰有病,臣謹據實敬陳,伏候聖明睿裁。或將邊遠重地專命勛臣世守,或仍用總督,叩懇別簡才望、有素舊人[27],令其赴任,會同大將軍撫安地方,蕆定人心。至臣不敢辭領兵之責,仍以將軍帶領原統一路漢兵,進定雲南,事平撤回,准照年老例休致,庶巖疆可期久安長治,而臣一腔報國之初心始明[28],身安分安矣[29]。伏乞皇上鑒臣愚忠,出自至誠,俯允採納施行。

題報身到建昌遣發官兵疏

題爲恭報微臣到建日期,遣發官兵前進,并陳糧餉馬匹地方情竊照臣等渡江統兵先行，暨接據總兵李芳述等塘報，兵抵建昌，恢復城池，經臣兩疏題明在案。今臣於六月二十二日到建昌，二十四日會同振武將軍臣紀哈禮進城安民訖，如逆賊奔潰及燒毀金川橋，備述前疏，不敢再爲冗陳，而臣於途次飛檄各官分遣官兵偵探，并修搭橋梁，再行總兵偏圖接續前進。據報"已遣隨征領兵遊擊李勝鳳、仲玉位帶兵偵探，并修搭浮橋，尚未報到，而官兵無糧乏食十分緊急"等情。

　　臣查建昌處萬山蠻彝之中，兩省邊遠不接之地，承平無事之時，尚須強兵良將方可控制，況孤城久爲逆賊蹂躪，臨行又復搶掠，苗蠻附合作亂，不獨拉扯子女，燒拷有家，即糧米、牲畜搜刮殆盡，而田地荒蕪，十無一二成熟，即一二成熟中又值天災生蟲，秋成無望。臣見老幼扶病，鶉衣菜色，實不堪命，是建昌無糧不能應急可知矣，而繼運之糧不接。再查各官兵前自雅州裏帶二十日之糧，今已逾四十餘日，是三軍乏食又可知矣[30]。又兵餉壓欠六個月，馬匹自攻取關山直進建昌，損傷滿兵過於漢兵，除官兵糧餉、馬匹形狀、苗蠻觀望，俟容臣等另疏，備述指陳。今以進定雲南爲急，要先於前到官兵中挑選漢兵三千名，滿兵三百名，各帶那湊糧十日，責令總兵偏圖統領會同先鋒章京前進，臣等立候繼運之糧，并行建昌道於寧番、德昌、打冲、鹽井各處勸民那湊召買。再查建昌去雲南尚有十八站，行兵須一月，原題定裏帶米二十日，今不敢望二十日，若得十餘日之糧，隨得隨行，陸續起發，所有臣等到建日期及地方情形并遣發官兵無糧緣由，臣會同將軍臣紀哈禮、副都統參贊臣西布先爲題報。再將軍臣海潮龍請願前導，已令會同總兵偏圖進發，統爲叙明。貼黃難盡，仰祈睿鑒全覽施行。

　　康熙二十年七月二十三日奉旨："該部議奏。"

親身督兵先進大衆候糧疏

　　題爲官兵無糧，難前進剿[31]，事關緊急，臣量帶官兵先行，謹報明情形,仰祈睿鑒事。

竊照官兵抵建無糧,先遣三千員名那湊裹帶糧十日前進,臣等立候繼運及召買,陸續發兵前進,緣由具題報明在案。臣原期繼運之糧接續前來,并建昌道勸諭召買之糧,幫協每日期收四五百石,半放日糧,半積裹帶,孰料繼運遲滯,召買艱難。今據該道開報,繼運之米日收或二三十石,或四五十石不等,召買亦不過五六十石。

查滿漢官兵日支須糧五百石,即除去前遣以及在後未到官兵,而在建滿漢官兵亦日須口糧三百餘石[32],今每日所收糧米通計不過百石[33],日給不敷,安能望積裹帶。[34]臣若候糧等兵,期於萬全而進,又似雅州之榜樣,終不能進兵矣。臣輾轉思維,雲南未下,而胡國柱、王公良又復前去,雖胡國柱屢經敗遁,狼狽鼠竄[35],王公良全軍覆沒於大渡河,今喪膽奔逃[36],火砲什物盡棄,決難再整,料不敢向雲南省城[37],似無足慮[38]。然餘孽尚多,在我川省兩路進剿官兵,理勢難緩,臣日夕焦心如焚[39],刻圖前進,實難候糧稽延[40],只得量帶官兵親身先行。今於七月初六日自建昌起行進發,其各鎮營官兵留後,等候裹帶之糧,陸續前來,所有微臣自建起行日期并官兵乏糧緣由,理合報明,伏乞睿鑒施行。

康熙二十年八月初一日奉旨:"該部知道。"

報明入滇日期疏

題為恭報微臣抵江入滇日期,并陳河水暴發、逆渠敗遁情形,仰祈睿鑒事。

竊照臣前遣發官兵及臣繼進,并胡國柱、王公良等逆敗遁,緣由兩經題明在案。不期七月一月大雨如注,山河水發,過渡甚是為難[41],今臣於七月二十一日抵江邑,已入滇境,二十二日至金沙江,見河水洶湧,前遣官兵尚在江岸扎營,河下止有舊損松木板船二隻,一隻已被暴水打壞,一隻只可渡馬七八匹[42]。又官兵自建昌裹帶糧米十日,今已二十餘日,兵食尤出緊急。今雖急在催糧催船,恐緩不及事,即欲設法過渡[43],而江水暴發,筏子、皮袋俱不能用。臣焦心如焚,只得稍候天晴,另爲躧渡,又在設法過江[44],先行赴省。所有應行事宜,俟臣抵省之日另疏題請軍機,聽大將軍指示。至胡國柱、王公良等逆奔散,已經瓦解,雲南孤城焉能久持。逆孽吳世璠、郭壯圖釜底之魚,滅在旦夕,指日可奏蕩平矣。今將微臣入滇日期先爲題報,伏乞睿鑒施行。

備陳官兵偏苦情形疏

　　密題爲官兵萬分苦難,臣心痛如焚[45],謹報明情形,仰祈睿鑒事。康熙二十年七月二十八日,奉定遠平寇大將軍固山貝子等諭帖,內開"欽命定遠平寇大將軍固山貝子、欽命征南大將軍都統賴諭勇略將軍總督趙良棟知悉,爲遵旨事。准兵部清字咨稱,議政王等會覆疏稱。康熙二十年三月十六日奉上諭,'據建威將軍佛尼勒報稱瀘州江對岸所扎之賊已經敗遁,總兵王用予將官兵分爲兩路已經追剿等語。今大將軍貝子章泰、大將軍賴塔等大兵已抵雲南省城,大敗逆賊,不久即恢取會城,所有叙府汛地逆賊胡國柱、王緒、黑邦俊等必致逃遁,如胡國柱等逃遁,將軍佛尼勒、趙良棟等即行統領大兵追殺逆賊,毋失機會。其將軍噶爾漢、總兵官王用予等亦統領官兵速赴叙府,乘勢剿滅逆賊。至於敗遁之賊,若不速行追殺,致失機會,應以違誤軍機治罪,着議政王、貝勒、大臣會議具奏'等因。欽此欽遵。該臣等會議得'今叙府等處,逆賊勢已甚迫驚潰,顯然上諭最爲允當,應宜遵行,限文到將軍佛尼勒、趙良棟等將潰敗逆賊定行窮追,務宜剿滅,若示以怯懦退縮不行窮追剿襲,照以坐失軍機例從重治罪。其將軍噶爾漢、總兵官王用予等亦以文到之日作速前赴叙府,毋失機會,窮追剿滅可也。倘若遲滯觀望,有誤機會,亦照違誤軍機例從重治罪。其將軍紀哈禮作速趕赴,將軍趙良棟協同前進'等因。於康熙二十年三月十六日題,本日奉旨'依議速行'等因到本大將軍等。但本大將軍等兩路大兵已會一處，圍困雲南省城可無虞矣。今據投誠鶴麗將軍李發美報稱逆賊胡國柱等統領殘逆離麗江三十里扎營等因。照得麗江、鶴慶俱已歸誠，爾等大兵奉有'窮追逆賊胡國柱'之俞旨，應宜尾隨追剿可也。特諭。"

八月十一日又奉諭帖，內開："欽命定遠平寇大將軍固山貝子、欽命征南大將軍都統賴諭勇略將軍雲貴總督趙良棟知悉，爲陳明情形，仰乞睿裁事。查得先據各處陸續啓報，內開'原在貴州僞將軍高啓隆回雲南開化府[46]，僞將軍夏國相、儂鵬，僞李將軍、王將軍、二楊將軍已往雲南，廣南府僞將軍張足法扎在山內，有四川瀘州僞將軍李思敬、僞趙將軍亦回，李思敬赴雲南阿迷州，僞將軍馬寶已至黃龍洞，僞將軍胡國柱、王三將軍、黑將軍、王將軍、尤將軍等俱領兵回烏蒙路上，僞將軍劉魁、李芳春已出雲南蒙自縣，現扎馬遼河'等情。除將臣等現在之兵圍困城池及四面征剿逆賊，誠恐分兵兩處，勢力單薄，故題請貴州大兵。今貴州大兵已至，後因馬寶率領各僞將軍等逆賊竊據楚雄，而投誠之將軍陳廣祿已迎降逆賊，臣等會議即令都統希福、提督桑格等率領滿洲、綠旗大兵前往擊敗逆賊，殺者殺、擒者擒。僞將軍馬寶、巴養元、趙國佐、鄭旺、李繼業等俱已投降，今夏國相等殘逆已不成隊，遊散廣南府，有胡國柱等雖統逆衆前奔鶴慶、麗江一帶，未及剿滅，而都統希福、提督桑格統領滿洲、綠旗大兵躡踪追剿，其四川調來之將軍紀哈禮、總督趙良棟等大兵亦應遵旨，尾隨窮追撲剿等因，已經移文。其餘僞將軍等已一二陸續投誠將完。今僞逆情形不同前局，而臣等軍前現在所有滿洲、綠旗兵力似亦充足。今據報稱將軍噶爾漢、總督哈占等兵於七月二十五日已至貴州威寧等因，復據總理大兵糧餉學士佛倫、侍郎金鉉、雲南巡撫王繼文等口稱，此項大兵若俱至雲南，需用糧餉甚多，但雲南并無水路可通，肩負米糧僅足供現在滿洲、綠旗大兵，如四川滿洲、綠旗大兵俱到，恐拒敵日久，米糧不接，前後大兵俱致懸金，關係最大'等情。臣等會議得陝西總督哈占統來綠旗大兵，俱令仍回四川、陝西，其將軍噶爾漢等滿洲大兵到滇之日，臣等及將軍噶爾漢等大兵内將苦獨力頂補缺額甲兵，酌量查汰其數，另疏具題。如此則糧餉不致多費而困城之兵似亦充足矣。故臣等一面行文陝西總督哈占，止其前進之兵，伏祈睿裁，即敕下總督哈占遵行，爲此密題，謹題請旨，合行諭知。特諭。"

於八月十四日又奉諭帖，内開："欽命定遠平寇大將軍固山貝子、欽命征南大將軍都統賴諭勇略將軍趙良棟知悉，據振武將軍覺羅紀哈禮啓稱'前在建昌因官兵乏糧甚急，馬匹倒斃三分之二，俱係步走，疾病者甚多，已經具題。又因進剿雲南關係緊要，不論官兵有馬無馬，將建昌所有之米支領十日口糧，隨帶起身前進。至金沙江一百二十里離溪站地名扎營，看得官兵自雅州深入進剿，山路崎嶇，每日淋雨，官兵馬匹倒斃甚多，現今步行，疾病者亦復不少。今欲過江，止有船一隻，令將軍總督趙良棟綠旗兵丁先渡，官兵已經絶糧十有餘日，不曾得米，現在饑餓，未奉貝子等令諭之先，官兵離金沙江一百二十里扎營，其官兵絶糧十有餘日之處，請貝子等查照，或將金沙江附近府州縣給糧，或有召買之米運過江岸接濟官兵，前已具啓。但本都統等官兵深入進剿，未曾休息，兵丁馬匹已完，且兼病者甚多，俱係步行，勞苦已極，萬不能躧踪胡國柱尾隨追剿，前赴麗江、鶴慶'等情到本大將軍等。據此查得前奉有該都統官兵尾隨逆賊胡國柱之旨，前已行諭，躧踪追剿在案。四月初八日准部咨，内開'具報，逆賊胡國柱等已經敗遁，窺此大兵圍困雲南省城，逆賊胡國柱等回雲南救援是實，其在四川將軍等所行統領滿洲、綠旗大兵窮追逆賊，無使奔至雲南，剿除可也'等情。又據都統希福等啓稱，'逆賊胡國柱等不得渡江，在白沙葡萄灣下營，勢急或復回鶴慶，或復往劍川，此必由之路'等情。據此照得逆賊胡國柱等勢不能往蒙古矣。回來乘釁竊據府、州、縣城池，亦未可知。若此則逆賊復致緩延，騷擾地方。該都統等大兵馬匹如甚不堪挑選，堪用者仍遵前旨躧踪窮追，其馬匹不堪，兵丁酌量留在一處，稍爲休息，亦令隨該都統兵後進剿乃合軍機。本大將軍已行令都統希福、提督桑格等必尾隨窮追逆賊矣。該都統等彼此相通聲息，兩下夾剿，務宜盡除根株，事關軍機，愼毋違旨。至於啓稱'將金沙江附近州縣給糧運過江岸接濟官兵，但雲南并無水路，現今圍困大兵缺乏米糧，如此項官兵若至雲南，恐前後大兵盡皆懸釜'等因，已行諭總督哈占帶領綠旗官兵酌量駐劄候旨外，合行諭知。特諭"等因到臣。

　　查臣原統一路官兵，於康熙十八年十月初二日自淸水縣起行進剿，十日而取徽州，十日而取成都，可謂迅速。四川爲雲貴門户，四川一得則雲貴不能守，而湖南之賊自不敢立，兩粤反覆不定者定矣。理勢所在，難掩聖明。雖首倡在臣，分當極力[47]，然浮江破賊，勇往先登，直取省會者實出官兵之力也。及瀘州失守、永寧再陷，賊自何來，誤自何起？爾時逆渠鴟張，全川震動，叛賊蜂起，人心洶洶，勢在不保。臣期以身殉，誓以死守，保得四川[48]，否則幸災樂禍、以應其口者誰？願四川不保以快其心又誰[49]？不顧敍府有人[50]，棄川不守有人[51]。痛臣孤忠[52]，爲衆所忌，仰告者惟天[53]，所恃者聖明[54]，同心合力者官兵也[55]。至臣若不去夾江、峨眉、嘉定、犍爲、沐川司一帶追賊，大敗渠魁於觀音崖、三倒拐、新鎭等處，殺入蠻地，則敍府不能保，而胡國柱等逆自在四川。若不急攻關山、象嶺，克取黎州，直抵大渡河，覆賊全軍，而蔡國明、于登明、戴聖恩等六千賊衆尚在，黎州胡國柱、尤廷玉、王公良等據守建昌，賊兵又敢大散？[56]而王緒、李匡過江扎姚安、取武定[57]，馬寶拒楚雄、連洱海，逆賊犄角爲勢，自是堅心[58]，土司觀望，迤西反覆，雲南可言無慮耶[59]？臣抵建昌接准部文，係大將軍貝子等言，楚雄復叛，雲南圍城兵單，四川大兵并無到來之信，賊寇俱專力雲南，奉旨行催速進，臣遂不敢等候繼運之糧，督兵起行，不但官兵斷糧乏食，認饑跋涉，更際霪雨連綿，江河暴水不能急爲過渡[60]。又上山則惡石陡險，下山則泥深數尺，人病馬倒，死亡枕籍，慘不忍言。及抵金沙江，又無船隻，又無糧米，官兵惶懼，人情緊急。臣正在沿江尋船過渡間，而大將軍等文到，令去迤西跟尋胡國柱。在兵忍饑勉力[61]，跣足跋涉[62]，所盼者過江，所望者雲南，一聞此信，紛紛不安。

　　竊思官兵者皆係朝廷之官兵，地方者皆係朝廷之疆土，逆賊總爲叛國之逆賊[63]，到何地方自應何地方官兵追剿，無等待之理[64]。無分彼此之理[65]，況胡國柱來自湖廣，非起於四川，既到雲南，大將軍貝子等已遣將軍臣希福、提督臣桑格躡踪追剿，官兵不少，勢窮之賊可以成擒，不必又令遠涉疲極之兵徒滋往返[66]。且隔越日久，自是遠不及問。如賊勢尚在，或據有城池，二臣請兵，亦當分遣先到之兵、已喂之馬，將遠涉甫到之疲兵弱馬分派圍城[67]，總是爲國出力，其病兵瘸馬休息，以培根本[68]。若舍已經休息之兵、已經喂養之馬不遣，而遣疲兵弱馬，不獨情理不順，抑且徒延時日，究無實濟。再如奉旨追賊，乃係在川概行嚴飭在三月内之事也，非言一人，非指一路。奉旨進定雲南係大將軍等以雲南兵單，請兵速進，新奉旨在六月内之事也。旨有前後，事有輕重，吳世璠僭號稱帝，省城未下，自是重大，而胡國柱不過一奔散窮寇耳，不足輕重。三路官兵急宜合力共取雲南，吳世璠就擒，人心自定，則胡國柱焉往[69]？至臣等一路滿漢官兵由川入滇，蜀道之難，不毛之地，而關山、象嶺、大渡河、金沙江瘴癘正發，霪雨不止，更苦無糧[70]，顛危備極[71]，即今過江，而衣甲、馬匹、什物、帳房、鞋脚不全者多半，漢兵如此，滿洲更苦更甚[72]，可見可問[73]，已到者如此，未到者尚不知是何景狀。委果疲累[74]，實難再去遠征。且胡國柱可擒，則希福、桑格二臣在前，已擒報功矣。如其去遠，則前躡踪尾隨官兵尚不能追賊，而疲兵弱馬相隔一月之期，又能及時追賊耶[75]？官兵先到、後到總是奉旨，道路不同，時事有異，且賊來自何方、去由何地，勝敗有因，豈可不論？三路滿漢總爲皇上豢養之人，進定雲南總爲皇上特命之旨，豈可兩視？但大將軍等接踵三文，又稱"前後大兵俱到，必致懸乏，關係最大"等語，是立意不容前去矣。臣係何人，豈不自揣，敢於與大將軍貝子等爭論，只得將官兵疲累已極情形、馬匹狼狽之狀、雲南果否的係不用官兵之處一一備叙[76]，再請大將軍等確示。如必欲令去迤西，切慮疲極之兵再難勉勵，弱極之馬再難馳逐[77]，抑恐偏苦之衆怨尤易生，而什物、帳房、衣裝、鞋脚尤須急急置備，方可禦敵，馬匹必須喂養方可遠征。請將官兵歷過之月壓欠之餉補給，令各兵自行置備，抑在何府州縣收拾。至總督，無才自揣不能勝任，業已具疏懇辭，然尚未奉有俞旨。今既入滇，應否赴省，有無責任，并請裁酌，尚不知大將軍等是何主見、是何示下[78]。今將軍臣紀哈禮統領滿兵赴省，郎中臣額爾克圖亦已隨兵前去。

查武定係赴省去迤西適中之地，臣暫扎候示，所有前後緣由，臣不得不統叙備陳，仰懇聖明乾斷。臣固知雲南功罪爲大，胡國柱得失事小，在臣勉勵官兵進定雲南、至武定者，遵旨報效；而相距百里不敢遽然抵省者，又不敢有違大將軍貝子命令[79]，總是尊君敬主，切重封疆也。伏乞皇上電鑒孤忠，慈憐下情，而臣老病更際[80]，勞怨日深，實難支持，准臣前疏之請，放臣生還；官兵偏苦，與在陝入川、未來雲南者稍加分別，恩准休養。微臣幸甚，官兵幸甚。緣係備陳官兵疲極情形，貼黃難盡，伏乞皇上睿鑒全覽，敕議施行。

康熙二十年九月十八日奉旨："議政王、貝勒、大臣會議具奏。"①

報明量帶官兵赴省疏

密題爲微臣遵行量帶官兵赴省，謹報明緣由并起行日期，仰祈睿鑒事。

竊照臣等於本年七月二十二日師抵金沙江，三奉大將軍貝子等諭帖，令臣等一路滿漢官兵前去迤西跟尋胡國柱，除滿洲官兵先行赴省，而臣暫扎武定，將漢兵情形備叙具文，差官赴大將軍等軍前報明請示，業經題明在案。今於九月初十日據原差總兵馬山、筆帖式福保等回營，并帶大將軍等回文，着將官兵安插於武定就糧，令臣量帶官

---

① 《康熙起居注》載："康熙二十年九月己巳……又給事中王承祖題參雲南總督趙良棟舉措乖張，請嚴加申飭，令其悛改。上曰：'渠所奏不謬，甚爲確當，朕皆知之。但雲南尚未恢復，正在用兵之際，未可據行。爾等可如言曉瑜。本仍發還。'"

兵赴省,將糧餉機宜公同會商酌奪等語。臣謹將大衆官兵安插於武定、禄勸、羅次三處,責令總兵李芳述、趙弘燦,副將雷繼宗等統領就糧,臣量帶官兵同總兵馬山、偏圖等於九月十一日自武定起身赴省外,所有官兵安插情形并臣起行日期相應先爲題明,伏乞皇上睿鑒施行。

康熙二十年十月初六日奉旨:"該部知道。"

報明已抵雲南省會疏

密題爲恭報微臣量帶官兵到省日期事。

查臣前遵照大將軍貝子等文行量帶官兵赴省,緣由及起行日期并留兵武定安插情形俱經題報在案。今臣於本月十六日抵省,其一應軍機并武定等處暫留就糧,大衆官兵應作何遣發,均候大將軍貝子等酌定另疏具題外,所有微臣到省日期理合報明,伏乞睿鑒施行。

康熙二十年十月十三日奉旨:"兵部知道。"

【校勘記】

[1] 入:原作"八",據康熙四十八年刻本改。
[2] 用:康熙四十八年刻本和清華抄本作"爲"。
[3] 野心未退:康熙四十八年刻本作"狼心不改,野性難馴"。
[4] 恩:康熙四十八年刻本作"念"。
[5] 康熙四十八年刻本"觀"前有"於"字。
[6] 而、之罪:康熙四十八年刻本分別作"則""矣"。
[7] 而:康熙四十八年刻本作"及"。
[8] 而賊:康熙四十八年刻本和清華抄本作"賊衆"。
[9] 是其自滅:康熙四十八年刻本作"旦夕遊魂,自此誅滅"。
[10] 前:康熙四十八年刻本和清華抄本作"進"。
[11] 要:康熙四十八年刻本和清華抄本作"事"。

［12］爲艱：康熙四十八年刻本作"不能接濟"。
［13］前來接濟者：康熙四十八年刻本作"以供兵食"。
［14］是臣不：康熙四十八年刻本作"臣是以"。
［15］下：原作"并"，據康熙四十八年刻本改。
［16］不見到來：康熙四十八年刻本作"不到"。
［17］如：康熙四十八年刻本作"等"。
［18］甚覺緊急：康熙四十八年刻本作"待食甚急"。
［19］而：康熙四十八年刻本無此字。不見到來：康熙四十八年刻本作"不到"。
［20］微臣具題報明：康熙四十八年刻本作"臣題報"。
［21］潰奔：康熙四十八年刻本作"奔潰"。
［22］立待：康熙四十八年刻本作"納款"。
［23］直奔：康熙四十八年刻本作"奔遁"。
［24］而奔：康熙四十八年刻本作"奔逃"。
［25］逆：康熙四十八年刻本無此字。康熙四十八年刻本"奔"後有"逃"字。
［26］緑旗：康熙四十八年刻本作"西鄙"。
［27］舊：康熙四十八年刻本作"之"。
［28］初心始明：康熙四十八年刻本作"悃忱得以彰明"。
［29］分安：康熙四十八年刻本作"而心亦安"。
［30］可知：康熙四十八年刻本作"大可慮"。
［31］難前進勦：康熙四十八年刻本作"難以前進"。
［32］而：康熙四十八年刻本作"即"。
［33］今：康熙四十八年刻本作"而"。
［34］積：康熙四十八年刻本作"有"。
［35］鼠竄：康熙四十八年刻本作"竄逃"。
［36］今、逃：康熙四十八年刻本分別作"亦""遁"。
［37］康熙四十八年刻本"料"字後有"其自"二字，"城"後有"矣"字。
［38］似無足慮：康熙四十八年刻本無此四字。
［39］康熙四十八年刻本"如焚"後有"如灼"二字。
［40］康熙四十八年刻本"稽延"前有"以致"二字。
［41］是爲：康熙四十八年刻本無此二字。
［42］只：康熙四十八年刻本作"止"。
［43］即欲：此二字原無，據康熙四十八年刻本和清華抄本補。
［44］又在設法：康熙四十八年刻本無此四字。
［45］康熙四十八年刻本"焚"後有"割"字。
［46］隆：原作"龍"，據卷三《預籌進滇機宜疏》、卷四《僞將軍歸誠差人齎繳印劄疏》，以及史

料通行之"高啓隆"改。

[47] 極：康熙四十八年刻本作"竭"。
[48] 保得：康熙四十八年刻本作"矢保"。
[49] 願四川不保：康熙四十八年刻本作"不願四川之不保"。
[50] 不顧叙府有人：康熙四十八年刻本作"思及不顧叙府者自有其人"。
[51] 有人：康熙四十八年刻本作"者自有其人"。
[52] 康熙四十八年刻本"孤忠"後有"孑立"二字。
[53] 仰告者惟天：康熙四十八年刻本作"泣血仰告者惟天日"。
[54] 所恃者聖明：康熙四十八年刻本作"恃以保全者惟君父"。
[55] 康熙四十八年刻本"同心合力"後有"奮不顧身助臣滅賊"等八字。
[56] "又敢大散"：據康熙四十八年刻本作"如何得散"。
[57] 而：康熙四十八年刻本作"且"。
[58] 康熙四十八年刻本"堅心"後有"拒敵"二字。
[59] 可言：康熙四十八年刻本作"安能"。
[60] 爲過：康熙四十八年刻本無此二字。
[61] 兵：康熙四十八年刻本作"各兵將"。
[62] 跣足：康熙四十八年刻本作"徒跣"。
[63] 爲：原作"出"，據康熙四十八年刻本改。
[64] 無：康熙四十八年刻本作"安有"。
[65] 無分彼此之理：康熙四十八年刻本作"原無疆界之分"。
[66] "遠涉"至"往返"：康熙四十八年刻本作"遠來極疲久饑之兵驅之跋涉"。
[67] 康熙四十八年刻本"圍城"後有"少示休養"四字。
[68] 休息以培根本：康熙四十八年刻本作"亦得少就醫藥"。
[69] 康熙四十八年刻本"焉往"前有"又將"二字。
[70] 康熙四十八年刻本"無糧"後有"戰爭勤苦"四字。
[71] 極：康熙四十八年刻本作"甞"。
[72] 更苦：康熙四十八年刻本作"之苦"。
[73] 可見可問：康熙四十八年刻本作"人人可見處處可問"。
[74] 果：清抄本作"實"。累：康熙四十八年刻本作"苦"。
[75] 康熙四十八年刻本"又"字後有"安"字。
[76] 累、情形、狀：康熙四十八年刻本分別作"苦""之情形""形狀"。
[77] 弱極：康熙四十八年刻本作"勞弱"。
[78] 是：康熙四十八年刻本作"作"。
[79] 又：康熙四十八年刻本作"又因"。
[80] 更際：康熙四十八年刻本作"日劇"。

奏疏存藁卷之七

備陳三事蚤期蕩平疏

密題爲報明官兵并請大沛寬仁，蚤奏蕩平事。

案照將臣原帶進滇一路漢兵止留五千，其餘盡數發回陝西，出大將軍貝子等暨諸參贊公議，又令臣一面具題，一面徑自發回，不必候旨，而臣遵照衆議，業已繕疏報明矣。至所留官兵五千名，於九月二十二日已認壕墻、汛守訖。查臣於九月十六日抵省，十九日會議，臣曾備言三事於大將軍貝子等暨諸參贊之前，而督糧、學士、侍郎、内院諸臣俱在坐聽。一，自新之路宜開也。臣謂投出之人當善爲安插，不當分散爲奴。如其分散爲奴，稍有廉恥血氣者，必不肯辱[1]，是我塞其向化之門，絶其擒渠獻城之路，反爲逆賊助力矣。一，急請近城扼要爲切務也。臣謂圈圍太遠，不獨容賊於寬地採海菜、捕魚蝦、收草籽可以延生，即有思歸反正内變者，以我兵既遠，自不敢舉動矣。一，壕墻當嚴當慎也。臣謂每日四面出入壕墻，尋柴割草者，何止萬人，查米價隔一壕墻一倍、十倍，小人止知獲利，既無稽查，焉保其無弊。若今歲不速取城，明春勢必無糧。并譬論遲速利鈍等語。爾時大將軍等深然其説，諸參贊亦皆首肯。及其實行，議論人多，疑信不一。我皇上神明高遠，自有天聽，臣亦不敢繁瀆。逮至十月初六日，大將軍等復集會議，宣讀清字部文，又令院臣漢語譯説，欽奉上諭，急取城池，仰見我皇上聖明，洞照萬里。而臣請再留陝西兵五千，合爲一萬，情願前進效力，大將軍等依允，遂議定俟調到武定之兵，留四千守壕墻，六千臣親身帶領進取重關。不期不待調兵，次日又復更議，今於十九日又議定，臣之官兵去南壩取土橋，進攻東寺、三市街，雖大將軍言定，而臣與官兵實出情願，不當瑣陳。惟是臣之一路漢兵前題明發回，今復留用，均未請旨，大將軍貝子等既未具題，臣不得不再爲聲明也。至分人一節，或係奉旨應分，或有定例應分，臣均不得而知。今圍城既久，可謂師老糧匱，且地方殘壞已極，今歲藉秋成之半，尚可支持，若至明春兵糧勢必艱難，民食勢必無出，以雲南有限之地、有限之民爲逆賊蹂躪七八年，其間橫征暴斂，民不堪命者久矣。今四路滿漢大兵、苦獨力以及在營婦女幼小，并各省生理貿易之人何止四五十萬，日費何止四五千石，糧米出自滇南一隅之地，恐搜刮殆盡，來春不免饑荒。

再查順治十五年，三路大兵進滇，李定國未敢拒守城池，大兵旋撤一半回京。次年米價三兩七八錢一斗，三十七八兩一石，楊林、易隆、馬龍、曲靖一帶人自相食，彼時臣在進兵，身親目睹者，可謂前鑒不遠。臣固知圍困已經八個月，城內無糧，逆賊勢餒，自不能久，或不出冬月，前後在大將軍等深籌預料，自能周祕。且官兵征戰七八年，挑壕之後，人自應分。而臣淺見，謂若不開向化之路，逆黨勢必拼命并力死守，倘攻城急切不下，不但米糧未絕，馬匹尚有數千，即人自相食，猶然拒守，順治六年大同有之矣。萬一涉此，賊可食馬、食人，而我之官兵來春無糧又當何如，況迤西地方已不堪問。此臣憶前慮後，疾首痛心、不能自已者，又不得不備陳於我皇上之前，仰懇聖明乾斷，立賜拯救也。臣愚以吳世璠、郭壯圖罪在不赦，其餘黨類及被脅頭領概准免罪，有能擒渠獻城者，遵照前旨尚可論功，而一應投出之人無論兵民不許分散爲奴，聖恩既寬，人人得其自新之路，使城蚤開一日，活無限之生靈，省無限之民力。且吳世璠、郭壯圖完全就擒，我皇上詔告天下，通傳外國，何等寬仁，何等正大，倘必待事極生變，水盡鵝飛，或於灰燼處尋尸，無對證處問信，究有何益。且毀面垢形、偷生替死、隱姓埋名者，稽古不少，深切慮之。

至逆賊既敢叛國,則羽翼何難脅從,而赤身百姓尤出不敢抗橫者又理所必至,要當原諒。況朝廷命師討逆,原爲救民水火,今若不分百姓妻女,一概入營,即使城開無民,國家要此空地何用?此又微臣以封疆切重,責任攸關,又不得不再爲請明者[2]。如係攻開之城所得之人[3],或不論兵民男婦一概分散爲奴可也;如係投出之人,係民或當發有司安插,係兵或當候旨發落。至已前入營婦女、幼小,大將軍等雖在嚴禁,然四路大兵雲集,迤西追兵遠寫,臣請再加天語,再下嚴敕,如的係賊兵之妻女、幼小,准其在營;如係民人之妻女、幼小,查明來歷,當發還民間,使其完聚。不獨起目前之瘡痍,固將來之邦本,而萬里遐荒、百蠻重地首要得民之心,庶嚴疆極邊自期奠安於無既矣[4]。臣鰓鰓過慮,無非務期萬全[5],蚤奏蕩平。然愚昧淺見,是否可行,伏候皇上仁明乾斷,敕下大將軍等暨諸參贊從長再議,非臣所敢擅必也。緣係報明官兵留用地方,糧餉民爲邦本[6],貼黃難盡,伏乞睿鑒全覽,敕議施行。

恭謝欽賜《書經解義》疏

奏爲恭謝天恩事。

據提塘官張承禧領出欽頒《書經解義》一部,交臣子趙弘燮附順差齎到成都,因臣進兵於新鎮,復取關山、象嶺,再抵建昌,差官往返,於九月初三日始到武定。臣當即望闕叩頭謝恩祗領訖。

念臣邊鄙武人,碌碌戎馬,雖學古有懷,不過粗識章句,而於二帝三王之要旨、平章協和之盛化未能窺測。今誦聖藻,[7]大義燦著,修齊治平之規模,聖神文武之全體,言雖博而理則一,道相承而統在中。臣自顧何人,幸逢曠典,敢不永矢則效[8],教子傳家,以克副致君澤民之大道於萬一也[9]。

謹具奏謝以聞。

恭報得獲滇省外護情形疏

題爲恭報微臣親統官兵，克取滇城外護情形事。

案照臣前遵大將軍貝子等衆議，令臣統兵進取南壩、新橋一帶地方，并臣與官兵情願效力，緣由已經題明外。今臣於本月二十二日夜親身督兵敗賊，進占玉皇閣，將軍參贊臣穆占統兵兼督，而新橋止隔一箭之地，逆賊於沿堤一帶修砌墻垣，高築砲臺，自得勝橋、拖船鋪、新橋、土橋、小寨口起至西海子止，沿長十餘里，重佈鎗砲，嚴加設備。又河堤係條石砌成，齊崖水深丈餘，橋口實砌堵塞，官兵直攻兩日，無可入手。臣見火砲果多，遂傳令官兵預備釘板、長梯以及草綑暗行躧水，度崖寬窄而用。於二十五日夜二鼓時，總兵鄒九疇、瞿洪陞得渡而過，兵分兩路，一出其左，一攻其右，大破逆賊，奪取新橋、土橋兩要關口，催兵前進，并取雙塔、東寺、西寺，直追至三市街，連敗逆賊，追殺入城，兵抵城下。

臣再思得勝橋在我兵之後，難容逆賊據守，復遣總兵藍兆周、張友成等東擊，亦已敗賊克取，而南關一帶地方俱爲我有。外護既得，內城自危，滅賊不遠。臣已督兵於東寺、西寺挑修壕墻、梅花樁，安營二座於三市街，安堆緊逼南門，惟候四面官兵齊集近城，應作何克取攻戰，自候大將軍調度，所有傷亡官兵以及擒斬逆賊并得獲大砲、交鎗、軍器等件，查明另爲彙報。謹將官兵克取外護情形理合題報，伏乞睿鑒施行。

恭報克復雲南省城疏

題爲題明事。

竊臣於十月二十五日夜連破逆賊，奪取新橋、土橋，追殺過雙塔、東寺、西寺，直至三市街，復取得勝橋，逼城安營緣由已經具題報明矣。查二十六、二十七、二十八等日，逆賊城頭砲火與官兵尚在互相擊打。二十八日夜二鼓城內火起，而守城賊兵猶然照常不亂，四鼓南門城頭吊下一人，名喚陳起龍，報稱"內府左將軍糾衆擒拿郭壯圖，而郭壯圖見事急，自刎而死，各官請討免死牌，獻城投降"等語。又云："不及寫文，用印書名綾子爲信。"查印文，一係內府左將軍，書名吳國柱，一係金吾龍威右將軍，書名吳世基。不多時，又從南門城樓傳出，云洪化差胡侍衛前來請西寧李總兵說話，即傳總兵李芳述同隨征遊擊姚思文前去。而李芳述、姚思文到彼，又似有人着去東門講話之說。及李芳述回稟見過林天擎、吳國柱、何進忠、線緎等請將軍同蔡將軍講話，又問洪化亦死，郭壯圖父子自刎，各官請降，與差官陳起龍前話相同。又得勝橋爲東門正路，且出臨近，而東門人多，爭講不一等語。

　　臣思郭壯圖、洪化既死，諸人不過獻城投降，既彼如此，若與爭講，萬一僨事，關係不小。臣遂止李芳述不必再去，止將陳起龍所報并印文送大將軍、貝子驗看說明訖。午後將軍總督蔡毓榮引林天擎、吳國柱、何進忠、線緎、黃明等赴大將軍貝子營盤來見，當衆剃髮，頒賞袍帽謝恩訖。大將軍貝子六門安兵，凡城內一應清查事宜，着線緎等造冊，令蔡毓榮料理，臣等各散。今開東門、北門出入，單將南門緊閉，漢兵俱令撤回，而臣亦將東寺、西寺之營撤回原守壕墻汛地訖。

　　再查二十六日下晚，大將軍貝子差參贊臣穆占、巡撫臣王繼文赴臣營言說，貝子說得勝橋原派與蔡將軍官兵取，他的官兵多日不能取，將軍取了，是將軍的功，但他的兵多，將軍的兵少，將得勝橋與他守罷等語。臣以大將軍貝子吩咐，敢不遵奉，遂將臣下總兵藍兆周、張友成官兵當即撤回，將地方交與將軍蔡毓榮官兵訖。在臣前讓得勝橋，今不與東門爭說，總是公心公念，以國事爲重也。而郭壯圖見兵臨城下，事在緊急，遂發火燒家，父子自刎，而洪化隨之，至林天擎、吳國柱、何進忠、線緎等量力不能支，自出投降。八年巨寇，今日滅亡，總皆我皇上洪福齊天、國家威靈所致，四海臣民咸頌蕩平之功，百蠻重地永享熙寧之福[10]，臣惟有稱慶歡忻而已，夫復何説。[11]獨是吳三桂有敵國之富，有欺天之罪，其財産一應以及人口官兵理應入官，須當切實查明，請旨定奪。而蔡毓榮既力圖其事，自難委卸於人，伏乞皇上嚴敕蔡毓榮，着落林天擎、吳國柱、何進忠、線緘等徹底清查[12]，一一報出，不許欺隱，不許蒙混。在大將軍貝子等自有酌定，無待臣言多贅。但臣既係雲貴總督，若不預爲題明，分剖其事，恐滋將來之咎，是以不避嫌怨，急爲陳請，緣係題明克復省城并一應事宜，貼黃難盡，伏乞皇上睿鑒全覽，敕議施行。

南服已靖再請休致疏

奏爲南服已經蕩平，臣年已經衰老，勞怨日深，疾病日重，實難勝任，謹援例乞休，仰祈睿鑒俯允，以重嚴疆，以安餘生事。

案照臣前以滇黔極邊重地，素稱難治，臣之才淺望輕，年老有病緣由，繕疏備陳控辭，尚未奉有俞旨，迄今悚惶待命。念臣一介武夫，碌碌庸才，荷國厚恩，捐軀難報，是前首倡具疏，期在滅賊朝食，上慰我皇上宵旰之憂，下盡微臣犬馬之報。即今甫到雲省，急言三事，蚤期取城，而親身深入，逼賊城下，奪其外護，扼其喉吭，賊知勢不能支而元凶伏誅，餘孽請降，一腔報國之愚忠，仰仗天威，全始全終耳。今天下自此太平矣，人心自此大定矣，而臣首倡之一念亦已盡矣。獨是總督責任重大，嚴疆地方緊要，臣實年老，臣實才疏，況疾病時發，勞怨日增，精神恍惚，脾胃不寧，兼以腰腿疼痛，步履維艱，眼目昏花，耳復重聽，伏乞皇上念臣因公招忌，鑒臣情出至切，准照年老例休致，放歸田里，以終餘年。臣於林泉與齊民鼓腹[13]，謳歌長頌熙寧於無疆耳[14]。

至君恩深重[15]，罔極難酬[16]，臣當勉教三子竭力奮忠[17]，繼臣圖報未竟之心耳。臣謹迫切再爲上陳，仰祈睿鑒，俯允施行，謹具奏聞。

題報發回秦省官兵疏

密題爲報明公同會議等事。

康熙二十年十一月十一日准兵部密咨前事，内開"該議政王等會覆，勇略將軍、雲貴總督趙良棟題前事等因。康熙二十年九月二十四日題，十月十三日奉旨：'議政王、貝勒、大臣會議具奏。欽此。'該臣等會議得，勇略將軍、雲貴總督趙良棟疏稱，'今大將軍貝子章泰等公同會議得雲南圍城官兵已足，糧米不敷，如前後官兵俱集省會，恐致枵腹，將臣所統進定雲南一路漢兵量留五千分派圍城，其餘盡數發回陝西。臣行調領兵鎮將等官查明，已到雲南兵數填給糧單，補給月餉，并議遣發回陝應由某路，而原留四川守隘以及沿途患病未到官兵又應如何撤回，均俟各官議明另爲題報'等因。查現在雲南滿洲、綠旗大兵需餉甚是浩繁，今各處逆賊盡行剿滅，地方俱已平定，相應將將軍、總督趙良棟統領進剿陝西兵丁暫留將軍、總督趙良棟處五千員名，俟雲南省會一得，即行發回陝西防守汛地，其餘官兵應如所題速行發回陝西，固守各汛地方。將軍趙良棟既稱伊帶留川守隘以及沿途患病未到官兵作何撤回之處，酌妥另疏題報'等語，應毋庸議等因。康熙二十年十月十六日題，本月十九日奉旨：'趙良棟自有該督標經制官兵，其原帶陝西征剿雲南官兵勞苦已久，應盡行發回陝西。着再議具奏。欽此。'該臣等再會議得，先經臣等會議將軍、總督趙良棟統領進剿陝西兵丁暫留將軍、總督趙良棟處五千員名，俟雲南省會一得，即行發回陝西，其餘官兵速行發回陝西，將軍趙良棟既稱伊帶留川守隘官兵作何撤回之處另題等語，應毋庸議等因具題。奉旨：'趙良棟自有該督標經制官兵，其原帶陝西征剿雲南官兵勞苦已久，應盡行發回陝西。着再議具奏。欽此。'查將軍總督趙良棟標下自有經制官兵，其原帶陝西征剿雲南官兵勞苦已久，應盡行發回陝西，上諭甚爲允當，應欽遵而行。其將軍、總督趙良棟原帶陝西進剿雲南綠旗官兵作速盡行發回陝西，固守各汛地方，將軍、總督趙良棟標下官兵照原額補設，此補設兵丁將前任雲貴總督標下隨征進剿兵丁補入，如有不敷，將雲南投誠食餉兵丁補入，兵丁既經補入，其官員應令將軍、總督趙良棟遴選能員具題補授。至陝西省切近邊疆，關係最爲緊要，趙良棟所帶進剿留川鎮守要隘官兵、總督哈占派撥四川官兵防守，將此陝西官兵亦速行發回陝西固守地方可也，等因。康熙二十年十月二十一日題，本月二十五日奉旨：'依議。欽此。'爲此合咨貴將軍，煩爲欽遵施行"等因到臣。

該臣查看得前大將軍曁諸參贊公同會議將臣原統自川進滇一路陝西漢兵發回，止留五千名分定壕牆，汛守圍城，聽臣具題，而臣正在查議遣調間，適接部文，欽奉上諭，嚴切攻城。而臣與官兵情願效力，大將軍等公議再挑兵五千名，合前兵五千名，共一萬之數，令臣先進重關下營，攻取得勝橋，不期未待調兵到省，次日遂改前議，令將軍、總督蔡毓榮官兵前去。及臣兵到，先取南壩敗賊，復取玉皇閣，再破壕牆，取新橋、土橋幷雙塔，直至三市街，又取得勝橋，連破逆賊，緊逼城下安營，而吳世璠、郭壯圖自盡，全城悉降，已經題報在案。今准部文欽奉上諭"陝西官兵勞苦已久，盡數發回"。臣查明實到雲南、武定一帶官兵數目填給糧單，於本年十一月二十等日仍由原路挨營起發前行回秦外，其成都、黎州、越嶲、冕山、建昌各處留防官兵以及沿途染病幷死亡各數目，嚴行各官清查，撤調實在，開除亡故，徑報四川司餉衙門及川陝督臣清楚糧餉外。至臣前疏題明在川歷過之日於川省支領，入滇之日在滇支領。今准學士臣佛倫等言，稱大兵雲集，兵餉不接，又將在滇之十月、十一月兵餉、鹽、菜等銀不能全給，臣只得將支過款項與未支款項，一一開明，咨送戶、兵二部曁四川巡撫訖。

再查原調靖寇標食半俸，副、參、遊、都楊正剛、劉昌時、卜大雄、易尙德等二十七員原係隨兵數前來征川入滇者，今各官情願報效於雲貴督標軍前，臣謹報明留用，合幷敘明。爲此今將起發回秦官兵緣由并支領糧餉情形相應題明，伏乞睿鑒施行。

康熙二十年十二月二十七日奉旨："該部知道。"

報明前赴曲靖疏

題爲題明事。

竊照雲南克復，大將軍令投誠線緘造册，總督蔡毓榮料理撥派滿兵把守六門，專人清查叛産，臣等官兵撤回壕墙原守之地静聽，已經具疏題明在案。迄今多日，城内一應臣皆不知，既不敢過問，亦不敢妄奏。今奉部文"陝西漢兵盡數發回"，是臣無所事矣。竊思臣前堅請赴雲南省城者原爲忠君報國、滅賊朝食，是以不避怨忌[18]，不惜身命，督兵破賊，親逼城下，扼其喉吭，不三日而郭壯圖父子自盡，吴世璠自誅，省城克復，是臣之心已盡矣，臣事已畢矣。

查曲靖原係總督駐劄之地，現有衙門，臣遵照舊例前赴曲靖，一面料理候旨，一面據實題明。伏乞皇上查臣前疏，鑒臣老病實真，允臣所請，蚤簡賢能任事，以安地方，臣民幸甚，伏乞睿鑒施行。

題報起程進京日期疏

題爲欽奉上諭事。

康熙二十年十二月初九日准兵部密咨前事，内開"康熙二十年十一月二十三日奉上諭：'將軍、總督趙良棟同大將軍等來京陛見。欽此。'爲此合咨貴將軍，煩爲查照上諭内事理，欽遵而行"等因到臣。念臣自丙辰叩辭闕廷，不覲天顔，於今數載，雖竭蹶愚忠，滅賊以報國，而瞻天仰聖之思時切於懷。今奉恩召入京，犬馬依戀之心得遂，而臣一腔愚悃，或亦可以自陳於我皇上聖明之前矣。既奉君命，應即星馳就道，臣隨擇於本月十五日起行發文後，接准大將軍等文，在康熙二十一年正月初十日自雲南起行。臣思又不便相去太遠，遂改期擬於本月二十七日，臣自曲靖量帶人丁起身赴京，理合先爲題明，伏乞睿鑒施行。

請明先後進京日期疏

題爲請旨事。

竊臣欽奉上諭：同大將軍等來京陛見。大將軍等與臣文擬於康熙二十一年正月初十日自雲南起行，臣以君命爲重，不敢遲緩，又且不帶官兵，自難一處下營，遂擬於康熙二十年十二月二十七日自曲靖府先行，業經具疏題明，并文報知大將軍等在案。今臣於本年二月十二日抵鎭遠府，已出雲貴之境，而大將軍等尚在雲南，未曾起身，又聞貴陽養馬二十日、襄陽養馬二十日。如臣既不帶兵，又不養馬，自不便於長途久住等候，或念臣既已前行，准臣先爲進京；或臣應於途次地方等候，一同進京。臣未敢擅便，相應請旨，伏乞皇上睿鑒施行。

康熙二十一年二月十七日奉旨："兵部議奏。"

指參不救永寧疏[①]

題爲永寧不救，責有攸歸，援兵不到，情弊顯然，奸佞計謀，意在脫卸，罪臣不明，反被其愚[19]。臣謹據文指參，仰祈聖明電鑒，嚴敕審究，以昭信案，以申國法事。

案照康熙十九年十月十五日據總兵官王用予呈稱：爲報明撤兵緣由日期事，內開"竊照本職於九月初四日留兵駐瀘，并同建威將軍赴永緣由業經報明在案。嗣於初九日師次南溪縣，面請建威將軍分船渡江間，於本日接振武將軍俄咨：爲軍務事，內開'本將軍兵自初二日渡江起，今已經渡完，陸續急速前行。或貴鎭帶領所屬官兵急速

---

① 康熙五十一年刻本無此篇。

前來，協力剿殺逆賊，救援永寧；或欲由別路剿殺逆賊，救援永寧，則貴鎮帶領所屬官兵急速前來，本將軍一身擔任'等因到職。准此，本職於十五日始將官兵陸續渡完，即於本日由別路赴永。隨咨呈建威將軍吳，内云：'竊照本職同本將軍分船渡江，官兵陸續前進，即欲兼程赴永，緣道路崎嶇，泥濘異常，加以滿漢官兵同行，一路擁阻，甚難跋涉，必分路前進，方克有濟。是以師次岱觀寺，即候本將軍到彼，面請分路機宜。本將軍以必到長寧縣與振武將軍面商方可再作定議，本職敢不恪遵，隨於本將軍師過之後再四思維，今將軍統滿洲大兵以及副將王化行所領綠旗官兵俱由長寧縣梅嶺一路前進，今聞僞逆黑邦俊等率領逆賊在於他船埡、瀘衛一帶拒守，今本職所統官兵若復會聚一處，萬一他船埡逆賊堅守，則議攻議剿恐於永寧救援之事不無遲滯。莫若本職官兵由羅家壩、普賢堂、同樹巢抵瀘衛大路，可以夾剿逆賊，便於救援，僞逆黑邦俊等必聞風驚懼，可不事撲剿而自退矣。況擁集一路，何如分路夾剿之爲便也。今本將軍所云與振武將軍會師長寧，面商定議，但今振武將軍已過長寧，而長寧以前再無赴永別路。且查昨准振武將軍咨文，内云"有本職或欲由別路剿殺逆賊，救援永寧，本將軍一身擔任"之語，是振武將軍蚤已計及於此，可無俟覿面而决也。今本職暫扎岱觀寺，整齊陸續過江兵馬畢，已由羅家壩一路前赴永寧，仍抄路程一紙附呈，以備本將軍區畫接應，本擬候示遵行，恐往返行文有誤機宜，伏乞本將軍查照'等因，并咨呈振武將軍俄去後。於十六日准建威將軍吳咨移：'爲緊急軍情事。爲照佛將軍已與逆賊對壘，振武將軍作速前去，復催本將軍與貴鎮不分晝夜統兵前來，兼且差人又至，所有軍機事宜必當面商，俟無容贅'等因到職。准此，本職隨於本日咨呈回覆前事，内云：'本職分路由羅家壩前赴永寧，除另行咨明外，今接大咨，理應恪遵，但本職已經分路，不便遶道復赴本將軍軍前，況適接四川提督王印信手書，永寧望援不啻倒懸，本職若赴本將軍軍前，恐各持一見，難以速决，貽誤朝廷封疆，關係匪輕。今本職孤軍，分路前進，止爲國家大事[20]，非敢故違將軍之令而有所逡巡退縮也。今仍由別路前進，俟前途有可會師之地，再咨請明示遵行'等因去後。於本日准振武將軍俄咨，爲軍務事，內開'查得前本將軍之行，原欲貴鎮速帶兵前來，與本將軍或一處同行，或分兩路，面商議定要行之意，今貴鎮已由羅家壩前行，則兩路官兵阻隔遙遠，不相接濟，爲此移咨貴鎮，文到即便統領官兵仍由本將軍來路前來'等因到職。准此，於本日隨具咨呈回覆，內云：'本職前接本將軍大咨，原未有面商定議之言，是以本職以救援爲急，遂分路前進。今本職師行已經就道，難以迂迴遶赴本將軍軍前，且適接四川提督王印信手書，永寧望援不啻倒懸，若再至將軍一處，恐議論不一，就延時日，貽誤朝廷封疆，關係匪輕。再承本將軍以兩路官兵阻隔遙遠不相接濟爲慮，固屬萬全之算，但今本將軍一路滿漢官兵前後聯絡，不乏接濟，至惟本職另行一路，雖係孤軍深入，但國家大事萬分緊急，勢有不得不然者，非敢故違將軍之令而有所逡巡退縮也。今仍由別路前進，俟前途有可會師之處再咨請明示遵行'等因去後。於十七日有藍旗披甲二人口傳建威將軍吳令，本職將營扎駐不必前行，隨經咨請明以賜示去後。於十八日准建威將軍咨移，內開'永寧業於本月初九日已失，隨征總兵邵義仁奔赴本將軍軍前。今本將軍與振武將軍撤師亦回，佛將軍與副將王化行收後，貴鎮亦統兵而回，在南溪渡口江這岸，貴鎮渡江頭一日下營之處扎三營。至於下剩官兵，貴鎮統領在於本將軍十二日渡江扎營之山頭上下營，仍撥步兵三百、馬兵二百名，過山鳥八桿、行營砲四位留在貴鎮現今下營之處，准備本將軍一到，令其收後'等因。於本日復接建威將軍咨開，本將軍與振武將軍目今撤師亦回，今貴鎮不必前進，且分道進剿關係重大，希即領兵撤回，毋得前進'等因，一并到職。准此，本職於本日隨具咨呈回覆建威將軍吳，內云'永寧已失，則逆賊必益肆猖獗。今現據土民報稱，僞趙將軍於十二日已到納溪，僞李將軍復向瀘州，若我滿漢大兵俱行撤回，恐逆賊盤踞益固，逆焰益彰矣。以本職愚見，本將軍既欲同各將軍撤回，本職自不敢阻。本職今欲從別路逕由達州驛抄趙、李二僞逆後尾，分頭撲剿，使窺犯瀘州之賊速得殄滅，然後與本將軍恢復永寧，庶逆鋒可挫，而我軍聲勢始振。今仍在別路照舊扎營，聽候本將軍明示遵行'等因去後。於本日准振武將軍俄咨移，內開'永寧已被逆賊攻破，貴鎮不必前去，即帶領官兵仍回原扎營岱觀寺等處扎營，本將軍與貴鎮有所商軍機'等因到職。本職以欲從別路逕由達州驛抄趙、李二僞逆後尾，分頭撲剿，仍照前咨回覆外。本日午時，准建威將軍吳咨移，內開'貴鎮未奉本將軍印信文咨分道字樣[21]，何貴鎮擅行分道，殊為不合，但分道進剿關係重大，希即領兵撤回。至於下營之處另咨外，當照速行'等因。同日又准建威將軍吳移咨，內開'貴鎮官兵不必前來，希即統兵撤回南溪渡口江這岸，貴鎮渡江頭一日下營之處扎三營，至於下剩官兵貴鎮統領，在於本將軍十二日渡江扎營之山頂上下營可也'等因到職。即具咨呈回覆建威將軍吳，內云'為照本職所統官兵原係奉旨駐劄保寧，俟進取雲貴之時隨征前進之師也，並未令本職居中應援，聽本將軍調度而行，後因逆賊侵犯，本職以朝廷封疆為重，是以一接本將軍之咨，即領兵前赴瀘州，此非本職之擅行不合也明矣。後至瀘州，見逆賊對江盤踞，即面咨本將軍，欲統原領官兵過江剿殺逆賊，就近救援永寧，此滿漢官兵所共見、共聞者，乃本將軍堅執不從，令本職分兵駐瀘，統下剩官兵隨本將軍由南溪赴援，本職亦已遵行，非本職之擅行不合也亦明矣。後自南溪分船渡江以來，本將軍必令尾隨其後，一路前進，本職以道路泥濘，異常擁擠，一路日行不過十有餘里，是以本職面詢本將軍分路情形，本將軍云與俄將軍商議後行，本職因已接有將軍俄"或欲由別路剿殺逆賊，救援永寧，本將軍一身擔任"之咨，是以具文報明，由羅家壩一路前赴永寧，亦非本職之擅行不合也明矣。且師行之次，接四川提督王印信手書，望援急如星火，本職正欲迅速赴永，適本將軍差兵阻止，次接永寧失陷之咨，本職方自恨勢孤力薄，未能保朝廷封疆於不失，全提鎮官兵於將危，乃本將軍猶帶嗔帶責以本職為擅行不合。夫以本將軍係朝廷股肱近臣，權位赫赫，非本職敢抗敢違，但本職亦係朝廷重臣，一得之見亦時望採納，非一味唯唯聽命者可比。今如大咨所云，是使本職置國家重地於膜外，朝廷官兵於不救，惟以將軍之命是從，而專意承奉將軍也。今既蹈擅行之罪，亦不敢瑣贅，惟有如本職前咨所云，將軍等欲撤師而回，本職不敢擅阻，本職統原領下剩官兵由別路抵達州驛，抄趙、李二逆之後，分頭撲剿，以免瀘州官兵再遭失陷，此又本職擅行不合之舉，統候本將軍處分'等因去後。於十九日准建威將軍吳等咨移，內開'永寧既失，逆賊必益肆猖獗等因。准此，貴鎮所言雖是，現今逆賊出來隨我大兵後尾，本將軍等面諭差來李遊擊，着貴鎮撥兵并鎗手共一千名速遣發西安將軍佛處，協力收後。李遊擊去後，又准西安將軍佛咨稱，逆賊出口跟隨大兵後尾，着貴鎮量帶所屬官兵急速前來，協力收後等因。本將軍等公議，令貴鎮親領官兵三千名星速前赴西安將軍佛等處，一同協力在大兵尾收後，其餘所剩官兵速發南溪縣，在這邊江岸扎營'等因。准此，又差披甲二名，關東正白旗巴勒德、西安府鑲藍旗麻爾代，令本職不必前行，務統兵收後等語。本職無已，於十九日遣發標下後營遊擊李日榮、蘆塘營遊擊張鎽等帶領官兵一千餘員名前赴西安將軍佛處，協力收後，并陸續遣發官兵接應外。本職統領下剩官兵撤回建威將軍吳十二日扎營之山頂上扎營，并岱觀寺亦聯絡下營，再遣發右營遊擊劉廷傑帶領官兵二千餘員名前回南溪江這岸扎營三座，前後接應，候各將軍大兵過後收後訖。為此今將撤兵緣由日期除呈報撫遠大將軍公圖、奮威將軍王，暨咨呈總督陝西部院哈、總督四川部院楊，并咨四川巡撫杭外，理合咨呈須至咨呈者。"

又於本年十月二十八日復據總兵官王用予呈稱，為剿撫事，內開"竊照進雲貴一應滿漢官兵派撥永寧一路者，自應聽本將軍指示而行。今征期已過，封疆屢遭失陷，甚非朝廷期望底定之意，茲本職與本將軍連營駐瀘，徒糜糧餉，勞我師而長逆燄，非計之得也。以本職愚見，莫若滿漢官兵分頭齊力過江，恢復仁懷、合江二邑，不特瀘水逆孽可以分其勢而挫其鋒，即川東一帶譚弘等逆復叛者亦可絕其聲息而斷其聯絡之路矣。況蕩寇將軍貝子現駐重慶，若我兵不亟為接應，恐逆勢猖獗，一有隔絕，關係匪淺，此亦本職一得之愚也。事關剿務，不敢擅專，惟冀本將軍裁示等因，咨呈建威將軍吳去後，未見回覆，本職即親詣建威將軍營內面陳機宜，力爲慫恿，而將軍吳含糊半晌，未決一言，但云從容商量。本職起身出營之際，而筆帖式姓雅者又手持本職原咨付還，且言將軍吩咐，'有事面議，勿用文移'等語。本職以行文既不見覆，面商又無成議，不知將軍吳是何主見，具何勝籌。現今征剿全無寸效，糧餉輓運維艱，逆孽紛起對壘，目前將軍吳畏首畏尾，一籌不展。本職所統官兵現在一處，言則全不採納，行則又責擅專，若本職默默無言，置之靜聽，恐將來封疆貽誤不止，瀘州、永寧如待再有不測，則將軍吳不肯一身擔承而推諉本職、歸罪本職，此勢之所必有者。雖本職之功名、身命俱不足惜，而關係朝廷封疆則甚可慮也。爲此合先報明，除呈報撫遠大將軍公圖、奮威將軍王，暨咨呈總督陝西部院哈、總督四川部院楊，并咨四川巡撫杭外，理合咨呈須至咨呈者"等情到臣。

　　該臣查看得王進寶要君挾賞，欺天悖旨，大逆無道，直回固原，罪固不能辭。其子王用予接統其兵，理宜努力圖功以贖其過，《易》曰"幹父之蠱"，人子之情也。豈其父子濟惡接踵，藏奸始終，觀抗、貽誤封疆，即就其文內，前則言奉旨着駐保寧，俟進兵雲南時進兵，并未令聽吳丹統束，後則又言分在永寧一路官兵自聽吳丹統束指示，是王用予前後兩文自相矛盾矣。又言總兵亦係朝廷重臣，非一味唯唯聽命者可比，使置國家重地於膜外，朝廷官兵於不問，唯以將軍之命是從而專意承奉將軍。又接准提督王之鼎求救之文，危若倒懸，急如星火，是王用予所言所見者似矣。以伊所統漢兵一萬二千名，爲數不爲不多，其勢不爲不重，若肯急急前去，再加永寧守城兵七千名，合力可以破賊，可以解圍。況兩路滿兵在後，王用予前去，誰敢不去，即使吳丹猶豫不前，而將軍俄克濟哈屢屢催調，現有一力擔任前去之語又可爲憑，又可爲恃，何得不行前進，却於羅家壩似前非前，似後非後，似進不進，弄巧躲閃。將謂王用予遵吳丹耶？文中詞語不遜，動以封疆挟制吴丹，又自行分路於羅家壩。將謂王用予不遵吳丹耶？以朝廷封疆爲重，永寧緊急爲要，却又勒兵不動，以文支調試難吳丹而占地步，奸狡備極。且漢兵在前，滿兵在後，上諭開載甚明，即前進漢興、略陽，復進四川，皆係漢兵在前，何救援永寧，漢兵反在其後？王用予所統之兵皆王進寶之兵，即永寧一路應進之兵，而永寧爲其所指之地。王用予又是王進寶素所誇伐之人，案案叙功居首。王用予挾制吳丹，譏刺吳丹，又非受制之人，因何不行身先急救永寧。如王化行所領之兵千餘，不過西安屯丁，非食餉經制官兵可比，原無盔甲披戴，而王化行與赤身百姓在前，王用予與精健官兵在後，有此理乎？況與吳丹互相那對[22]，互相弄巧，必致城破而後已。是臣前疏所言王用予奸狡過於其父，蓋有由也。如王進寶前在陝西，隨衆推靠[23]，將進兵機宜并不言及一字，及敕下條奏，又不條奏。如進兵利[24]，邀功冒賞；不利，推卸於人[25]。尚懷幸災樂禍之心[26]，即前四路進兵處處觀望，處處因人，武關退回留壩已見其概，寧羌去保寧五百餘里，較去成都一千四百餘里纔三分之一，而成都克取在正月初十日，保寧却在正月十三日，即此推論，伊父子藏奸弄巧何處不是如此。倘王化行與佛尼勒殺敗他船埡之賊，吳丹敢於前去，則王用予必在其先，又照王進寶賴功刁口矣。瀘州賊既騰空不守，分明并力去取永寧，餌我愚我，分我兵勢，不獨久在行間，統兵大人不可爲賊所愚，即鄉民百姓亦不肯爲賊所愚[27]。在吳丹以瀘州爲功，守空城不去永寧，而王用予亦不去永寧，果同此心耶？抑別有所爲耶？且官兵既已渡江，滿漢爲數不少，吳丹既言賊隨大兵之後，而王用予正當出力之時，督率王進寶之精健，急急前去，賊可破，城可恢，官兵尚可救。何接吳丹之文竟爾退回，是王用予進兵不遵吳丹，不聽將軍令[28]，不專意承奉將軍[29]，而退兵却又遵吳丹、聽將軍令而專意承奉將軍矣。[30]此王用予不救永寧，逗遛觀望之罪，百喙難辭者矣。

至於吳丹差甲兵阻當不必前進，永寧已失，又文內稱希即領兵撤回，毋得前進，又令撥鎗手前來收後，再撥官兵於原下營之處下營收後。又王用予與吳丹文內稱封疆屢遭失陷，連營瀘州，徒糜糧餉，勞我師而長逆燄，欲過江剿賊。吳丹不答回文，及其面陳機宜，吳丹含糊半晌，未決一言，又令筆帖式姓雅者付還原文，且言將軍吩咐有事面議，勿用文移。言則全不採納，行則又責擅專。并揭吳丹日行十里，畏首畏尾，一籌莫展，是吳丹為永寧一路滿漢總統將軍，滿漢兵有三萬，漢兵均停，滿兵均停，題明數月，舉國皆知，何不蚤為布置？何不蚤為堤防？不曰人言不聽[31]，吳丹，自己所司何事？及至瀘州既失[32]，永寧告急，豈可仍然忽忽[33]，膜不相關，守定瀘州空城，曠間多日，心安耶，不安耶[34]？將軍俄克濟哈原係題明應進建昌一路，滿洲將軍因吳丹不聽人言，失守地方，全川震動，將兩路滿兵發去急救永寧，不過協力幫助之人，既未奉旨，自不便行。永寧一路滿漢總統將軍之事，即使可行，人亦未必肯聽。如王用予可為眼前榜樣，何吳丹不前，反令俄克濟哈在前？伊之一路亦有參贊覺和托，何不在前，反令佛尼勒在前？漢兵不令王用予精健在前，反令王化行帶民在前。伊既不去，又將王用予阻留，必待城破，方始動身。而佛尼勒、王化行於他船堐遇敵，若吳丹緊隨接應，自不致退回。況官兵既已渡江，為數不少，吳丹尚不督率王用予等努力，更待何時？且勝敗兵家常事，因危致勝，轉禍為福，又在智能[35]。吳丹前疏條奏三路進兵取雲南，是胸中蚤有成算矣。既條奏尚欲進兵於雲南破賊，而賊來永寧却又狼狠若是，委靡若是，不但不能身先殺賊，抑且退兵慌張，又令人與伊收後[36]，怕死如此[37]，無怪王用予描寫若是[38]。此又吳丹不預布置汛防救援[39]，又復使巧，不救永寧之罪與畏怯退兵之罪[40]，百喙難辭者矣。王用予通詳中既列王進寶之銜，是王進寶蚤已知之矣，果係吳丹之罪，或係王用予之罪，抑二人均難辭罪，王進寶又蚤已了然矣，乃敢於前奏疏中欺飾[41]，言相去甚遠，不及救，已失。既言相去甚遠，不及救，却又令王用予揭吳丹日行十里，一籌莫展，以及牽制誤事，此又王進寶如鬼如蜮，前後矛盾，藏奸畢露當究者矣[42]。王用予既揭吳丹差兵阻止，不能前去，吳丹豈有不知，而王用予現統漢兵一萬二千名，不上正道，於僻路躲閃，如吳丹理正，因何不行題參，反甘受王用予一揭再揭？如理不正，自當引咎，而不行引咎[43]，又受王進寶之愚，欲脫己罪，并脫王用予父子之罪，知法犯法，而賣朝廷之法。在吳丹德其父，不暇讎其子，止爲目前附和，排陷孤忠，意在脫罪[44]，殊不知王用予之文揭既已通詳大將軍暨各將軍督撫衙門，通國之人皆知[45]，是非邪正不分，誰肯罷已[46]。此又吳丹之不明反被奸佞愚弄者矣。至如成都去永寧九百里，前逆賊王邦圖等出犯，臣遣官兵屠存義等九日即到，殺敗逆賊解圍，如四川與他省不同，委果雨多，爾時臣遣發官兵正值陰雨連綿，本官等現在可證。如吳丹於前八月二十四日統兵自成都起行前去，王用予係閏八月初三日統兵自成都起行前去，而永寧失陷在九月初九日，計日則吳丹已去四十五日，王用予已去三十六日。若以屠存義等官兵前去日期而論，則吳丹應在閏八月初三四可到永寧，王用予應在閏八月十二三可到永寧，即使不然，再寬緩十餘日，是吳丹於閏八月十三四可到矣，王用予閏八月二十二三可到矣。永寧之賊可破，永寧之圍可解矣。況瀘州賊已騰空不守，江北一帶并無一賊，并無阻滯，而南溪無賊，督撫差官備有船隻，敘府防官李芳述等協濟船隻在彼伺候多日，而吳丹、王用予在何處躲閃[47]，將八九日可到之地一月有餘竟不到，去是何情故[48]？豈前屠存義等所統之兵馬與王用予所統之兵馬有異耶。如皆起自陝西，皆來自陝西，均係勝兵，不曾少挫。還是兵馬不肯前進耶[49]，還是王用予、吳丹不肯前進耶[50]，此又可質可問，而又當深究者矣。王用予、王進寶不特情出父子，且又隸在統轄，凡所舉動自出王進寶主持。前揭吳丹日行十里、阻止王用予不容前去救解永寧，既是，則後不當又言相去甚遠，不及救。前言是則後言非，後言是則前言非矣；王進寶所言是則王用予所言非，王用予所言是則王進寶所言非矣。此又王進寶、王用予當自相質問，自相供招者矣。王用予、吳丹同去救援永寧，領兵之人王用予既揭吳丹脫罪，是王用予爲吳丹真正對頭，是非自當要辯[51]，自當要明[52]，何吳丹爾時甘心忍受，竟置不言。今事平尚復隱諱不發，却串通奸佞捏造妄言,拉扯無辜,此吴丹顛倒是非,紊亂國法,當行究問者矣。王進寶前以永寧不救,令王用予揭吴丹,先占地步,脱子之罪,後見臣指參悍賊,大逆無道,知罪犯不輕,又以詭計愚弄吴丹,朋比作奸,生一番唇舌,引出一番自敗[53]。王用予償轅之犢,貽誤朝廷封疆,與吴丹均出有罪,而反恃惡逞刁,文揭吴丹,多此一番弄巧,滋出一番駁寳[54],自攻自訐,是又天地鬼神於善善惡惡中昭報不爽者矣[55]。

總之,王進寳一犯再犯,全不知改,逆天悖理,任意亂行[56],是悍賊藏奸用奸[57],究爲奸敗[58];吴丹既爲一路滿漢總統將軍,功則自居,罪當自認,豈可越理,豈可喪心[59],是吴丹使巧弄巧,終爲巧誤[60]。王用予撫心自問,還是悖其父[61],始終與吴丹爲仇讎[62],以揭爲是[63],還是遵其父而改却前言[64],自行認罪[65],此又在王用予自問自定[66]。今當事平矣[67],正在賞功罰罪之時,再難容悍賊刁口邪佞藏奸,伏乞皇上聖明乾斷,敕下嚴審正法,庶奸臣賊子知儆,而忠臣義士知所勸勉矣[68]。

再查此案緣係永寧失守事理,而王用予既揭吴丹,業已通詳,理應吴丹據實指參,并陳情剖辯,自爲引咎,原無微臣具疏之理。但吴丹舍王用予而附和王進寳,藏奸弄巧,欺君賣法,竟匿而不問,反捏造妄言,拉扯無辜[69],是臣又不得不查其原文,據實入告,合并叙明,統祈睿鑒施行。

請叙入川官兵功績疏

題爲官兵首倡入川,獨當一路,先取成都省會,既下全蜀,始定功苦,已蒙聖鑒,事結尚未邀恩[70],仰祈敕部議叙,以彰大典,以敷皇仁事。

案查臣首倡進兵,在康熙十八年四月二十二日寧夏拜疏也。[71]爾時在陝諸臣皆不願進兵,難掩聖明,[72]至取興漢、略陽之後,欽奉上諭,特遣學士臣希福下問收川之策,而臣條奏兩路進兵,又在康熙十八年十一月二十二日略陽拜疏也。[73]是臣前後兩次首倡,一力擔當者,雖出臣忠君報國,不惜身命,而其間得心應手者,實藉官兵之力也。如臣於康熙十八年十月初二日自清水縣進兵,以五千官兵獨當一路,奮勇直入,不十日而取徽州。又浮水渡白水江,敗八堵山賊眾,取略陽在諸路之先。再取陽平關,奉有"陽平關逼近寧羌,係入川之路,沔縣與漢中相近,觀提督趙良棟恢復徽州,直取略陽、陽平關,意欲進定四川,亦不可定。若進定四川,則滿洲大兵不可不隨繼其後"之上諭,是官兵之勇往直前,期在滅賊,我皇上蚤已洞照矣。又寧羌至成都一千四百餘里,臣於康熙十八年十二月二十六日分兵,十九年正月初一日於白水壩浮水渡江,大破賊眾,直追前進,初十日克取成都,不但青川敗賊,石峽溝敗賊,青箐山敗賊,明月江敗賊,綿竹敗賊,偽將軍、總兵追急就降,抑且十日而成功[74],可謂深入,可謂神速。況奉有"趙良棟若不克取成都,保寧如何而得,若不攻取保寧,成都如何能守"之上諭,是成都、保寧兩路官兵功苦,我皇上明照萬里,又蚤已洞鑒矣。而部議保寧一路官兵功加十等,成都一路官兵功加一等,豈成都爲省會,又係先取,反不如保寧,而十、一若是之懸殊耶?[75]不獨官兵難安,亦非皇上聖意。且保寧一路官兵議叙,業經兩年照銜食俸,照銜陞官,沾恩亦經兩年,而成都一路官兵同時同事,竟不獲一例沾恩,是臣又不得不據實代爲請命也。伏乞皇上軫念首倡官兵深入取川,拼命守川,又復進定雲南,效力實深於諸路,功苦實倍於諸路,恩准照例優叙[76],激勵人心,以收後效,官兵幸甚。

康熙二十二年四月十五日奉旨:"議政王、貝勒、大臣會議具奏。"

請叙平滇官兵功績疏

題爲官兵奮勇,大破逆賊,奪取外護,直逼城下,拿門扼吭,逆眾勢窮,人心始亂,渠魁事急自盡,城開有據,事實難掩,臣謹遵旨備叙前情，指明證據，并繪圖本具題，伏乞睿鑒，敕下議叙，以重賞罰，以勵後效事。

　　案查臣於康熙二十年九月十六日抵雲南歸化寺下營，見我兵圍城太遠，已經九個月，恐成師老糧匱之勢。十九日同在大將軍貝子營內議話，臣即言城當速取，不可遲久，久則明歲勢必無糧，大爲可慮，并陳進壕近城奪取外護險要及嚴禁兵丁出入三事，學士臣佛倫，侍郎臣金鉉，內院臣薩海、顧巴代，將軍參贊臣噶爾漢等可證可問。十月初三日接准部文，欽奉上諭，令急急攻城，仰見我皇上廟算無遺，明鑒萬里。於本月初六日在督臣金光祖營內會議進壕取險，派定臣下現在營盤內兵五千，再去武定調兵五千，共合一萬之數，留四千守壕牆，臣親統六千前進，在重關下營進取得勝橋，調兵往返限五日到營。十一日兵至，十二日四面一齊進取，此初六日大將軍臣賴塔親口分派，亦大將軍貝子暨參贊諸臣公同會議，又臣再三請問說明，衆口一詞者也。至初七日大將軍貝子更改前議，令督臣蔡毓榮下官兵進重關下營，取得勝橋，各營滿漢官兵俱往重關，幫助挖壕，即臣下官兵亦分有丈尺，挖過壕牆。而督臣蔡毓榮官兵自初七日在重關安營起至二十日止，計一十四日未取得勝橋。二十一日又公議，令臣統原議兵數進壕破南壩之賊，取雙塔。二十二日二鼓，臣親統臣下官兵并雲南撫標兩營官兵先進，四鼓，將軍臣穆占統領滿兵後進。臣親督官兵殺敗南壩、玉皇閣一帶賊衆，奪玉皇閣安營，緊逼新橋，相離賊壘一箭之地。逆賊郭壯圖不容我兵扎站，親督賊衆，過橋迎敵，與我兵互相衝打，砲火如雨，竟日不退。臣親身同穆占督兵而穆占眼見。至穆占於酉時分統領滿兵仍回大營，而臣新安營盤，壕牆未及挑挖完備，逆賊明攻暗襲，突犯數次，臣與官兵擐甲以待，力敵鏖戰，交鋒一夜，次日大將軍令先鋒沙哈納帶八旗官兵、苦獨力，將臣營未及挑完壕塹協同挑挖，而大將軍暨各參贊、督撫、諸臣俱來看過。查雲南省城正北、西北係銀錠山，正西、西南係海子，即昆明池也。逆賊自東北起，至西南沿長一帶，藉得勝橋、新橋、土橋、一道大河、一道大渠，將海子水引入，築壩聚水，爲護城外勢。復於彼岸築墻砌垛，安設砲臺拒守，在得勝橋、新橋、土橋一帶安營。臣見逆賊設備嚴密，鎗砲重加，而城頭之砲更准、更密。我兵白晝明攻數次，傷亡甚多，實難用力。因賊夜來襲我營盤，臣將計就計，於二十五日夜用兵，明攻正橋上流稍空之處，以釘板令兵暗渡。而暗渡官兵一過，賊遂驚潰，我兵奪橋追殺至雙塔，逆賊聚眾接戰，至三市街又聚死戰，俱被官兵奮勇殺敗，追入南門。再分兵東向攻取得勝橋，將賊殺入東門，臣遂在東西二塔、得勝橋、安大營三處，又於三市街西南角、東南角，俱各安兵守要，離城一箭之地，當即報明兩大將軍暨學士、侍郎。臣在案先鋒噶喇昂邦、沙哈納，署副都統達漢太等，帶領滿洲大兵前來安營協力。二十六、二十七、二十八三日，城頭砲火如雨，逆賊情勢猶欲出城拼命死戰，見我官兵晝夜嚴防，用大木將街口截斷，旋即挑壕，知勢不能爲，而人心始亂。郭壯圖始於二十八日夜放火燒家，自縊，吳世璠隨亦自誅。二十九日城開。此皆我皇上天威遠播，廟謨制勝，國家洪福所致，而兩大將軍調度，暨在滇三路滿漢官兵之力，臣何敢獨言其功，但取險破要不三日而致城開，實臣下官兵之力也。況臣力言於先，而臣下官兵復奮力於後，克效昭然，自難緘默[77]。

　　至得勝橋係將軍臣穆占、巡撫臣王繼文要去與督臣蔡毓榮者，穆占現在，撤回臣下總兵張友成、藍兆周現在，而差去撤兵守備高登科現在，即大將軍亦可問可對。查得勝橋爲東、南二門總路，如不取得勝橋，東面官兵必不能近城。此臣親統官兵、敗賊奪險開城始末情由，學士臣佛倫，侍郎臣金鋐，內院臣薩海、顧巴代，將軍臣噶爾漢，先鋒臣沙哈納、察漢、把兔兒，撫臣王繼文，副都統臣達漢太等諸臣可問可證。

　　竊思官兵者皆係皇上之官兵，賞罰者皆係皇上之賞罰，聖明之前，理難欺掩。今湖廣官兵從優議叙，加十三等矣，而臣下官兵直入取城，竟未議叙。因官兵屢屢訴功，臣只得指實面奏，已蒙我皇上洞鑒微臣之愚悃，官兵之勞瘁，令臣具疏陳明。臣謹備叙前情，指明證據，并繪圖遵旨具題，伏乞皇上睿鑒，敕下議叙施行。

康熙二十二年四月十五日奉旨："議政王、貝勒、大臣會議具奏。"

乞骸歸里疏①

奏爲聖恩高厚難名，臣躬報效未盡，衰病日久，曠職憂深，謹泣血陳情，兼鳴下悃，仰祈慈憐俯允事。

竊念臣才質庸凡，遭逢盛世，歷官三十餘載，國恩深重，分宜捐糜，前以年歲漸老，報效日短，急切請命，原期仰答皇恩於萬一，而臣下忠君之志，似猶未伸，何敢惜此殘軀，遽求恬退。但臣行年六十三歲，素多疾病。如昔自河西屢帶重傷，烏蒙觸染瘴癘，患症已非一日。近復克取四川，於白水壩浮水渡江，身受寒濕。再進定雲南，過大渡河、金沙江，適值烟瘴熏蒸，遂成脾胃不調之疾。初則嘔吐泄瀉，繼則痢後祕結，當枕戈擐甲之時，誓圖滅賊，尚勉强支撐，不知勞之深而病之劇，今春一發，勢更倍前，幾不保生。若非我皇上高天厚地之仁，賜醫藥，遣近臣，時時存問，臣已蚤填溝壑，焉有今日？於匍匐內殿，扶拽謝恩，形銷骨立，步履踉蹌，彼時業蒙聖鑒矣。復荷弘慈，准假調攝，無非皇上好生之仁，臣亦勉服藥餌。今九閱月，補脾則祕結愈甚，更加齒痛；通利則泄瀉不止，神氣益昏。據醫胗視，皆言命門火衰，脾胃弱極，既不受補，必須靜養，專調飲食，庶可延生。臣亦自知精神恍惚，不但應酬思慮爲難，即尋常語言以及視聽之間亦甚煩苦。鑾儀衛職司乘輿儀從，出警入蹕，關係匪輕，總領之員豈可久曠？是臣惴惴於懷，晝夜彷徨，心愈畏而病愈加也。伏乞皇上念臣老病情真，准臣解任，回籍調理，倘藉本鄉水土，得獲生全，恩同再造，即使不能重效犬馬，而圖報未竟之心，亦惟勉囑臣子期以繼臣之志而已。如次子趙弘燮、三子趙弘煜，幼習詩書，忝列國學，在京八年，叨蒙皇恩豢養，俱

---

① 康熙四十八年刻本、康熙五十一年刻本均無此篇。

曾瞻覲天顏，欽承召問，今年方盛壯，正其報效之時，臣不揣冒昧，叩懇恩准，隨京録用，俾得竭蹶駑鈍，宣力國家，臣願既慊，臣死何憾。總之君恩深重，臣心未已，伏枕垂泣，誠不知言之哀而籲之切也。伏祈皇上憐憫下情，臣不勝悚惶待命之至。

康熙二十二年十月十九日奉旨："趙良棟自簡任以來，殫心盡職，倡議入川，效有勞績，覽奏以病請罷，情詞懇切，准解任回籍調理，病痊起用。餘着議奏。該部知道。"

竭效愚忠疏

題爲密陳愚忠，仰報恩遇萬一事。

竊思方今天下昇平，聖主當陽，百邪歸正，萬國思服[78]，惟噶爾丹狡妄跳梁，侵占鄰藩，蕞爾小醜，覓食野賊，不過以殺搶爲強，全無信義。其糾合之衆，總是脅從之徒[79]，原非根本之旅，得勢隨而爲用，失勢轉而爲讎，易於離散。兵既無根，糧尤無繼，而其舉動不過六、七、八月，馬匹壯，牛羊肥，利於速戰。在我之爲將者要當先思破賊之法，先製破賊之具，審其地勢，遏其要隘，挫其鋒銳，不容施展，加以臨事而懼，好謀而成，可戰則戰，可守則守，發縱在我，期於必勝。至以逸待勞[80]，兵家所貴，總在神於用也[81]。如我皇上念天時寒冷，將兵撤回歸化城，探聽信息，休兵養馬，以逸待勞，深得用兵取長之法。再如四十八家爲我之藩籬，而喀爾喀又爲四十八家之唇齒，不可不顧，但緩急進止、主客先後，破賊當用智取。又如湖灘河所建立倉廠，蓄備餱糧，歸化城訓練，蒙古用内大臣爲將軍，右衛駐鎮滿兵專設將軍，仰見聖明籌畫弘遠，從此兵省往返之勞，民免運送之艱[82]，神機一發，可懾賊人之膽，而宣、大、山西漢兵更當整練，兵須名名切實，馬須一一強壯[83]，戰則協同大兵出力，守則固其邊汛，不可不重。

至於陝西爲天下之形勢，陝西之重要在三邊，而防邊、備邊全在官兵。查陝西六鎮經制兵八萬，如果足數，實切訓練，兵將合心，儘可爲用。今處處空糧，處處扣餉，即有一二公忠者又被衆相形不能自持，如此則是兵不實、餉不清，焉望其實切訓練耶？且每見諸臣初任，請巡歷地方[84]，不知所巡者曾何補於國，所言者曾何益於公，竟未見糾一貪官，言一扣餉，凡到地方[85]，添一番使費，增一番攤扣，累千盈萬，皆出兵餉，而言衝言要，請添設官兵，總是私心，否則何不清補空糧[86]，自不用添兵[87]。嚴禁扣餉，亦奚用巡查[88]？乃上下彌縫[89]，一味欺飾[90]，深負皇上特用，[91]無事仰仗朝廷威靈，[92]大家朦混，[93]有警則邊疆空虛，[94]戰守無賴，此臣不顧忌諱，鰓鰓過慮之愚忠，欲陳明於我皇上之前非一日矣。倘蒙天鑒，不以臣言爲謬，立除積弊，蚤爲補救，必使空糧嚴切清出，從實開報，叩懇皇仁，赦其已往，開其自新，急急召募，一一補足。兵既補足而馬尤當實備，如遇倒馬，隨報隨開，牽領茶馬，即或兵丁恐開除加糧，情願賠補，准於本兵買備好馬，驗准差操，不許總兵買不堪之馬發兵，藉以扣餉。其兵丁每月應得之餉，亦不許指稱逢迎禮節，公然攤扣。而營伍不扣兵餉，不發官馬，兵自強，馬自壯，官自清，而法自行。其營中老弱、庸懦應名不見餉之兵自難容留，而居閒精壯好漢自必踴躍投兵，如此則營伍兵威自振，人心自服，加以智勇之將，三軍合力，何敵不克，何地不到，何功不成。不獨撲滅噶爾丹一人，即極西之蒙古有二三其念者，皆可收攝其心，則三邊永固，全陝奠安，可免聖主西顧之憂，禁旅大兵不致往返過勞，邊民得免供應之繁，即天下通傳而虛兵冒餉之弊亦知儆惕矣。緣係密陳愚忠事理，貼黃難盡，叩懇睿鑒，全覽施行。

【校勘記】

［１］辱：康熙四十八年刻本作"自辱其身"。
［２］明：康熙四十八年刻本作"旨"。
［３］康熙四十八年刻本"如係"前有"臣愚以爲"四字。
［４］嚴疆極邊自期：康熙四十八年刻本作"邊徼嚴疆從此"。既：康熙四十八年刻本作"事"。

［5］務期萬全：康熙四十八年刻本作"欲安全黎庶"。

［6］民爲：康熙四十八年刻本作"重民生以固"。

［7］誦聖藻：康熙四十八年刻本作"莊誦聖製"。

［8］永矢則效：康熙四十八年刻本作"永佩典訓，靖共臣職，用以"。

［9］"以克"至"萬一也"：康熙四十八年刻本作"竭忠帝室，宣力皇朝，以少答隆恩於萬一耳"。

［10］熙寧：康熙四十八年刻本作"敉寧"。

［11］何説：康熙四十八年刻本作"何言"。

［12］徹：原作"撤"，據康熙四十八年刻本改。

［13］康熙四十八年刻本此句作"俾臣得與田野齊民含哺鼓腹"。

［14］康熙四十八年刻本此句作"謳誦聖恩，共享太平，而衰病之身或不致即填溝壑，皆出皇恩之所賜"。

［15］康熙四十八年刻本"至"字後有"於"字。

［16］難：康熙四十八年刻本作"未"。

［17］奮忠：康熙四十八年刻本"效忠"。

［18］怨忌：康熙四十八年刻本作"忌怨"。

［19］反被：康熙四十八年刻本作"反受"。

［20］止：康熙四十八年刻本作"正"。

［21］未奉：康熙四十八年刻本作"並未准"。

［22］那對：康熙四十八年刻本作"使計"。

［23］推靠：康熙四十八年刻本作"碌碌"。

［24］利：康熙四十八年刻本作"得利則思"。

［25］推卸於人：康熙四十八年刻本作"便欲諉罪他人"。

［26］尚：康熙四十八年刻本作"且素"。康熙四十八年刻本"之心"後有"忌功自便之念"六字。

［27］愚：康熙四十八年刻本作"惑"。

［28］康熙四十八年刻本"令"前有"之"字。

［29］康熙四十八年刻本"不"前有"而"字，"將軍"後有"矣"字。

［30］而退兵：康熙四十八年刻本作"何以退兵不前"。矣：康熙四十八年刻本作"耶"。

［31］不曰人言：康熙四十八年刻本作"既曰"。

［32］既失：康熙四十八年刻本作"失後"。

［33］豈可：康熙四十八年刻本無此二字。忽忽：康熙四十八年刻本作"悠悠忽忽"。

［34］心安耶不安耶：康熙四十八年刻本作"坐視永寧危困，至於失陷。揆之事勢，反之本心，是耶，非耶"。

［35］康熙四十八年刻本"智能"後有"之將"二字。

[36] 康熙四十八年刻本"人"前有"他"字。
[37] 怕死如此：康熙四十八年刻本作"畏賊怕死至於如此"。
[38] 無怪王用予描寫若是：康熙四十八年刻本作"無怪乎王用予之巧言譏刺描寫殆盡也"。
[39] 康熙四十八年刻本"此"前有"凡"字。
[40] 之罪：康熙四十八年刻本無此二字。
[41] 欺飾：康熙四十八年刻本作"欺心文飾"。
[42] 畢露當究：康熙四十八年刻本作"使巧之處，業已敗露，所當察究"。
[43] 而：康熙四十八年刻本作"乃既"。
[44] 意在：康熙四十八年刻本作"巧圖"。
[45] 之人：康熙四十八年刻本無此二字。
[46] "不分"至"罷已"：康熙四十八年刻本作"判然有別，誰無耳目，誰無筆舌，甘心默默耶"。
[47] 躲閃：康熙四十八年刻本作"躲避"。
[48] 情故：康熙四十八年刻本作"心事"。
[49] 還是：康熙四十八年刻本作"果係"。
[50] 還是：康熙四十八年刻本作"抑"。
[51] 要：康熙四十八年刻本和清華抄本作"力"。
[52] 當要：康熙四十八年刻本作"要分"。
[53] "生一"至"自敗"：康熙四十八年刻本無此十一字。
[54] 滋出：康熙四十八年刻本作"愈增"。
[55] "於善善"至"者矣"：康熙四十八年刻本作"默默有以主之，使其自相敗露者也"。
[56] 亂：康熙四十八年刻本作"妄"。
[57] 是悍賊：康熙四十八年刻本作"孰知"。
[58] 奸敗：康熙四十八年刻本作"使奸所敗"。
[59] 豈可：康熙四十八年刻本無此二字。
[60] 巧誤：康熙四十八年刻本作"使巧所誤者矣"。
[61] 還是：康熙四十八年刻本作"或"。
[62] 讎：康熙四十八年刻本無此字。
[63] 康熙四十八年刻本"爲是"後有"耶"字。
[64] 還是：康熙四十八年刻本作"抑"。
[65] 康熙四十八年刻本"認罪"後有"耶"字。
[66] 自問自定：康熙四十八年刻本作"自思自決耳"。
[67] 事平矣：康熙四十八年刻本作"逆賊既平"。
[68] 忠臣義士：康熙四十八年刻本作"忠君愛國之士益"。
[69] 拉扯：康熙四十八年刻本作"朋害"。

[70] 事結：康熙四十八年刻本作"至今"。
[71] 拜疏：康熙四十八年刻本作"所拜之疏"。
[72] 難掩聖明：康熙四十八年刻本作"難逃聖明洞鑒"。
[73] 拜疏：康熙四十八年刻本作"所拜之疏"。
[74] 康熙四十八年刻本作"而"後有"至"字。
[75] 十一：康熙四十八年刻本作"十等一等"。
[76] 恩准照例優叙：康熙四十八年刻本作"聖恩准照諸路一例優叙"。
[77] "克效"至"緘默"：康熙四十八年刻本作"是三軍之奮勇用命,臣又不便於默默者矣"。
[78] 百邪歸正萬國思服：康熙四十八年刻本作"萬國咸服"。
[79] 脅從：康熙四十八年刻本作"挾從"。
[80] 康熙四十八年刻本"至"後有"於"字。
[81] 康熙四十八年刻本"用"前有"運"字。
[82] 艱：康熙四十八年刻本作"苦"。
[83] 強壯：康熙四十八年刻本作"臕壯"。
[84] 康熙四十八年刻本"請"字前有"即"字。
[85] 凡到：康熙四十八年刻本作"及言某處兵不訓練,某處馬匹缺少,不過到一"。
[86] 否則何不：康熙四十八年刻本作"若肯"。
[87] 康熙四十八年刻本"兵"後有"矣"字。
[88] 巡查：康熙四十八年刻本作"巡查爲哉"。
[89] 乃：康熙四十八年刻本作"總是"。
[90] 欺飾康熙四十八年刻本作"婪貲"二字。
[91] 康熙四十八年刻本"特用"後有"之隆恩"三字。
[92] 康熙四十八年刻本"無事"後有"之日"二字。
[93] 大家朦混：康熙四十八年刻本作"朦混取利"。
[94] 有警：康熙四十八年刻本作"偶有警息"。疆：康熙四十八年刻本作"地"。

奏疏存藁卷之八

剖明心迹疏①

奏爲微臣年老，永辭闕廷，從前孤忠之冤抑未明，今日貪佞之讒謗又起，死不瞑目，謹披瀝血衷，仰祈天鑒，剖明心迹事。

竊臣一介孤忠，止知君親大義，不知交結權勢，且秉性迂梗，取與既罕，賄賂全無，固爲當道所不喜，而到處勇往滅賊，認真辦事，不與人通同欺瞞，又爲貪佞所嫉忌。如自撫安寧夏以及首倡取川，攻克雲南，實心實行，惹讎惹怨，以致群奸并起，飛誣排陷，若非我皇上聖明，微臣焉能到得今日。至前敦柱傳旨，言臣是忠臣、功臣、純臣，皇上之褒嘉至隆，人臣之榮幸已極。意謂衰老微臣，告歸田里，以終餘年而已，不期復奉有署鎮之旨，又奉有進兵之旨，不敢以年老爲辭，實切召兵，勉力前進，總期上報朝廷知遇之隆，下全臣節始終之任。詎意臣命蹇薄，從前之功績，爲群奸陷害，事已既往，惟候聖明天鑒。無如今日讒謗又起，言臣欺壓滿洲，深得兵民之心。是臣之功苦，臣職當盡。臣之心迹未明，生不甘心，死不瞑目，況年已七十五歲，日薄西山，永辭闕廷，一腔冤抑，今日不言，再無言日，臣不自言，再有誰人代臣一言？是臣不得不將前後顛末冒昧臚列，爲我皇上陳之。伏乞洪慈於萬幾之暇，逐段遊覽，倘蒙垂察愚衷，臣死且不朽。

一，臣前奉命撫安寧夏，是時三藩反叛，數省爲亂。陝西兵變於寧羌，殺經略；寧夏兵變於惠安，殺提督。爾時爾際，忠佞不分，人心

---

① 康熙四十八年刻本、康熙五十一年刻本均無此篇。

難測。臣陝西人也，又曾歷官於雲南，雖皇上聖明不疑，特旨任用，而小人嫉忌，寧無讒言耶。臣遂將妻子奏明留住京城，一意前往。再面奏，寧夏四面皆水，城池寬大，止可撫安，不宜攻城，且攻城須重兵，用重兵須重糧餉，促急難備，而兵民不過一時激變，臣請赦其大衆，元凶緩圖。當蒙天鑒，允臣所請，令臣馳驛前往。臣於三月十二日到花馬池，平涼、固原叛賊僞總兵李黃鷹、單繼唐等率領賊兵萬餘出犯寧夏，而河南、河東一帶四千餘堡俱已降賊，爲賊所踞。又逆賊知臣前來帶有兵餉十萬，分遣僞總兵二員，領兵二千出甜水河，前來劫餉。寧夏既拿奸細，供出此語，却不發兵前來迎接。臣係馳驛前往，所帶長隨不滿百人，有言於寧夏調兵者，有言暫駐花馬池再探者，有言回定邊者。臣説："我是寧夏提督，官兵自當前來迎接，何用去調。而花馬池係降過賊的地方，人曾割過辮子，其城沙壅已至垜口，爾我百人，豈可久守久待。而定邊係退回六十里，寧夏兵民士庶未必盡願降賊，望我到來，一聞退回，人心自去。且我奉旨前來撫安寧夏，未着我守定邊，不必亂言，明日隨我前進，賊來甜水河之信未必是真，只要努力，俗言：一人捨命，萬夫難當。"十三日，臣率百人出沿邊前往，是日風沙大作，總是皇上洪福，天神爲助。及到興武營始知滿洲、蒙古大兵初十日與賊接戰，十一日棄橫城，已出邊外。遍野皆賊，道路不通。十四日黎明，摇塔、拉都虎等差甲兵二十名前來請臣由邊外到彼營盤説話，臣問營在何處，甲兵説不遠，有五六十里。及至上路，反向東北而行，日落時方到，有一百四五十里，地名黑沙兔，一片荒沙，無水無草，人馬受困，情勢危極，勢頭要由邊外回兵去土墨地方。見臣到，拉都虎方言："我們十一日來此，聞得十二日賊來已占橫城，明日放二百噶把什在前，你在中，我們隨後探着走，就是到了橫城，無賊你也不可輕易過河進城，寧夏人心不好，已經降賊，必要正經人前來，在營盤内當着，你再前去，我們纔放心。"臣回扎站之地，再思寧夏官兵殺提督，自是疑畏，誰肯前來作當，若一拉扯反誤大事，且衆人懼怯之心已見於顔色，明日又不知是何話説。臣於起更後即行，留人向衆説："我趁此月色先行,我就當作噶把什,請衆隨後來罷。"十五日黎明至橫城,賊在魚湖墩下營,離橫城十里,橫城騰空,止有數兵在城頭。臣遂不進城,先爲過河,行不數里,見賊兵塘馬已到對岸河口,臣下人又言城內不見人來,賊又到河沿,必有緣故,須當防備。臣説怎麼個防備,穿上甲不成,叱喝不聽,一直前往,不下馬,不問人。是時,官兵各懷疑二,熊虎已在鎮城,不軌之心未已,跋扈之勢尚在,悍將驕兵誠不可言,而街市日驚數次,中衛民打死掌印,靈州閉門不納官兵,河南、河東俱被賊占,兵如此,民如此,賊勢又如此,再叛弁來鎮城禍亂兵心,連黨通賊,而營弁人人自危,個個思亂,實有不可補救之情勢。臣即出示,曉諭官兵,宣布皇仁,一概赦免,即遣勦賊之牌,於河東、河南再出示,嚴敕官各歸原汛,兵各歸原伍,并清查官兵糧餉,嚴禁扣尅。又出示安民,各歸生理,速開鋪面,人心稍定。十六日魚湖墩之賊退去,十七、十八等日河南、河東之賊俱皆由韋州退去,臣一面差人請滿洲仍來橫城駐剳,一面行令有司衛官,催備糧草,一面出示,曉諭河南、河東降賊之堡民,一概不問不究。再拿究毛盛生、李目扣餉,[1]官兵稍安,然疑畏尚在,黨羽未分。又藉以挑選好漢,不拘鎮城外路,一概選拔,以散其黨。而挑就之兵分戎旗、將材、都守、內丁,每隊用總統、領旗、把子、大旗七人,給以剳付,待以官禮,加以雙糧,兵心始悦。又將劉德委用把總閻國賢、陳進忠用爲別隊領旗,以安其心,以分其勢,然後將熊虎設法調來,引以他事羈候,繼而擒拿劉德、閻國賢、陳進忠,題明一并正法。在前之地方如何慌亂,官兵如何驕縱,而正法之日,鄉紳、士庶、兵民數萬人,於會府前觀看,又如何駭異,如何悚惕,頒赦之筆帖式金圖、監斬之筆帖式色爾圖可問。倘臣於花馬池稍有遲疑,再於黑沙兔爲衆所惑,只遲半日工夫,賊先過河矣。賊若過河,則寧夏開門以待,兵與賊合於中衛,出邊外,進洪水,只須一日一夜可到涼州地方,而河西之兵皆在臨、鞏、秦州一帶,聞信未有不思內顧者,兵亂自退,而張勇、孫思克、王進寶恐有忠不能施,有勇不能展,只得隨兵而退。平涼自不肯招安,陝西大有可虞。臣愚昧淺見如此,聖明自有洞察，總皆仰賴我皇上洪福，國家威靈，臣之職分當然，何敢言功。惟是拉都虎棄橫城，已退出邊外，臣不言其短，心存厚道，伊反在人前言寧夏是伊守住，臣享現成，人前尚然昧心，背後自必欺飾啓奏。臣不得不奏明事實者一也。

一，臣擒熊虎等，聲其罪於稠人廣衆之中，振其威於紀綱廢弛之日，尤人所難。即如寧羌，殺經略可謂大變，標員將備所司何事，事前不能管兵，事後不能死節，且降賊爲亂，竟未查問，而元凶亦未正法。夫平常人命尚有抵償，何況朝廷之經略耶！臣擒元凶，正國法，雖爲朝廷明典刑，亦爲陳氏雪冤讎。而陳壽爲陳福之弟，受陳福之廕庇，沾陳福之恩榮，名爲弟兄，何異父母，自有不共戴天之讎。臣既代爲伸雪，理當感激垂泣，思所以報臣者，即所以報陳福，乃不知所報，反與吳丹連黨，持稿與犯弁王明池誣臣以謀反。又令周昌教王明池口供，且說"此稿是明老爺看過的，只管上疏，事後陞你副將"，又許還周昌的道官。臣反叛如真，當族誅；如虛，當反坐。律例昭然，豈有擬杖責三十板之理。即責三十板，亦未見行於朝堂公所，暗地釋放。是臣定反側，誅元凶，用盡心力之功苦，付之流水，反遭群奸憑空誣害，而應反坐族誅之犯弁，又爲當道者代爲脱卸，竟不得明正其罪。此臣冤抑未伸者二也。

一，逆賊盤踞興、漢、略陽七年，出西禮，出鳳翔，劫掠殺搶不一次，在陝諸臣年年調兵，年年催糧，發召買派夫驢，兵無休息，民不安生。臣自康熙十五年撫安寧夏後，十六年大將軍圖海調臣出兵於鳳翔，十七年調臣出兵於秦州，十八年調臣出兵於清水。臣見諸臣所言所好者不過騾馬、婦女，所議所取者不過香泉、牛頭山等民寨，全無實切進兵之意。屢奉嚴旨行催，不獨不言進兵，而且假以請撤湖廣征兵、鼓勵兵心要挾搪塞。不獨不言進取四川，即漢南可取，誰肯出一言一字？無非保全禄位，安享受用，借賊勢以厚糧餉，假兵心而捏飾詞，欺誑朝廷，以爲得計，殊不知優遊歲月，何以抒聖主宵旰之憂，何以慰蒼生雲霓之望？臣報國心切，仰重上命，奮發孤忠，奏疏一上，諸臣遂不和衷，有敢言"兵不可進者，滿洲攢眉蹙額"等語；又有言"今年不可進兵，以待來年者"等語，歷歷奏疏可查。雖首倡孤忠，當蒙聖明嘉予，而臣之招忌惹怨，從茲起矣。如十八年四路進兵，三路之兵除滿洲外，漢兵有一萬二三千者，俱另有總兵官一員帶兵二千接應，獨臣一路止兵五千，又令臣自行接應。夫"自行接應"四字何忍下筆？何忍出口？在臣捐軀報國，一身何足輕重，而諸臣獨不思同舟共濟之謂何。況本年五月內逆賊出犯寶雞益門鎮，副將季魁元營盤被圍，自二更攻起，黎明攻開，將二千官兵殺擄殆盡，全營擡去。爾時圖海、吳丹、哈占、王進寶等俱在寶雞一帶安營，相距咫尺，滿漢官兵約略三四萬人，觀望不前，不能救援，且容賊於寶雞南鄉一帶殺搶，如入無人之境。自五月初出犯，至八月盡回兵，約計一百餘日，揚揚而去。大將軍疏稱："賊將橋拆斷，煎茶坪修好，臣等暫回鳳翔行走。"隨奉嚴旨申飭在案。是賊來諸臣不能剿，賊去諸臣不能追，此在八月盡之事，而四路進兵在十月二日，止隔一月之期。乃諸臣獨不慮臣一路五千兵單，更令自行接應，何前日之畏賊如彼，而今日之輕賊如此？若諸臣果無用意四路進兵，皆關國事，一路倘有不利，則三路牽制，何能成功？豈不通想，豈不通議，乃竟偏心分派，多寡懸殊，是否有意陷臣，是否有意嫉臣。此兵數之不公害臣者三也。

一，三路進兵之糧俱有人夫驢騾運送，而臣一路進兵竟無一夫一畜。初文令兵裏帶一月之糧，繼文令兵裏帶四十日之糧，而四十日之糧每兵該米四斗，馬兵馱載止可步行，步兵除衣甲、賬房、鑼鍋、鞋脚之外，何能背米四斗？此明係激兵之變，欲殺臣以快其心，合衆人不可進兵之意。且於鳳翔、秦州布散謠言，"大家不願進兵，獨寧夏趙提督上本要進兵"等語，此又激兵之證驗更明更顯矣。臣見衆兵紛紛議論，俱有難色，恐中諸人奸謀，有誤大事，隨請督糧平慶道龔榮遇面問運糧夫驢，該道以"未奉上司之行，不曾僱備"回答。再問："既無夫驢，馬兵馱米四斗，尚能披甲與賊接戰耶？步兵背米四斗，又能遠征出力耶？"該道初則不答，繼則亦言不能。臣隨傳馬、步兵丁各支米一斗，係十日之糧，如十日之內官兵不前，本提督之罪；如十日之外，米糧不到，責在貴道。兵心始安，臣遂起行，而龔榮遇即託病告辭。如哈占果無用意，自當以進兵爲重，運糧緊要，不准龔榮遇辭病，嚴敕急急催糧隨兵，不可有誤。乃竟准其辭，又去河西調涼莊道金星貢，而涼莊至清水千里以外之地，往返須得多少日可到，多少日可以隨兵之後，此間是否立意誤事，害臣陷臣。若臣稍有慮糧之念，必不敢深入，破三關之賊，取徽州而就賊遺之糧，即等金星貢之糧亦必不能於十日內到軍前，繼兵之後，兵行無糧，自不能前進，倘一退兵，是諸臣不願進者有老成之見，而臣願進者自出輕舉妄動矣。此諸人欲以糧激變兵心害臣者四也。

一，臣仰仗天威，能以五千孤軍深入，出三路之前，破賊克城，先取徽州、略陽，逆賊王屏藩不敢西來走大安驛、寧羌、廣元上大路，乃南於青石關通江，由小路遶道，退奔保寧，是畏略陽一路官兵抄出於前也明矣。棧道一路官兵到武關遇賊，見陣退回留壩六十里，兩當縣知縣王睿稟稱，"武關賊兵盤踞雞頭關死守，所慮棧道官兵不能前進，全望大老爺進取略陽，則雞頭關自是瓦解，而棧道王將軍無受敵之困"等語，是王進寶武關不勝，敗回留壩者又明矣。臣於十月二十七日取略陽，王屏藩於二十七日晚燒漢中，而武關、雞頭關賊偽將軍陳君極、黑邦俊方始棄關而走，王進寶於二十八日進漢中，其小川子一路官兵十月二十四日尚未動身，初文回臣言階、文有賊，繼文回臣言冰滑難行，兩文可證。至十一月初一日先鋒始到略陽對江，初二日大衆到齊，臣備船隻，方始過渡，興安一路官兵尚無信息，是臣獨出三路之前先定漢南也又明矣。興、漢、略陽既平，奉旨着王進寶同臣將進剿，興、漢、略陽官兵令臣兩人調遣，進取四川，臣隨即咨商諸臣，速速調兵、乘機前進，不可遲緩，豈意王進寶竟將奉旨進川官兵擅自發回陝西七千名，移文可證，是無取川之心，又可見矣。大將軍圖海回臣之文，云已奉上諭，不便懸定；總督哈占之文云不便越俎，卻將興安一路漢兵隱而不發，小川子一路漢兵除提臣孫思克帶回五千外，尚有五千,副將楊三虎報臣之文,稱奉孫提督之行令,遊擊趙光榮帶兵一千名留駐小川子未來,又稱"奉孫提督之行差遣遊擊趙元輔帶兵二千名前往階、文,卑職止帶兵二千,近奉總督行文,令安塘蓋房運糧"等語。是三路官兵無臣可調可撥之兵矣,更無可問可說之處矣。惟有請旨定奪,如一請旨,往返必須一月有餘,軍機一錯,再難期遇。臣只得再文與大將軍暨哈占,將興安一路漢兵指出,令調撥四千繼臣之後并行,副將楊三虎速速調趙元輔、趙光榮領兵前來。臣不候回文,不候兵到,一面具題,一面起身赴大安驛會兵,此臣急在進取,一力勇往,仰報聖明之忠心也,題疏可查。臣彼時不言大將軍暨哈占混推,勒兵不發,王進寶擅發官兵回陝者,總是孤忠獨立,急在進取,先以國事為重,不與相較,甘心忍受也。而臣條奏兩路進川,使賊首尾不能兼顧,實出急於滅賊之至計,不期王進寶頓起嫉忌之心,吳丹無膽使巧,不肯分兵,將諸王議定兩路進兵奉旨之部文隱匿不行拿出,矇混要在一路進兵。查兵部與王進寶之文,係御塘筆帖式自鳳翔走棧道,於十二月二十日送到王進寶營內,筆帖式號簿可查,兵部與臣之文係自鳳翔由汧陽、隴州、清水、小川子撫院承差,於二十三日方始送到寧羌臣營內,承差號簿可查,二十一日議話,臣不知部文已到,吳丹、王進寶要走一路,進保寧。臣回言走一路人多固好,但路窄兵多,恐難速到,且陽平對江現有賊兵四個營盤,如我一路前進,倘賊於陽平、寧羌、廣元、昭化抄我之後,斷我之糧,恐涉昔年盤龍山之誤。況兩路漢兵并滿洲官兵以及糧運,勢必擁擠一處,人馬受困。我遵奉敕諭回奏條議,"兵進兩路,一路走陽平,破白水壩、青川之賊,下龍安,取成都,為收川西;一路破保寧之賊,下重慶,取遵義,為收川東。王將軍你揀一路,留一路我進"。而王進寶言兩路太遠,吳丹說兩路糧不能應,參贊、諸臣誰敢不順從吳丹之意。臣未見部文,一不拗眾,遂問:"既從一路而進,兩家官兵如何行走?"而吳丹議定臣與王進寶一遞一日前行,兩家先鋒各放一千名在前同行,公議已定。及至上路,王進寶通不照吳丹所議,不但不容臣一遞一日前行,更將先鋒一千名亦不容在前行走。及兵部與臣之文二十三日在寧羌始到，王進寶竟不議話，放砲又復先行，止送疏稿一紙與臣，內稱"臣取保寧，臣取成都，則四川定矣。而趙良棟條奏兩路進兵之處，無庸議，自行具疏"。臣思如此山愚狂悖，將諸王會議奉旨之事竟不遵行，敢稱無庸議，單題是事可爲，何事不可爲，若不亟爲分開，終必僨事。是臣兩人身命事小，進兵事大，且兩路進兵一奇一正，甚合兵機，遂遵照條奏，兩路進兵。臣上陽平關一路前進，而吳丹又復不從，初言王進寶要到昭化過江，去取成都，令臣取保寧，下川東。及臣回答，就照此行，只是口説無憑，我再不敢信，取個印文來爲據。吳丹又説王進寶言昭化有船，他過江去成都；如無船，他還要去保寧。此在吳丹差去之章京及守備馬玉往來傳話，兩人可問可證。諸臣始則以撥兵掯勒混推，繼則以糧米惑衆阻難，今又敢將奉旨之部文隱匿，不行拿出，且不公議，是否連黨欺臣害臣？此臣冤抑未伸者五也。

一，臣因王進寶悖旨妄行，吳丹混推誤事，兩軍一路萬一生憤，事關不小，遂於二十六日自寧羌分兵，二十七日抵陽平關。督糧道金星貴未來，同知傅作楫雖到，并無顆粒之糧，官兵自略陽帶米一斗，大安驛支米五升，按日計程，止存二日之糧，遂將陽平關前報得獲賊糧火米一千石，按兵計日，准算三日，尚須五日之糧，隨傳兵民，遍諭不向米豆，平買平賣，日糶五升，共足十日之糧，再勸諭各兵須當努力奮勉，以壯分兵之志，如十日之內敢有言無糧者，大法懲處，十日之外無糧，來向本提督處要。此臣不過仰仗天威，一時激勵兵心，鼓勇前進，果有何術何能耶。一面備船買糧，一面嚴督官兵過江，而對岸之賊初則於沿江一帶排陣接戰，繼見我兵勢重，撤回守營固險，官兵奮勇衝殺，賊兵不能抵敵，連躐四營，賊衆四散而奔。官兵於三十日夜四鼓時至白水壩江，賊在對江下六個營盤，沿江一帶安石囤，披馬綿，纏頭影，於石囤之後架使鎗砲把守。而江水洶湧，有言無船不能過渡者，有言初一正節以待初二者，臣言："爾我奮志，分路前來，以期滅賊，此處不用命更待何處？此時不下力更待何時？敢有再言無船并年節者斬。"遂於黎明時傳兵披甲排隊於江南岸，亦架使鳥機、子母大砲，隔江對打，令會水兵數名騎驏馬先過，傳令鳴號，官兵騎馬浮水過江，號令一舉，喊聲震天，滿江皆兵，賊衆雖出囤迎敵，終是膽寒，官兵仰仗天威，俱各奮勇不怯，馬力神助，立刻過渡，大殺沿江把守之賊，曁躪六營。此臣於正月初一日浮水過江大破白水壩之賊，不容稍緩，日行一百五六十里，初三日敗青川之賊，於石峽溝惡戰，吳之茂走江油，杜學、汪文元奔安縣。初五日敗賊於明月江。初六日敗賊於煽鐵溝，兵分兩路。初七日一出江油，一出安縣。初八日生擒僞將軍汪文元等。初九日，成都僞將軍韓天福、王屏翰尚不信有此一路官兵神速而到，先遣僞總兵張象華、官進俸、仲玉位等帶兵偵探，於天昆鎮一接戰而奔，臣傳令緊急，不分晝夜尾隨追殺，不容稍停，賊在前，兵在後，夜黑擁擠一處，遂奪門而入，韓天福、王屏翰不及守城奔逃。此正月初十日黎明攻克成都之事也。論城原非請降之城，論殺搶則該殺搶，而臣仰體皇上好生之德，全城池、全生靈、全人室家，一腔不忍之心亦惟有告於天告於聖明而已。查江油東南去保寧二百七十里，西南來成都三百里，敗奔之賊於初九日到保寧，賊兵驚駭心潰，張起龍、吳之茂率衆曾向王屏藩爲言，而王屏藩素與郭莊圖、胡國柱不協，無路可退，遂有決一死戰之語，勢同孤注。而賊兵一出，果不戰奔逃。在王進寶得江油敗賊之信，於十二日晚始敢過江，十三日賊兵不戰而散，僥倖得城。不然王進寶二十四日自寧羌起行計程，二十八日可到保寧，何不蚤爲過江，而必待江油敗賊之信乎？是臣一路官兵出江油、安縣，取成都，而保寧震動，賊心自亂，不戰而潰，否則王屏藩必不肯速戰，王進寶斷不敢過江，而賊兵不聞成都之信，斷不敢大散。再如臣稍有顧忌之心，自不能於白水壩江督兵騎馬浮水過渡破賊，即到得青川，亦必不肯輕易過青箐山，直下成都，深入千里之外。又如寧羌分兵之時，臣稍無主持，不敢擔當，隨衆一路同進保寧，兩路官兵在一處，互相推靠，不能速爲成功，即使兵重，取得保寧，止可守一保寧，王屏藩必不肯用孤注，亦必不肯輕生自縊，自必退守成都。若成都不下，則川南、川東自不能震動，譚弘豈肯來降？譚弘不降，川東不動，貴陽賊有磐石之安。貴陽既安，湖廣之兵又豈進得？辰沅、廣西之兵又豈直進雲南？此情勢所在、理勢易見者也。再寧羌至保寧五百四十里，寧羌至成都一千四百七十里，成都係正月初十日先取，保寧係正月十三日後得，成都一路官兵不計保寧之勝敗，深入於千里之外，有進無退，人人下死力，方始成功。而保寧一路官兵可進可退，觀望而行，即使先取亦不爲重，況取在成都之後，不過因人成事，何保寧之功反過於成都十倍，功加十等，而成都止加一等耶？即以賊官賊兵而論，臣自密樹關、徽州、白水江、八堵山、略陽縣、陽平、白水壩江、青川、石峽溝、青箐山、明月江、江油、漢州直下成都，如偽將軍則杜學、吳之茂、張起龍、譚天祕、汪文元、韓天福、王屏翰，偽總兵則王國臣、王進才、毛正義、李應魁、張友成、藍兆周、姜應熊、王夢楨、林得勝、雷豐、劉得芳、王之翰、劉耀、費培壯、葉桐、郭繼祖、李芳述、鄒九疇、蔣榮德等二十餘員，賊兵何止六七萬。如張起龍、譚天祕係臣於白水江、八堵山殺敗奔保寧者；吳之茂係自陽平敗奔於青川，單騎走保寧，與王屏藩議話者；而吳之茂內標五營、外標兩翼偽總兵即王國臣、李應魁、毛正義、費培壯、郭繼祖、葉桐等所統之兵俱在，臣陽平一路各隘處處迎敵接戰者；杜學於白水壩江敗陣逃奔，僅以身免，其三營偽總兵則陣斬之劉得芳并投誠之雷豐等，而汪文元於石峽溝敗陣，追至漢州生擒，其三營偽總兵則事急倒戈投降之王之翰等；而韓天福不及守城，從南門而逃，其下偽總兵則投誠之王夢楨、楊嘉珍、仲玉位、官進俸等；若汪文元係追急生擒乃坐以投降不殺者，原爲成都未下，以示招徠，而成都係奪門而得，乃禁止殺搶者。又以四川難取難守，首在撫安人心，蕆定全川，仰體我皇上救民水火之至意。是臣一路偽官、偽兵，實實不少，曾繳過偽劄一千六百二十七張，則偽兵可知矣；繳過偽金印、銀印、關防二百六十六顆，則營頭地方可知矣。臣一路官兵，首倡在先，深入破賊在先，克險取城在先，而兵部敘功各處并無加等，止是紀錄一次。查各處殺賊有一千名者，有一千二三百者，而兵部必要殺賊二千名，准加一等，不知保寧功加十等，共殺賊二萬耶？不知王屏藩果否有賊兵二萬，盡束手待斃，聽王進寶殺盡報功耶？如其未必，是妄報邀功者得厚賞，而實言實事者反沉抑矣。至於四川不易定，成都最難取，不獨漢、晉、唐、宋、明歷代爲然，即如順治三年肅王下川之後，接續者墨勒根蝦及吳三桂皆稱善於用兵者，而總督孟喬芳尤非尋常之總督，取川守川，得失不一。次陝西調兵運糧深爲四川所累，自順治四年起至十六年止，不知費過帑金幾千百萬，而巡撫總兵如李國英、馬化豹、柏永馥、嚴自明、馬寧、沈應時等止守得一保寧，左勷、陳德、南一魁前後以全軍失利。迨至十五年，孫可望内變，大兵進取雲南，於十六年自雲南發兵，出建昌，始取成都，其進取之苦難、時日之遲久如此。豈兵部將臣不十日而取成都之功反顚倒如是，將取川之功不加於首倡之忠臣，反加於要挾之悍臣，不加於成都省會之地，反加於保寧一隅之地，不重於先取，而反重於後得，此臣一路官兵敘功而獨受冤抑者六也。

　　一，逆賊乘川東之空，初犯永寧，僞將軍王邦圖、黑邦俊、尤廷玉、高元烈率領賊衆七千餘名，并死力攻城。臣接防官之報，即遣屠存義、孫國祥、陳英、蘇虎、王之俊等九日到永寧，又遣張友成、王夢楨、楊三虎、吳志、張憲載、郭騏等八日到永寧，兩遣官兵四千名，協同李芳述、龔玉柱、鄒九疇等駐防官兵二千名，合力撲剿，大戰兩日，將賊殺敗，連破五營。尤廷玉、王邦圖、高元烈身俱帶傷，大散奔逃，陣斬僞總兵一員毛友貴，副將三員劉瓊、許三虎、蕭從福，參、遊、守、千、把百十餘員，賊兵一千餘名，陣擒解來成都李環等七十二名。臣當同將軍、督、撫、司、道審驗，多係遼東舊人，供稱係吳三桂下右固山吳國貴所統之勁旅，除得獲馬匹、砲火、器械，該鎮將留營給兵應用外，所有解來大、小旗幟二百八十餘桿，俱係黃緞子龍纛，將軍臣俄克濟哈、督臣楊茂勛見過可問，其令箭九枝，僞劄九十七張，僞敕諭、火牌、勘合、糧單、本章、文移通共四十一件，玉帶二條，已經繳送兵部訖。在逆賊吳世璠遣勁旅前來拼命死戰者，其勢急在圖取四川，無四川則雲南不能守，而我官兵奮力剿殺，破此勁敵，震動雲南，功苦重大，臣當即疏請加恩，奉有"據奏，遣發官兵於永寧地方殺敗逆賊，可嘉。着議奏"之旨，乃兵部竟未議叙，傷亡官兵竟未優恤，而降弁劉魁以伊所帶兵三百名妄報邀功，殺賊七千，躥七營，反置破賊取勝之鎮將六千官兵相繼伊之後。臣以爾時滇黔未下，建昌、永寧二處逆賊現在死戰死拒，賞罰若不分明，何以鼓勵兵將，不得不移文查明，并差官前往踏看質證，乃劉魁躱避，不赴排陣之地與各官對質，反行刁口，提臣王之鼎初則不查不想，直然具疏，繼准臣咨文，又不質問劉魁，而乃以無容行查傲慢回文，如此則何以明賞罰？何以服衆心？是臣不得不將劉魁刁口之禀與鎮將龔玉柱、李芳述等回文，及畫圖駁正指參，兵部亦未行查議處。嗣後不獨難以賞罰、戒飭官兵，而且退縮不前者有之，丟棄地方者有之，混推混賴竟至無法可治，豈不皆由是而起。查提臣王之鼎帶伊下官兵前去永寧，協同剿賊，行至瀘州不前，止遣一劉魁帶兵三百前去塞責，而劉魁又敢大膽冒功。及提臣代吳丹守永寧，帶伊標官兵三千名，總兵費雅達標兵三千名，又六個投誠總兵帶兵約計二千餘名，以及永寧鎮官兵并署事之副將楊三虎所帶之兵一千五百餘名，共有萬人，劉魁亦在其内，前既能以三百兵破七千賊，躥七營，而今又不能以萬人剿賊躥營，護守城池耶？此劉魁妄報邀功，以致臣下官兵首先破勁敵之功苦未叙而獨受冤抑者七也。

一，臣自取成都後，遣兵兩路，一取永寧九百里，一取建昌一千三百里。王進寶既得保寧，就當發兵下重慶，取遵義，收川東，合兵進取雲南，方是忠君報國。乃頓起要挾之心，勒兵不發，託病抗旨，直回固原，又假以換班，惑亂兵心，此其誤川東害永寧一也。吳丹既與王進寶在一處，有病無病，豈有不知，理當忠言規正，乃聽其要挾，又自行上疏，願當一路，不請用漢兵將軍，是要兼任滿漢將軍矣。既奉旨着去重慶，就當統率滿漢官兵下重慶，取遵義，平定川東，以待進兵，乃悖旨不去重慶，而來成都，此其誤川東害永寧又一也。湖廣一路滿漢官兵約計五萬餘人，不爲不多，既到鎮遠，而鎮遠至貴陽六站，坦坦大路，并無阻險賊可拒之處，應當急急進取。而貴陽四面皆山，兵到，賊自不守，取貴陽再爲養馬，以待進兵，此時不可失，軍機不可錯，即不能進取。而現在與賊對壘，豈可輕易退兵，回沅州六站，以致鎮遠逆賊胡國柱、王緒、馬寶等齊來四川，此其誤川東害永寧又一也。吳丹既來成都，願進永寧一路，是伊自揀；滿漢官兵，是伊自定；陝西之糧運叙府，供應永寧一路官兵進雲南裹帶之糧，四川之糧運建昌，供應建昌一路官兵進雲南裹帶之糧，亦伊公同議定，具疏題明，經諸王、大臣議准，奉旨欽遵在案之事。吳丹當統率王用予等一路滿漢官兵去瀘州、叙府、永寧扎站就糧、就草場，收拾進兵器具，通聲信，於水西接應。查水西差來把、司二名，赴成都見臣，稟稱土官安仲聖願爲鄉導，願備糧草，請大兵由水西前進。吳丹因聞此信，要由永寧走水西，將二把、司要去，將軍俄克濟哈可問。既經題明爲一路將軍，理當秉公心，忠國事，乃頓起在陝之貪心，於中取利，背公議，令楊茂勛、杭愛備糧，暗通哈占上疏，將應運叙府之糧脫卸於保寧，後見保寧實實無民無船，巧計不能行，哈占追咎吳丹，而吳丹故將王用予一起漢兵留在保寧，銷繳哈占脫卸之糧，未經舉發，皇上焉得而知。查前陝西之召買草束，每束官價一分，而民間運草交草每束竟費至二錢，州縣場官不收草，竟收銀。又派驢騾，派人夫，每騾一頭三十兩，驢一頭十五兩，人夫一名十兩，運糧皆有正項脚價，而民間何嘗見分釐，皆是民運民送。此項草價以及驢騾、人夫折銀，并運糧官價，場官、州、縣、府、廳自不敢膽大如此，即司、道亦未必盡然，總是統兵將軍以及督撫分肥。吳丹在陝七年，可謂久慣。今仍蹈故轍，將陝西、四川督撫一手握定，兩省喫錢，只知圖利肥己，不管兵民，不重封疆，此其害全川誤永寧又一也。覺和托統甲兵一千名，自重慶過瀘州，令其駐劄瀘州就草場，不必來成都，又復往返一千四五百里，此出公議。乃吳丹背公議，暗將覺和托及官兵調來成都，俄克濟哈可問。如覺和托官兵在瀘州，而瀘州防官謝泗、郝善、繳應善等自不敢輕棄瀘州。瀘州不失，永寧自安。此其害瀘州誤永寧又一也。瀘州既失，永寧告急，方始調王用予，而王用予到成都，吳丹應當統領一路滿漢官兵，速速救援永寧，而官兵約計三萬，不爲不多，何難滅賊。俄克濟哈同臣原係進建昌一路官兵，自應前去接應建昌，兩處自能保全，乃吳丹蠆賴歪派，必要將建昌一路滿兵同去永寧，俄克濟哈既去，係幫伊之人，吳丹係正將軍，永寧爲題明所指之地，自當在前。瀘州賊既騰空不守，於對江扎營，并力去攻永寧，留瀘州空城餌我。我之兵少，自不能守；兵多，分我之兵勢。賊在對岸下營，官兵過江，自是不易。南溪過渡，直適永寧西門，臣飭令叙府備船，在彼伺候。李芳述亦撥有兵押船，臣移文具書，差官前去説明，賊騰空城餌我，請將軍速去南溪。吳丹不但不聽，反大罵差官，將幫伊之俄克濟哈使去南溪。王用予更巧扎於乾溪，亦不去南溪。吳丹與王用予互相弄巧，今日一文，明日一報，彼此混推，俄克濟哈請吳丹而吳丹不去，調王用予而王用予説你非管我之本將軍，及吳丹調王用予而王用予又言你非奉旨管我之將軍，如此挨延四十餘日不去永寧，以致永寧再陷。今吳丹雖死，而跟去之章京筆帖式可問，況俄克濟哈、王用予現在可質可問。及至退兵，狼狽不顧前後，又棄叙府不守，奔上保寧大路，以致叙府防官文稟激切，情詞顯露，而協防之遊擊顧隆密稟投誠官兵家口，俱要出城，人心不可保，勢在緊急，全川震動，事關重大，不得不據實奏明，而吳丹爲明珠侄子，觸犯其心，立意陷害，臣之冤抑從此更多更深矣。今又不得不一并叙明者八也。

一，自永寧失陷，全川震動，佛尼勒既代吳丹將軍之任來叙府，王用予自當同來守城，剿賊立功，以贖前愆。乃效其父跋扈之心，竟不來叙府，敢具疏去取遵義。兵部就當駁問，王用予同吳丹係進永寧一路官兵也，永寧爲題明所指之地，乃不去永寧，縱賊圍城，及同吳丹救援永寧又不速往，以致城破。胡國柱等即破永寧之重賊也，今現在永寧，而王用予即去救援永寧，一起重兵也亦在永寧，理當隨將軍佛尼勒剿此重賊，以贖前罪。何得不剿此現在之重賊，又要東去遵義？舍近圖遠，於千里之外尋賊去殺耶？明係避重賊，走空地。一面問罪，一面申飭，纔是重封疆、保全川、忠君爲國之心，乃竟准王用予去遵義，其所以准其去者，要丟棄四川，害臣陷臣。獨不想丟棄四川，害臣父子一身一命事小，而害封疆誤國計不其重且大耶？是臣不得不再將諸人欲丟棄四川情由細陳於我皇上聖明之前。如前取四川出臣首倡，其言兵不可進、川不可取者，自是樂災幸禍。王進寶使其子上疏去遵義，欲丟棄四川脫己之罪，并脫其子之罪。吳丹有不能保守永寧之罪，又有不能救應永寧之罪。兵部既得其賄，又趨奉明珠，故令王用予去遵義，遠重賊，又令臣去瀘州，棄成都，内外相應，總是立意要丟棄四川以快其心，以卸其罪。爾時川東、川北、川南一帶已降之賊復叛，烏蒙、鎮雄已與賊運糧，松潘謝掄已有不軌之心，江安、富順、隆昌一帶竟有包網之人，峨眉、嘉定、犍爲、洪雅、雅州一帶之民俱逃入山。又拿獲奸細，供稱逆賊千餘扮作逃兵，分投各處地方，給散僞劄，來成都者有二百人。成都四外近城之地民皆逃避，督、撫、司、道、府、縣竟無衙役，叙府投誠官兵不安，文報緊急，地方情勢如此，民心兵心如此。又胡國柱一起重賊破永寧後，心愈大，勢愈重，西來攻叙府，接關山、象嶺之賊，意在平成都，故使賊兵來成都，散劄誘成都已降之官，而降衆或已被其餌誘，否則二百奸細何無人出首一二？惟是未敢動者，以臣取成都不曾殺搶，良心尚在也。内患又如此。想四川爲雲南之門户，難取難守，我有則賊不能守雲南，我失則爲陝西之大患。臣既首倡取川，豈肯輕棄！倘若少欠主持，效吳丹、王用予守空城，走空地，徑遵部文，東去瀘州，則叙府自是不保，叙府一失，則嘉定、邛、雅接連榮經、關山、象嶺之賊自出，與胡國柱一起重賊合兵，松潘自是變動，高楊土司自是接應，不用走邛雅大路，由蠻地直適成都西門，而我留守之兵不過一二千名，自難固守。且在内投誠反覆之人更難防備，況彼時全川已去，止有叙府、成都兩處，而兩處之民尚在疑貳，若再失守，則民自不應糧，兵自無食，兵一無食，事尚可問？是全川之重在成都，而成都之重在臣一身，萬萬不可離成都，而臣亦期以身殉，城存與存，城亡與亡，非事後之言，前疏可查。至於王用予不來叙府，佛尼勒一路竟無漢兵，只得將李芳述等一起撤回，應進建昌之兵仍留扎站於犍爲，接應叙府。又慮投誠官兵有疑貳之心，遂遣官王國興、陳天祥等持銀一千兩、馬二百匹，并行叙府知府備船將家口移來成都，就近安插，以牽其心，將成都投誠可疑之官，曉以大義，教以忠順。又將投誠兵丁未經題明食糧者，挑選一千二百名，令投誠隨征總兵王國臣、李應魁等十二員爲總統，副將蘇虎、仲玉位等二十四員爲領旗，總統領一百名，領旗各管五十名。總統各賞銀一百兩，馬一匹；領旗各賞銀四十兩，馬一匹；兵丁各賞銀二兩，綿甲一副。查各鎮營傷亡病故兵缺，陸續頂補，以勵其心。又遣副將胡攀桂、馬玉等於郫縣、漢州一帶分頭截收朱衣客敗奔之兵，雖收回一半，而盔甲、器械全無，衣帽鞋脚不堪，嚴令將弁速速領餉整頓。查各營前報剿賊得獲之器械，并臣所造綿甲連架棍散給，旋整頓、旋遣發與投誠官兵，兼搭而去。前遣總兵毛正義、毛成虎等，同劉登賢出新鎮，走建昌，與官兵先爲通信。繼報逆賊出犯，再遣總兵段登仕、李弘鑒、李鍾秀、王朝幹等剿出犯之賊，接續毛正義等前進。又遣總兵王國臣、李應魁等於中鎮剿出犯之賊，接應新鎮，而趙弘燦、偏圖、馬山先於雅州一帶堵剿關山出犯之賊，李芳述、鄒九疇、顧隆、陳英駐劄犍爲，堵剿沐川司出犯之賊。此臣用盡心血，兼顧兩路之竭力。及成都安插稍定，人心稍安，遂會同將軍臣俄克濟哈率領成都所存滿漢官兵前去嘉定一帶，先剿近賊，再救建昌。行至新津縣地方，接將軍臣佛尼勒移文，內開"胡國柱等逆從馬湖過江，適新鎮、銅河，出峨眉，相連建昌、象嶺等處，要來取嘉定、犍爲，斷叙府之後路，僞金總兵帶一千噶把什、六個象做前隊，從馬湖往叙府來了，僞將軍王緒帶七千兵做二隊，胡國柱帶賊衆萬餘做三隊，於叙府江南岸，尤廷玉、黑邦俊等約齊到叙府各處過江，一齊夾攻。又王緒從馬湖過江，已於嘉定扎營，胡國柱帶領賊衆欲先取嘉定、峨眉，斷叙府之糧路。查嘉定、峨眉係叙府咽喉要地，賊若占住嘉定，而叙府實難保守。請將軍等乘逆賊未占嘉定、峨眉，派成總兵馬連夜趕來鎮守"等語。又據總兵李芳述等塘報，內稱"胡國柱、王緒等逆賊擁衆二萬有餘，驅象六隻，下營一十七座，從馬湖渡江，欲從沐川司出犍爲，犯嘉定，抄叙府之後；出銅河，犯峨眉，通榮經，連關山之賊。叙府兵單，甚爲緊急"等情。至夾江各處報賊緊急，臣等只得分兵於各處防剿，將軍臣俄克濟哈率總兵偏圖等堵剿關山之賊，量留滿兵駐防嘉定，遣總兵柴英等出紫眼，抄關山之後，臣率總兵趙弘燦、李芳述等自嘉定前往迎剿，而官兵既與逆賊接戰，佛尼勒當尾隨前來前後截殺，却又東去永寧，以致逆賊於各處鴟張，臣只得分頭堵剿四敗逆賊，於觀音崖、三道拐、十丈空、新鎮將胡國柱、王緒等一起重賊殺入蠻地，保全四川，不遂群奸朋謀之計。此又臣捨死亡生兼顧兩路之苦心，總皆仰賴我皇上洪福、國家威靈所致。惟是群奸用意必要丟棄四川，害臣實實事小，而害封疆實實事大。今已死者固屬天誅，而現在者未正其法，此臣疾首痛心所不甘者，於今一十六年矣，冤抑未伸者九也。

一，王進才不思身寄封疆爲重，有寧死不敢離汛之條，乃狼子野心，鷹眼未化，竟敢輕棄建昌。查退出之日，城內尚有四十日之糧，該道傅作楫可證。且建昌營官兵穆應魁等願隨兵前來者，尚帶有妻子婦人，賊勢可知。原當指參以正其罪，奈爾時兩路勝賊正在鴟張，兩路官兵銳氣俱刬，人人自危有丟棄建昌不守之罪。臣見機從權，只得暫寬其過，自行引咎具疏，以安衆心，再整兵復取建昌。查布政司劉顯第前於嘉定不曾備糧，止令前任松潘道今告歸之尚書王隲在彼空應，可問。及追賊抵新鎮，又無繼運之糧，而地方且爲賊過，無糧可尋，官兵乏食，摘蕎麥花、尋野菜充饑，既無裹帶之糧，又係生蠻不毛之地，窮寇難以尾追，臣又只得再轉銅河，破關山、象嶺之賊，由正路進取建昌。此間遼道千里，大山惡石，深壑陡崖，又兼陰雨連綿，泥濘跋涉，不獨攻險取要，與賊接戰，即此惡山深泥中奔馳，官兵以及馬匹丟棄，疲累至極，筆帖式瓦哇福保親隨可問。至峨眉，與將軍臣紀哈禮合兵，同到雅州，該州知州章履成册報，在倉止有二千四百四石糧米，其外再無顆粒。查滿漢官兵日支米五百石，督臣哈占題報於雅州裹帶四十日之糧，而四十日之糧該米二萬石有零，若以在倉之糧尚不足五日支放，將軍臣紀哈禮同副都統諸臣皆云："當一面差人去問哈占，一面題參請旨。"臣言："哈總督作事孟浪，前在陝、在川不知誤了多少國事，而遲誤軍糧以軍法從事，何等重大，他全不在意。今他在川東，若一去問，往返須十餘日，而題參請旨又須一月，軍機豈可失誤，兵糧豈可久待。不日去川東，即去成都催巡撫與布政，差人往返亦得四五日。將此在倉之糧轉盼支完，即哈占親來成都，未必有糧若許，即使有糧，四川無車，亦無頭畜駄運，止是人背，每人止背一斗，此時未必催得起三五千民，即使能催民三五千，所背之糧不足一日支放，終無裹帶之糧。惟有儘此在倉之糧，量挑官兵裹帶先進，其餘在後等糧，或將軍先行，或我先行，請將軍裁定。"而將軍臣紀哈禮急口回言"皇上之旨，着我隨將軍，不曾說將軍隨我，將軍先行，我在後等糧"等語。臣感紀哈禮誠實之言，遂回言："既將軍如此說，我再不敢辭，或將軍定撥些滿洲隨我之後。"紀哈禮又言"糧既無多，滿洲再一分支，你前頭漢兵單薄，莫若滿洲一總在後等糧。且前頭急在用步兵，滿洲又離不得馬"等語。臣遂督兵前進，筆帖式瓦哇福保親隨可問。惟是臣所帶官兵半係自建昌隨朱衣客敗出之兵，半係隨王進才退出之兵，臣雖三令五申，曉以大義，嚴以大法，終不能喻，竟將十五日之行糧公然折賣。營官懈心誤公，營兵懼怯不前。臣見其情勢非善言可以格化，遂查拿賣糧兵丁四名，當即梟斬，將頭懸掛於放糧之所，買糧人犯一送旗下懲處，一發該州枷示，此副都統西布、張所養并總兵偏圖、馬山，筆帖式瓦哇福保暨滿洲大小章京官兵等衆可問。臣至洪雅，先遣總兵王進才、李芳述分兵兩路抄出關山之後，及臣抵榮經，而王進才、李芳述竟未前進，王進才言"走五姓蠻地，兵單恐不能破險"，李芳述言"洪雅無糧，等候二日，土人言出野鴨池須走十四五日方至大渡河，恐不能如約"等語。臣見兩路奇兵已遲，正關又不可稍緩，除再遣副將石福、守備葉自昌等前去秦家街，尾隨王進才接應，令總兵李芳述過山，適黃泥嶺，抄出箐口之後，遣總兵張友成、鄒九疇等由大路，臣親身督率前進，連破箐山站、周公橋、八方、黃泥鋪、偏崖賊營五座，直抵土地橋，見正關三層，逆賊密布鎗砲，橋口兩岸重用柞木、竹牌、石囤，伏賊於後。臣親督官兵重披馬綿，再用竹挨牌、綿簾，派頭、二兩敵前用百子砲步步攻進，逆賊伏兵率皆纏頭皮盔、馬綿大刀抵敵。官兵奮勇直前，兩陣鎗砲如雨，將賊殺敗，連奪柞木、石囤、重牆三道，直至橋口。臣見橋下大水汹湧，陡崖惡石，我兵所站南山俱係深溝大壑，不接關山、象嶺，輾轉思維，若不速攻，大衆官兵屯聚於窄溝山峪中，自非久扎對壘之地，若單攻正關，不用奇兵，不獨地勢險隘難以用力，抑且傷兵損威。遂於李芳述、鄒九疇兩營川兵中查出引路長毛民，供有黃泥鋪走山之民劉應素深知山勢，隨喚劉應素問明，懸以重賞，令爲鄉導，從八方山後鑽林砍箐，爬崖出長老坪，抄關山之後。又令鎮將舉善走步將陳應先、唐希順、陳英、蘇虎，挑選便利步兵一千名，約定十三日透出長老坪。十二日攻打竟日，賊尚鴟張，十三日再督官兵努力，而陳應先、唐希順等官兵從長老坪抄出，兩軍截殺，逆賊大敗，遂奪取關山、象嶺。臣傳令官兵急急追殺，不可少停容賊拆橋守險。十四日黎明，大敗逆賊於黎州，不容官兵進城，止令追奪取大渡河爲功，於是再敗逆賊於漢陽街。十五日奪取大渡河，即瀘江也，逆賊無路，僞副、參、遊蘇友直等七十四員，僞兵除陣斬、滾崖以及落水不計外，現存一千六百名盡皆倒戈投降。又於火塲壩追擒僞總兵蔡國明、戴聖恩、于登明，大破全軍。至大渡河，水勢汹湧，兩岸陡險，止有船三隻，每船渡馬止可十匹，竟日止渡兩次。臣與將軍臣紀哈禮等公議，若候大兵過完一齊前進，軍機恐難等待。臣等遂將已經過河滿漢官兵督率先行，而未經過河者，責令該管章京將弁挨次過河，隨過隨行。不但官兵斷糧乏食跋涉，更際瘴癘正發，霪雨連綿，河水暴漲，人病馬倒，慘不忍言。若非用兵神速，追賊緊急不容刻緩，覆賊全軍過大渡河，而蔡國明等搶得上渡口，止須三二百鎗手把住河口，萬萬不能渡，竟成兩持之勢，而胡國柱以建昌爲家，又豈肯輕棄耶？且胡國柱、王緒、尤廷玉等逆即破永寧，陷瀘州，吳丹、王用予不敢近之重賊也；蔡國明、于登明、戴聖恩等即敗朱衣客，追逐於千里之外，奪拒關山、象嶺之賊兵也。而臣自成都起行，所統所領之兵即建昌退回爲賊所敗之兵也，以如此之賊、如此之兵，又如是之時際、如是之地方，臣一身擔當，兼顧兩路，不辭艱險，勇往直前，將湖廣、雲南并力來川兩股重賊殺敗，追入蠻地，又攻破關山、象嶺，蔡國明等全軍覆没。再取建昌，胡國柱等賊衆大散奔逃迤西，使兩股勝賊瓦解，不能回雲南爲患，使一旅敗兵能振然而起，隨臣成功進定雲南。如此一番功苦，官兵未蒙議叙，兵部反議臣不救建昌，革去將軍總督。查建昌先爲蔡毓榮所失，而臣恢復；繼又爲朱衣客、王進才所誤，而臣又復取。況朱衣客、米之順、王好文、藍兆周、王洪仁、吕自魁、趙元輔、馮德昌等係臣節次發去守建昌，救建昌，官有百十餘員，兵有一萬九千，并非勒兵不發，臣實無罪，兵部將失川、誤川及丢棄建昌諸人皆脱然無事，而反將取川、守川、兩復建昌兼頭兩路有功之臣而加罪耶？冤抑未伸者十也。

一，臣到雲南，見滿漢官兵壕墻營盤東扎歸化寺，西扎碧雞關，通長約略有七十餘里，北扎銀錠山，南扎滇池廟，通長亦有五六十里，以周圍合總何止二三百里。將一昆明池海子全棄於賊，而我兵之壕墻營盤相距既遠，任賊出入無忌，且在北原亮兵示威，人猶强壯，馬係一臕。細看賊之情勢，在内布置嚴密，將南面石渠引海子水入内，沿渠對岸砌垛口，墻間空築砲臺，分兵把守，而土橋、新橋、得勝橋下三個營盤，東、西二寺下兩個營盤；西面是海子，一片皆水；北面在銀錠山下，一望平地，無關廂、無房屋人民，賊挖壕三道，亦砌壕墻砲臺；東面率皆稻田，賊放水淹，一片爛泥水坑，通無路徑，無房屋墻垣。近城原是大河，又挖渠聚水，對岸亦砌垛口墻，安設砲臺。是賊之勢專守外護。我之前到官兵坐守九個月，不爲不久；滿漢官兵十有餘萬，不爲不多；而月需米六萬餘石，餉銀百萬餘兩，又不爲不費。臣於九月十六日到雲南，十九日在貝子營内議話，臣遂言緊要三事。一、城要速取，先當破外護，使賊匹馬不能出，方可望降。今賊尚在寬處，又不缺糧，那投出之人有説降者，小人之言不足信，如我等獸坐守他來降，轉盼過冬，明春一定無糧，兵馬缺食，大有可慮。如順治十五年孫可望自亂來降，大兵進征雲南，李定國并未守城，去外國，滿洲大兵旋即撤回京城一半。漢兵進滇者原自不多，次年米價每斗賣至三兩七八錢，每石三十七八兩，人死枕藉，此我眼見者。此番四路滿漢大兵，過倍於昔年，今我要當急急進內攻取外護，賊自緊急，如一緊急而擒渠獻城者有之，即攻城亦易。一、我之壕墻，各家自便留門，每日進內尋柴割草之人不下萬餘，小人圖利，將米暗賣與賊，目前情勢已見。聞起初我之尋柴割草者，城頭於外護壕墻尚用砲打，今全不打砲，竟到一處説話。城內米雖貴，尚有街市，此其明驗。今要當急急堵砌便門，每一面止留一門或兩門，每日每門差章京、營弁各一員把守，凡尋柴割草之人進內，止許帶乾糧餑餑一個，不許帶米。如此，賊自乏食。一、投出之人且不可分，是兵仍令原收之人好生看養，是民發布政司取保，必待城開，請旨再分不遲。若一分人，那所得之家自當奴使，如可以與人爲奴者，不足輕重；如不可爲奴者，一聞此信，自不肯投出。是我自閉招徠之門，反與逆賊添力矣。臣不知清語，貝子不説漢話，係內院臣顧巴代以滿、漢語兩譯傳説，沙海在坐，可問可證。爾時諸臣面然心不然，次日雖於周圍躖看兩天，終不依從。臣又單去貝子前，復諄諄開説不聽。迨至十月初一日，部文到來，奉旨嚴令攻城，且責在滇有罪大臣不少，不乘此時取城立功更待何時，而諸臣於初六日在督臣金光祖營內議語，方照臣前言進內取外護。大將軍賴塔所統官兵在西、北兩面：西則取杏花府，而杏花府在海子中，三間亭子房屋已拆，不過一塊空地，離城十五六里，既不能近城，取之何益？北取銀錠山，而銀錠山現係官兵下營之地，何待去取？不過於山頂高處安了幾位大砲。貝子章泰所統一路官兵在東、南兩面，而東南則得勝橋、南壩。議取兩處，大將軍等以蔡毓榮兵有一萬九千名，而臣一路官兵，前貝子説雲南無糧，止令量帶五千前來，其餘俱檔在武定府，遂令蔡毓榮撥兵四千、總兵四員，令臣撥兵二千、總兵二員，進重關下營，取得勝橋。臣言："南壩、得勝橋，賊之要隘，重勢在此，原當速取，更當并取。今不取南壩，單取得勝橋，賊自并力守得勝橋，夜晚必來劫營。且兵臨城下，賊自着急下死力，不可不防。況六千兵至輕至單，再用兩家之兵，而六個總兵六條心、六樣號令，我等不去，勢必誤事。"賴塔作嗔言："我們自然接應，照你這樣説，着誰去？你説。"臣回言："這也没惱的，我説的不過慎重之言。至於着誰去，在大將軍定。我説我去，蔡將軍先到九個月，我逞我的能麽？我説着蔡將軍去，這進壕取外護是我説的話，今又不敢去推人。大將軍着誰去就去，怎麽問我？"賴塔又作喜言："你説的是，我就定了罷。趙將軍你就帶兵六千進重關下營，取得勝橋。"遂令臣再於武定調兵五千，共合一萬，留四千守墙子營盤，六千隨臣進壕墻攻戰取橋。武定離雲南一百八十里，限十一日兵到，十二日四面齊進攻取。臣再問貝子怎麽説，貝子説："大將軍議定，我二人一樣話。"臣又問在坐穆占等怎麽説，衆應説："大將軍議定就是這樣，再有何説。"此顧巴代盡悉，可問可質。不期貝子章泰生心改口，初七日蚤差一毛蝦向臣言："王爺吩咐，着將軍撥兵二千、總兵二員同蔡將軍兵四千去重關下營，取得勝橋，如重關可下營則下，如下不得營撤兵回來。"臣即回答説："此是王爺、大將軍之初言，後議定我帶兵六千重關下營，取得勝橋，十一日武定兵到，十二日四面齊進，今王爺怎麽又是這樣説？且漢兵説不得撤回的話，你去回王爺。"不知毛蝦怎麽去回，而貝子令蔡毓榮兵進重關，令臣下兵五千與蔡毓榮兵挑壕。蔡毓榮白日在營虛張聲勢，晚間偷回。自初七日進兵，至二十一日，計一十五日，不但不敢攻取，連橋亦不敢近。是日有一僞總兵吳應龍獻得勝橋，蔡毓榮自己既不敢去，又不差經制官弁，乃令一投誠副將蕭棟帶兵五百名去守橋。是夜賊兵殺出，將五百兵丁殺擄殆盡，蕭棟僅以身免，而重關營盤幾不能守，貝子將蕭棟綁了一夜。二十二日，請臣等議話，却又不提蕭棟失橋之事，暗行釋放。賴塔含笑，遂言："前趙將軍説着兩處并取，極是。大家混稱無兵，今得勝橋不能取，還是該怎麽。趙將軍你的兵到了，你還取南壩罷。"臣見諸人偏心誤事，本欲駁問幾句，奈係王公大人，遂隱忍不言。隨即親進壕牆，前去南壩觀看賊勢，於本日二鼓時督兵先進，黎明攻取南壩橋，直抵玉皇閣，將守閣賊兵殺敗，奪取玉皇閣。穆占於日出時始來，止帶二三百兵，且不過南壩橋，而郭壯圖親督賊兵出外護壕牆，與官兵下死力大戰一日。至晚穆占帶兵竟自回去。臣見東、南兩門賊兵漸出，知必夜戰，遂傳鎮將吩咐："今晚賊必來攻營盤，勢頭不善，我等既入壕牆危地，須當努力，不可輕視，臉面要緊，死生自有一定。"遂將馬兵一半撤出，伏於南壩橋頭兩岸，披甲以待，一半幷馬披甲在於營牆南面列隊。其步兵分作三層，安於東、北、西三面營牆裏外，而營內閣牆高處用子母砲、交鎗上下二排，營牆外、壕牆內伏破陣之兵，重披馬綿，用大刀連架棍，賊若過壕，伏兵四起截殺，分派已定。於二鼓時，逆賊果擁大衆前來攻營，賊勢已如破釜沉舟，官兵惡戰，捨死忘生，逆賊三進壕牆，伏兵三起殺出，而馬兵四應，邀截於前方，始殺敗。二鼓戰至五鼓，一夜砲聲振天。我之四面滿漢大兵竟無一人一騎前來接應，是賴塔前說接應，盡屬空言。次日章泰、賴塔、蔡毓榮等閒遊前來，畏其砲火，尚不敢過南壩橋，使人來叫臣去說話，臣含血淚前去。及至抵面，全不言夜來逆賊是何舉動，今日當如何添兵協同下營，但說閒話，視同兒戲。在諸臣一肚子樂災幸禍之心，只願將臣殺出爲快。臣氣憤不能忍，問說："昨夜賊來攻營，與我鏖戰一夜，大將軍前說接應，如何不來接應？"章泰混推蔡毓榮，而蔡毓榮言："我的重關要緊，無兵可發。"臣言："既不發兵前來接應，你分定取得勝橋，賊來攻我的營盤，你也該統兵攻得勝橋以分賊勢，纔是叫你在營內高坐不成？"賴塔說："西、北兩面遠，如何接應？"臣又問："原說四面齊進夾攻，如何不進？"賴塔又言："你看我那兩面如何進得？"臣言："怎麼進不得？白日城頭砲火原重北面，果無影身之處，夜晚可以直至城下。再不然，銀錠山腳下用五六千兵亦可安營爲聲援，分賊之勢。西面、東面官兵不少，既進不得，南面儘可進得，不該發兵前來安營協同攻取麽？大人們坐觀成敗，於心何忍？既然如此，請回罷，不必再來閑看，死活在我。"衆皆作嗔而去。臣再嚴飭鎮將官兵："你看衆人用心如此，生死在我自定。賊昨夜前來原是破釜沉舟之計，雖被我殺敗，今晚尤須要防。不若攻取新橋、土橋，看賊勢如何再作商定。"遂令收拾攻具，於新橋、土橋兩處，明攻於石渠上下空處，令會水官兵用釘板暗渡，連攻兩夜，於二十五日三更時官兵下死力惡攻，暗渡水手兵過渠，號砲起火，一應賊衆始懼。我兵奮勇，於新橋越墻而過，勢如爬城跳船。土橋亦被官兵攻取，再分兵從賊之外護壕墻內追殺，并取得勝橋，躡東、西二寺營盤，大戰於三市街，將賊追殺入東、南二門，遂令兵拆房，用大木插巷口，安勁兵把守。二十六日，穆占帶滿兵來，在東、西二寺南面墙後列隊。二十七日，章泰設計，使穆占前來要得勝橋，乃巧言說，"貝子說得勝橋原是派定蔡將軍取，他不能取，有罪，不是麼？將軍取了，有功，不是麼？今他的兵一萬九千，閑閑坐着，將軍兵止來六千，守這幾處險要，兵單，甚爲可慮，可將得勝橋與他，令他撥兵看守"等語。臣言："昨日我玉皇閣安營，賊來下死力攻戰一夜，無一兵前來接應，怎麼就没人言兵單可慮？衆人既來看過我的營盤，緊逼新橋，離賊不足百步，怎麼又不言兵單可慮？今將賊殺敗追入城內，橋已取了，而言兵單可慮，不亦晚乎！況蔡將軍既不能取，他自不能守，我既能取，自有能守之法，不勞費心。上復王爺，此橋萬難與人。"穆占去而復來，又添差巡撫王繼文以大言虎嚇説："不與橋，不令重兵守，是何存心？萬一有失，干係誰認？"臣回言："前到官兵坐守九個月，不即攻城，是何存心？今我破賊取險，反言是何存心，何忍出口？當日不取就不説干係，今我取了反言干係，這等説還是不取的好！回去上復王爺說我不與此橋，若有干係，我認。"後又説："王爺是大將軍，不遵大將軍是悖旨了。前到官兵九個月，今功歸一人不成麼？"恐事激生變，自午後說至二更，臣忍氣吞聲，於三更時撤回，臣下守橋官兵藍兆周等將橋交與蔡毓榮安兵。是夜四鼓，城内火起，喊聲不斷。五鼓，僞内府左將軍胡國柱、金吾龍威右將軍吳世基差官陳應龍執用印綾字二幅赴臣處投誠，説："自外護一失，人心大亂，我的主子同線緘等擒郭壯圖獻城,而郭壯圖見事急,放火燒家自刎,特遣小的前來投降,請大老爺差官到南門説話獻城。"臣當即賞陳應龍銀五十兩,仍披紅。隨令總兵李芳述等前去,天明時,李芳述回來言説,"城頭有人説林天擎差人垂城,到得勝橋蔡將軍營内去報貝子,而貝子不叫在南門講話,着去東門講話。卑職見過内府將軍,説吴世璠亦死。如今請卑職去東門説話"等語。臣説:"我等捨死忘生,入内破險取城,原爲仰報朝廷,我若不與他得勝橋,他連走的路徑也没有。今諸人如此嫉忌用心,既不容在南門講話,就去到東門,又有何意思?若城不開,賊不滅,我當争説。今既已來降,憑他去罷,不必去。"以上情由顧巴代、沙海備知,未必從實啓奏,而去雲南官兵不少,豈盡無忠臣義士?皇上敕旨遍問,臣敢有一字之虚,願甘欺誑之罪,僞印綾字現在可證。此章泰等畏縮不前,不敢破險攻城,坐守九個月,糜費錢糧。及臣言三事,不但不聽不用,反起嫉忌之心。於當衆議明已定之公事,又復壞心改口,别用私人,幾誤大事。迨至城開,奪人之功,冒爲己功,令心腹蔡毓榮同穆占等侵盜逆産,隱占婦女,白日從東、北兩門馬馱人背,全無忌憚,夜晚於城上垂吊,從旁不平之人,搶奪喊聲如臨陣勢,每夜不停。即佛倫先則移文與臣,言逆産當充兵餉,後則隱匿不報,朋比侵蝕,猶如坐地分贓。將臣一路官兵入壕,與賊拚命死戰,破險取城之功竟爾丢開,功罪不明,冤亦未伸,於今一十六年矣。不得不一并奏明者十一也。

　一,臣自撫安寧夏,以至首倡進川,攻克雲南,并不與衆朋比侵盜逆産。及在曲靖奉旨陛見,朝聞命而夕就道。自始至終,止知忠君報國,不惜身命,一力擔當,一力勇往。自謂到京,不知如何秉公議叙,不期群奸畏罪,希圖脱卸,欲害臣死,以滅對質。而蔡毓榮爲明珠親家,穆占、吴丹爲明珠侄子,明珠既已親親相爲,又被逆産薰心,内外連黨,朋謀讒謗。主使李霨暗害,着留京用鑾儀衛;主使王承祖,明言臣心不可保,做不得邊海之官,要將雲貴總督改用蔡毓榮。今李霨已死,王承祖尚在,而兩奸讒口,臣實不甘。即以李霨而論,身爲相臣,當思舉忠黜佞，上報朝廷，乃趨奉明珠之頤指，貪得蔡毓榮所侵之逆產，甘爲人役，謗害忠良，生竊冠裳之榮，死作昧心之鬼。再以王承祖而言，當康熙十三年，逆賊反叛，人心惑亂，正臣子公爾忘私、國爾忘家之時，乃敢託病辭官，竟回陝西。查十四年逆賊王屛藩出犯陝西，而平涼正値大變，承祖急急回陝者何心？至十九年平四川，二十年定雲南，而承祖即於是年報病痊起官，不識承祖是何疾病，一病七年。賊亂則辭官，賊滅則起官。此等奸佞不臣之心已露，吏部檔案可查，在廷諸臣無一人彈論，尚容欣欣然於長安道上公然出頭言人論事，誣孤忠之心爲不可保耶！試問王承祖何以見臣心不可保，豈以捨命忘生、恢疆復土之心爲不可保，而奸佞不臣之心爲可保耶？天下未平，臣心既在可保，而下死力滅逆渠；天下太平，反謂臣心不可保耶？明珠又力扶王進寶以滅臣，主使翁英疏薦其賢，奏稱四川之民盡感王進寶之恩，又稱王進寶可以世守陝西。查王進寶止到保寧即回，而保寧放搶一月，方圓二三百里受其荼毒，恨入骨髓，是保寧之民不感王進寶可知矣。他若川西、川南、成都、峨眉、嘉定一帶之民感則感臣，怨則怨臣，王進寶並未到去，與彼何涉？而翁英敢巧飾假借，且二十四年王進寶之兵譟變於平涼，東搶至涇州，西搶至固原，以至殺人，王進寶跪於東門外與兵發誓鑽刀，人所共見共知，王進寶馭兵無紀律，到處以殺搶爲事。兵既素縱，又以進京使費剋扣不已，以致兵叛。而叛後找餉，亦人所共見共知，乃坐以州縣誤糧革職。李代桃僵，試問翁英，如王進寶此等行事，設若不死，尚可以世守陝西，不可以世守陝西？何其趨附勢要，欺君妄奏若是耶？至於吳丹、陳壽買囑犯弁王明池反噬問款，授稿誣告臣謀反，及經審明情虛，應當反坐，乃明珠代爲脫罪，初則擬斬擬絞，繼則問充軍，而終則以責打三十板結案。吳丹、陳壽諸人脫然無事。試問誣告人謀反所犯何等條律，而止以責三十板了事乎？再如蔡毓榮爲川湖總督，有失湖南、失四川之罪；雲南坐守九個月，有畏怯不前、糜費糧餉之罪；鑽營雲貴總督，入城侵盜在官逆產，奸占在官婦女，有欺瞞君父之罪。哈占爲陝西總督，有失漢南、失臨鞏之罪；聽信吳丹，使巧貪利，將題明陝西運敘府之糧，脫卸於保寧，以致永寧、瀘州以無糧失陷，有貽誤封疆之罪；又再進建昌官兵，哈占題明裏帶四十日之糧，而雅州止有糧二千四百四石，有巧飾妄報、遲誤軍糧之罪。蔡毓榮、哈占均以直抵雲南，免其圖功，還其原職。不曰哈占失陷封疆，遲誤軍糧，即彼止到曲靖，并未至雲南，未見逆賊。不曰蔡毓榮數犯大罪，即到雲南，而坐守九個月，虛糜多少錢糧，有何功可錄？乃皆以直抵雲南，復還舊職。其言兵不可進，滿洲攢眉蹙額。又有言今年不可進，以待來年，事平皆脫然無事，尚有陞官加級者。王進寶保寧託病抗旨，直回固原，又假以換班，惑亂兵心，有不臣之罪，并未直抵雲南；王用予不救永寧，貽誤封疆，亦未直抵雲南，事平皆脫然無事，官居原職。而臣自撫安寧夏，以及首倡進兵取川、守川，兩復建昌，遇事之苦難，成功之不易，孰有過於微臣者？破險取要，攻克雲南，滅此朝食，上抒聖懷，又孰有過於微臣者？事平，反議革去將軍總督。即尋常平一山賊，滅一小寇，猶有首功之人，酬勞之典，何況蕩平八載之巨寇，剿滅稱帝之大逆耶？總因臣福命淺薄，塞遭羣奸排陷，上負聖明眷注之隆，下負官兵戮力之苦，而此項功勞竟不知歸着於何人。冤抑未伸者十二也。

一，功加參將周應泰、白守仁等叩閽，奉旨行臣查報，而臣備敘官兵同心合力、始終滅賊情由，蒙我皇上溫旨加臣，特敕廷議，而在議諸臣應當遵旨查臣本內事情：曾否首倡？是否以五千孤軍深入，出三路之前先取徽州，先取略陽？是否先取成都？而寧羌到成都果否一千四百七十里？寧羌到保寧果否五百四十里？恢復過地方果否有六府十二州、五十五縣，及衛所土司四十餘處，招撫過偽將軍、巡撫、總兵、副、參、遊、守、司、道、府、廳、州、縣等官果否有千餘員？繳過偽劄果否有一千六百二十七張？繳過偽金、銀、銅印、關防果否有二百六十六顆？而取川、守川果否出臣一人？如其不實，當議臣罪；如其是實，當論臣功。至雲南前到官兵是否坐守九個月，而臣是否一到即言，一言即取？臣於十月二十五日破險取外護，二十七日城內兵亂攻郭壯圖，而郭壯圖見事急，燒家自盡，吳世璠隨亦自死，此滅賊取城是否出臣一人，不待言而自見，不待問而自明者。況臣疏內直指湖廣、廣西兩路官兵遠望不前，并未對賊，旨意亦有"趙良棟止率伊標官兵奮勇克取得勝橋等要處，逼近城郭立營，勞績茂著"，煌煌天語，至明至公，豈在議諸臣竟不遵照明旨，不查本內事情，會議具覆，乃抄寫二十五年復臣將軍總督之上諭，又引以"不救建昌"不敘，又引以奉旨"知道了"不敘。查臣自進兵以來所奉之上諭、所奉之溫旨甚多，如諸臣必欲引從前之上諭，何不抄寫"爾如盡力報效，復定漢中、四川，朕必不拘成例，從優加恩"；"爾以應取興漢，倡先具奏，隨行進取興漢，所向克捷，恢復城池，厥功茂著"；復又"首先進取四川，朕甚嘉焉"；"若不克取成都，保寧如何而得"如此屢次之上諭。又諸臣必欲引從前之旨，何不引"覽卿奏，親率官兵，首先進取四川，於密樹關等處地方擊敗賊眾，恢復徽州，具見籌畫周詳，調度有方"；"將軍趙良棟擊敗賊寇，撫定地方，將賊各處所有糧米盡行收取，支給兵丁，星速前進，有裨進剿機宜，深爲可嘉"；"覽卿奏，率兵進剿四川逆賊，直抵白水壩，浮水過江，攻破逆賊營寨，擒斬甚多"；"覽卿奏，率領官兵沿途剿殺逆賊，星馳前進，恢復省城，具見籌畫周詳，調度有方"；"首倡入川，長驅克捷，據奏，遣發官兵於永寧地方殺敗逆賊，可嘉"如此數次之溫旨，乃止引以"知道了"之一旨抹煞。前後節次功苦不查，本內效力逐件止抄寫塘報一兩句，略其重，描其輕，論殺賊多少爲等次，以官兵加十等，紀錄六次，亦應加十等，紀錄六次，削去八等，給一拖沙喇哈番。夫爲將者，肩任既重，功罪自大，豈可將首倡進兵，而進兵克效，取四川，破賊勢，取雲南，滅大逆，反與末弁兵丁同論賞罰耶？如必以殺賊多少而論等次，則平涼係招撫，而圖海封公，不聞有殺賊多少而論等次；張勇封侯，尤不聞有殺賊多少而論等次。進剿臺灣官兵加至三十等，即以三十等論等次，施烺止應一阿達哈哈番，不該封侯。臺灣歷來不服中國，施烺深入克平，固屬有功，然海外一隅之地未必重過四川與雲南。如雲南、四川，朝廷封疆內地，爲賊盤踞，而連年用兵供應糧餉，不特地方兵民不安，抑且糜費帑金幾千萬萬兩，是四川不急取，則雲南不能進，雲南不蚤下，則人心不能定，且逆賊抗拒七八年，僭號稱帝，逆天惑人，較之平涼、河西、臺灣等處果孰輕孰重、孰緩孰急耶？竊思九卿大臣所秉朝廷之政令，會議國家之大公，是非功罪豈可紊亂。臣在前蹇遭群奸朋黨明讒暗謗，以致是非不定，功罪不明，猶望此番王公勛舊大臣豈盡不忠，自有公道除昔年之顛倒，遵今日之天語，詎意在議諸臣寧肯昧自己之良心，不敢違明珠之意指，雖蒙恩旨一下再下，聖明蚤有洞鑒，而諸臣欺天欺人，局勢牢不可破，使臣一腔孤忠復似石沉大海矣。冤抑未伸者十三也。

一，臣自予告歸里，息養殘軀，以終餘年而已。不期康熙三十一年滿漢官兵來寧夏防邊，奉有"指商軍機，指授將軍總督"之旨，臣感激兩下之寵命，敢不殫心參贊，仰副恩綸！乃吉囊遷徙最易之事，而文到之日竟不通臣知，以致耽誤，雖不在臣，已跪奏於侍郎臣邁圖代為啓奏訖。

至於馮德昌，市井小人，不知皇恩，不畏國法，惟利是求，戰陣則無膽，貪賕不怕死，如前殺經略，搶經略，以及歷任之貪婪不開外，而寧夏總兵三年空糧一千一百分，每年約計五萬餘兩，尚不遂慾。又派營路副將每節禮一百二十兩，一年四節一生日，共該銀六百兩；參將每節八十兩，共該銀四百兩；遊擊每節六十兩，共該銀三百兩；守備每節二十四兩，共該銀一百二十兩；專城把總十二兩，共該銀六十兩。以上大小營弁節禮未有各官於家中帶來者，自是兵餉。又每年索要巡邊禮，大營四百兩，次營三百兩，小營二百四十兩，按兵數多寡攤派，總皆兵餉。又委用把總索銀四百兩，千總六百兩，保題守備一千兩。又發馬取利，兵苦兵累，又草折銀兩假以部駁，估計未定，盡皆私借私費。營伍廢弛已極，邊汛無兵可慮，地方疏懈，以致城市殺人劫財，蒙古野賊搶去廣武營官馬三百餘匹，無兵追趕，馮德昌接文，隱匿不報，反勒令官兵賠補。此一弁者可謂陝西貪官之首，貽誤封疆之甚者。總督所司何事，豈無訪聞？及佛倫親到寧夏，看過所招空糧新兵七百一十九名，又官兵告餉銀，告草折，理當據實題參，自行引咎，乃竟不補參，反大罵營兵要殺等語。而外路以及鎮城空糧新兵一千一百一十七名，中軍遊擊陳維屏等造有印册，馮德昌現在寧夏，就該傳來面問面質，并查有無如許之隨丁，亦并不查問，含糊丟開。此間是否受賄故縱？前臣不逕行題參并細開款件者，因臣雖係總督，原非現任，一面密疏報明，一面移送現任總督衙門。題參原出循理，乃佛倫竟不下切實看語，止抄臣移文，用浮泛猶疑之辭具題，此間又是否受賄故縱？至將軍臣郎坦強拿民間良人之婦，致民披黃錢於街市叫冤，入廟求神，八旗官兵共見共聞者，街面罷市，民生不安，皆由將軍不正，不能管人。總督一到，民告訴苦，情勢所必然，佛倫理當吩咐寧夏道查審，如虛責治刁民，如真移會郎坦，請嚴紀律。乃反大罵百姓，辱其父母妻子，即村野小人有難出口之語，而竟出於封疆大吏之口。自後生事者益肆無忌，民生益加不安，以致殺人。

　　至於噶喇昂邦杓奈侮臣辱臣，將伊家苦獨力二名用車裝載，於定更後打進臣門，擡至臣家，現有正白旗之拿街壯大福蘭保可問。其起由係杓奈家苦獨力拿夫鏟草，誤拿中營兵丁王楚，而兵不肯去，苦獨力就打，兵即喊叫。福蘭保將苦獨力拿起，杓奈同郎坦將福蘭保拿去，要摘翎子，要拿前程。次日佛倫到寧夏，親至臣家，二苦獨力自行下車，跪在佛倫面前，說"小的們是個小人，原沒有為些甚麼，大老爺與小的主兒說，說將我們引回去罷，在這邊好茶好飯供給着我們，心上過不得"等語，佛倫逐一看過，并無傷痕。次日佛倫又言："我問噶喇昂邦，他說他不知道，他既不認就罷了，況他們是客，我已着人向郎將軍說，着他差個章京來領回去罷。"此佛倫勸臣之語。隨有一兵部章京同福蘭保來，將二苦獨力引去，彼時章京又復看過，并無傷痕。查十月二十三日有二三百人打進臣門，將苦獨力用車擡進，放在臣院子裏，前門已是不敢行，臣打發人從後門往將軍郎坦處、纛章京四格處、副都統阿南達處去報，而三家并不開門，說"睡了，明日說罷"等語。臣思無故受辱，衆人又復不管，惟有奏明天聽，請旨質審而已。

後因佛倫再三勸解，臣遂舍忍。福蘭保可問可證，即阿南達亦知情由。皇上下嚴旨備問二人，自必照悉。此臣受辱業已舍忍，三見天顏并未啓奏，而諸臣反圖陷害，捏稱臣欺壓滿洲。查大兵從邊外來寧，臣差人兩三日路上用車載猪羊接過郎坦等，而衆人渡河時臣備猪一百口、鵝一百隻、羊二百隻、米一百石，臣下人送不到者，仍煩將軍差人引送，而郎坦亦曾分散過。及郎坦起行赴甘州，臣送馬四匹，噶喇昂邦、甕章京、副都統、先鋒、章京并四家黃帶子各送馬二匹，夸蘭大內院上三旗帶翎子侍衛，無論管事不管事，各送馬一匹。後復回寧夏起身赴京，臣又送郎坦等八家各馬二匹，其餘各馬一匹，尚有送駞駝者，有要駞駝者，除皮衣零星等物以及盤費銀兩、喫食不計外，共送過馬一百三十三匹，駞駝一十七隻。此臣敬重滿洲可謂盡心盡力，而讒言反捏臣欺壓，抑何喪心至此！大兵初到，趁草塌駐劄河沿，每日進城買東西糴米糧者不下數千人，尚有在城過夜者。兵既不生事，民間鋪面大開，而郎坦妄言關城門。試問郎坦起身往甘州時曾過寧夏，還是穿城進東門出南門，還是城門關閉，從城外枉道而行？臣幾次去營盤拜看，而郎坦亦來拜，臣曾備席留飯，還是進城來，還是不曾進城？良心若在，自必實說。大兵初至寧夏時，極守法度，平買平賣，并不生事。不過苦獨力尋柴尋草，此猶兵過之常情，民不以爲害。後起行西去九十里，大壩堡官民報文有放搶之說，鎮道衙門俱有通報，而前途不開城門者有之。及自甘州復回寧夏，係進城分房安歇，地方分在東南一角，而栅欄之設原以防盜，處處有之，不止寧夏栅欄年久損壞者，有被人偷去者，既無栅欄，及兼馮德昌貪婪，法不能行，地方不嚴，官兵疏懈，竟不夜巡，以致盜賊橫行城市，殺人行劫，每夜喊叫直至天亮，民不安生。臣既接代，豈肯容此，遂將地方分與五營將弁，各按街道安兵夜巡，飭令地方掌印會同城守營速速照舊巷口安設栅欄。此臣與滿洲大兵未到寧夏以前所行也。及大兵來寧，百姓騰出東南一角，而栅欄在其內者不守外，如相連接界之巷口，栅欄定更後民自上鎖，兵自夜巡各分地址，各查各界，滿漢兵民相安。查地方若有失事，管兵管民章京,有司營弁,均有參罰之條。一分地界,夜巡既嚴,彼此相安。實出兩便。而郎坦故尋人非,將臣家人叫去説"栅欄關着,又放兵民安堆,滿洲都説看守起我們了,將鎖匙與我拿來,他們就無話了"等語。臣即傳城守營,同地方官將接界巷口栅欄鎖匙收齊,并定更砲,連砲手俱令營官送去,説:"這樣甚好,就在將軍公館門首放砲定更,郎坦就當派定章京并甲兵看守。"乃過十餘日,不知又如何存心,復將營官傳去説:"這些奴才先説看守他們,今又將鎖子擰了混推,我竟查不出,你們將鎖匙拿回,照舊經手罷。"此又郎坦之出乎反乎、自言自爲,可質可問。及王化行到任後,拆去栅欄,撤去夜巡之兵,而民生不安,直至殺人,即滿洲中亦有被偷去牛馬,以及盜去財物者,郎坦復令王化行派兵夜巡。

再如佛倫前在雲南假公濟私,朋侵逆產,而開銷召買米價一倍百倍。臣謂佛倫富已極矣,應當滿足矣。而陝西何地,總督何任,封疆切重,在於三邊,皇上特簡,何等倚重,應當知君恩,保聲名,舉廉懲貪,興利除害,訪善惡於土俗,問疾苦於民間,代天巡狩,方不負朝廷任用之意。何期貪以濟惡,愈加狠毒,顛倒是非,欺公枉法,每到一處,官之貪廉無逃其所見,及至結尾,有銀者則縱貪,無銀者則參廉。而西安之捐納銀兩,并河西之捐納米麥,大半情面,倉庫空虛。初則題參嚴切,立限盤查,繼則引寬賣放,奸巧備極。且陰毒害人,誣臣不忠、欺壓滿洲。又言深得兵民之心,并捏兵民刁惡,聳動天聽。查臣并未欺壓滿洲,如前所開送過滿洲禮物,約費三千餘兩,敬重滿洲不過如此矣。而兵民爲朝廷之兵民,居官者當愛當重,到處安民恤兵,方不負厥職。如臣管兵不扣餉,不苦兵,居鄉與齊民等,不使勢,不害民,兵感民感,情或有之,此爲官之善政,居鄉之美事。乃佛倫借郎坦之言,巧下陰毒,謂臣是漢人,不當得兵民之心,引以有他念。竊思普天之下莫非王臣,何分滿漢?聖天子立賢無方,自不分滿漢,且滿洲中有忠,亦有不忠,漢人内不忠固有,又豈盡皆不忠?況臣之忠歷歷可考,不獨佛倫貪佞不忠,不足比論,即他效忠之滿洲亦不過如微臣者。自二十四歲報效於我朝五十一載，今已七十五歲，終老林下、歸土不遠之人，而反有他念耶？在前章泰欲將雲貴總督與蔡毓榮，好分逆產，囑託報開雲南之章京，言臣不便在雲南，恐久則有變。今佛倫欲脫馮德昌之大罪，尚許起官，又言臣得兵民之心，是又不可在寧夏矣。令七十五歲之孤忠，竟無安身之地，總因臣赤心報國，忠正到底，不隨衆欺瞞聖明，以致處處與奸貪爲讎爲怨，不害臣於必死不已。可憐勞勞四海之老朽，竟不知作何回首，冤抑未伸者十四也。

以上十四段皆臣歷過之實事，受過之冤抑，事屬既往，業已忍受，不期讒口紛紛又復興起，是臣不得不將從前迄今一并奏明者。念臣係陝西綏德衞官籍，隨父任幼習儒業，值明末世亂，改武從戎。我朝定鼎，自二十四歲起，至於今七十五歲，爲國出力五十一載。是臣身雖生於明時，而歷官報效實在本朝，且官至將軍總督，年已衰老，尚不樂爲忠臣完人，流名於青史，更欲何爲？何讒口誣謗紛紛不已！如前貝子章泰謂臣不可久任雲南，今佛倫又言在寧夏深得兵民之心，此臣疾首痛心、情理所不能安者。查臣自順治元年十一月內隨英王平西，陝西既定，英王南下，蒙委潼關右營遊擊；四年，督臣孟喬芳委任寧夏屯田水利都司；五年，河西回變，奉調剿賊，督臣孟喬芳題補高臺營遊擊；十三年，經略臣洪承疇調赴湖南，改補右標左營遊擊；十五年，進征雲貴，洪承疇題補雲貴督標中營副將；康熙元年，吳三桂題補廣羅鎮總兵官，平水西後又題比喇總兵官，未任；四年，以觸染瘴癘辭官回籍；七年，病痊赴部，蒙我皇上簡用大同鎮總兵官；十一年，調補天津鎮總兵官，更蒙天恩加以具有才能之旨；十五年，撫安寧夏，加陞提督；十八年，進取四川，加將軍；十九年，蒙我皇上特旨，補授雲貴總督。此臣歷官於我朝前後十一任，并無參罰、降級、圖功之事。如寧夏誅王元，香山滅李彩，肅州擒丁國棟，打隴納，平水西，剿烏撒、烏蒙以及馬乃，再首倡取川，又攻克雲南。處處一力擔當，處處身先破敵，從無逗遛觀望、使巧推靠、混行拉扯之事；到處攻克城池，仰體皇仁，救濟蒼生，從無殺搶擄掠之事。又顧惜品行，仰遵功令，從無侵盜逆産、欺瞞君父之事；秉公克己，廉隅自矢，從無扣兵餉、食空糧、勒索屬員禮節之事；題補官員，秉公遴才，并無徇私要錢之事。至年七十有四，奉旨進兵，尚不敢以老請辭。此臣自始至終報主之忠心也，不識臣有何不服處，而讒謗不已，且陰毒暗害，引以漢人有他念。即如臣前在雲南，吳三桂題總兵，用總統，改新鎮，未嘗不有牢籠之意，收覽人才之心，臣見其不善，并手下諸人以及侄子、女壻窮奢極慾，妄自尊大，遂託以觸染瘴癘辭官告歸。吳三桂大怒，欲以題改新鎮規避題參，傳言恐嚇。臣立志不移，後得總兵沈應時等在吳三桂前言：『此人是個孝子，因父停柩未葬，母老望子尤切，原出實情，只當准他一年假，俟病痊起官，坐缺題補，怕他不來？』吳三桂改嗔作喜説：『你們説得是，准他辭罷。』自四年五月初一日具文請辭，至七月初一日方始批文，爾時吳三桂是何威權？是何勢要？而在滇提鎮有投伊旗下者，有與伊侄子、女壻聯婚者，臣若稍有顧戀，自不能辭，稍有畏懼，自不敢辭。及告歸一年之後，沈應時等屢字催逼報病痊之文，而臣以『撫棺一痛，疾病愈加』回答。直至三載，吳三桂事權卸後方報病痊，赴部起用，歷歷檔案可考。此臣不趨附權勢，忠心不二，從未在人前矜誇自己夙有主見，亦從不曾啓奏取悦天聽。今以讒口誣謗，故并叙明。至於臣從前功苦屢受冤抑者，皆是明珠暗害，伊已自認，於三十二年來寧夏，面言：『老將軍，苦了你了。想你當年送妻子到京時，難道你就没幾兩銀子養贍，不過是明你的心迹。如撫安寧夏，事誠不小，又首倡進川，攻取雲南，不顧身命，功勞實大。張勇他是那裏的功，是孫思克的個人來説張提督的心保不得，是皇上與我們大家説與他個侯，憑他罷。至若海上的功，學生們常作笑談，也封侯。老將軍反不封侯！言至於此，學生不能無罪。』又説『不是面譽，亦不是單爲老將軍，此出公言，爲朝廷、國家，此番回去一定要奏，看皇上若不教老將軍到好處，我明珠一家兒不得好，日後老將軍自是要見皇上的，只管問，只管啓奏』等語。不知是良心發現，抑不知是愚弄微臣，伊既着臣啓奏，臣當面質。至於佛倫，前在雲南，臣之好歹盡知，而彼亦常在人前譽揚寫書與兄，亦曾備道。何期貪馮德昌之財色，一旦頓忘，反捏誣陷害，陰毒忠良？是郎坦之歪派、杓奈之行粗，臣猶可忍受，而佛倫之陰毒，臣實難當。臣從前功苦既被群奸排陷，此日勞勞王事，又被貪佞讒毀，將欲永辭闕廷，不得不冒昧披陳於我皇上聖明之前。臣爲國報效五十餘年，可謂久矣；歷任四十餘載，可謂足矣；官至將軍總督，可謂榮矣；年至七十五歲，可謂老矣。尚有何想！尚有何望！況矜功爭賞尤非人臣所宜，臣雖不敏，寧不深悉？不過因今日之讒謗，并剖明從前之冤抑，伏懇洪慈憫念孤忠，於萬幾暇日逐段遊覽。倘蒙天鑒垂察，臣死得以瞑目。且逐段中總皆忠君報國之言，直指無諱，皇上天聰一覽洞悉，則奸佞從此斂迹，忠臣從此益勵，聖明日新，洪基萬代，臣死且不朽。

緣係剖明心迹事理，字多逾格，貼黄難盡，伏乞睿鑒全覽施行。

康熙三十四年三月初九日，內閣大學士伊桑阿、阿蘭泰、王熙、張玉書口傳聖旨云："皇上説你的這十四段都看過了，但本上人多且年遠，死的死了，究也不勝其究，就是與你也不便，教你把後邊人名都去了，單叙你的功罷。明珠的一段，他回來曾啓奏過。"

辭叙功績疏[①]

奏爲孤忠，既蒙天鑒，微臣冤抑得明，何敢再爲言功，懇辭寵命，以安臣分事。

竊臣以秉性迂梗，赤心報國，爲衆所忌，前則紛紛排陷，今又被讒口陰毒，不得不於微臣年老永辭闕廷等事疏内一一陳奏，不過剖明心迹而已。乃蒙温旨，令臣删去疏内諸人，單請叙功，臣感激恩綸雨下，何敢再爲控辭，反似涉於矯飾。但輾轉思維，犬馬之勞，臣之職分當盡，且天下蕩平，總皆我皇上洪福，國家威靈，臣下何敢言功。況臣父

---

① 康熙四十八年刻本、康熙五十一年刻本均無此篇。

子深受國恩,即捐糜頂踵,猶恐難報,更不當言功。伏懇皇上俯鑒下情,允臣所請,俾臣心臣分兩安,而無矜功爭賞之嫌。至於官兵功績已經多年,亦不敢再請議叙,合并控辭。伏乞睿鑒施行。

康熙三十四年三月二十二日奉旨:"恢復四川時趙良棟首倡前進,着察原案,議叙具奏。兵部知道。"

懇辭恩榮疏①

奏爲懇辭恩榮,以安愚忠事。

竊臣前以讒謗深重,寢食不寧,不得不將顛末臚列陳明於聖主之前,倘蒙天鑒,則臣生得安枕,死得瞑目,幸矣。原不敢望功,今蒙我皇上恩加三等精奇尼哈番,臣聞命之下終涉矜功受賞,愚忠難安,伏乞皇上收回成命,使臣爲聖世之純忠而心安身安矣,謹具奏聞。

康熙三十四年四月十九日奉旨:"大兵征取雲南時,大將軍賴塔等自廣西進擊,於黃草壩、石門坎地方大敗賊衆,直抵雲南省城;大將軍貝子章泰等自貴州統兵前進,沿途擊敗賊衆,亦抵雲南省城,所有城内悉力出禦之賊,於歸化寺地方鏖戰,大敗之,遂將省城圍困。趙良棟雖後到,而首先倡議克取得勝橋。着一并再行議叙具奏。該部知道。"

恭謝世恩疏

奏爲恭謝天恩事。

康熙三十四年五月初二日准兵部咨,"爲懇辭恩榮等事,職方清吏司案呈奉本部,送兵科抄出。該本部覆勇略將軍趙良棟奏稱,'臣

---

① 康熙四十八年刻本、康熙五十一年刻本均無此篇。

前以讒謗不得不將顚末臚列陳明，原不敢望功，今蒙加三等精奇尼哈番，終涉矜功受賞，伏乞收回成命'等因具奏。奉旨：'大兵征取雲南時，大將軍賴塔等自廣西進擊，於黃草壩、石門坎地方大敗賊衆，直抵雲南省城；大將軍貝子章泰等自貴州統兵前進，沿途擊敗賊衆，亦抵雲南省城，所有城内悉力出禦之賊於歸化寺地方鏖戰，大敗之，遂將省城圍困。趙良棟雖後到，而首先倡議克取得勝橋。着一并再行議叙具奏。該部知道。欽此。'查將軍趙良棟先經具奏，奉旨：'恢復四川時趙良棟首倡前進，着察原案議叙具奏。欽此。'臣部議，'趙良棟率領官兵首倡進取四川，累次殺賊，恢復地方，直抵雲南，勞績顯著。酌量於趙良棟從前所給拜他喇布勒哈番之上，再加頭等阿思哈尼哈番，授爲三等精奇尼哈番'等因具題。奉旨：'趙良棟着授爲三等精奇尼哈番，餘依議。'欽遵在案。今查大兵征取雲南時趙良棟雖後到，而首先倡議克取得勝橋，應將趙良棟於從前所給三等精奇尼哈番之上，再加一拖沙喇哈番，授爲二等精奇尼哈番，俟命下之日移咨吏部，轉揭内閣，撰給敕書可也'等因。康熙三十四年四月二十六日題，本月二十九日奉旨：'趙良棟着授爲一等精奇尼哈番，餘依議。'欽此欽遵。抄部送司案呈到部，擬合就行，爲此合咨前去，煩爲欽遵查照施行"等因到臣。

伏念臣前以剖明心迹，荷蒙聖主，授臣世職，涉有矜功受賞之愆，具實懇辭。更蒙我皇上以雲南之功加臣，而下首先倡議之旨，是皇上之恩有加無已，微臣之感戴至極難言，而兵部以一拖沙喇哈番議加，我皇上再予一等精奇尼哈番，使臣一段辭功之念不敢再控矣。謹祗遵領受，惟有感頌兩下倡先之温旨，銘於終身，傳於後世，完臣五十餘年之孤忠節操而已。理合奏謝天恩，伏乞睿鑒施行。

康熙三十四年五月初十日奉旨："覽卿奏謝。知道了。**該部知道**。"

遵旨明白回奏疏①

奏爲遵旨明白回奏,仰祈睿鑒事。

准兵部咨開,"爲非常之恩等事,職方清吏司案呈奉本部,送兵科抄出,西城御史龔翔麟題前事等因。康熙三十四年六月二十二日題,本月二十六日奉旨:'這所參事情,着趙良棟明白回奏。該部知道。'欽此欽遵。抄出到部,相應抄録原疏移咨該將軍知照可也。案呈到部,擬合就行,爲此合咨貴將軍部院,煩爲欽遵查照施行"。計粘抄疏一紙,巡視西城陝西道試監察御史加二級臣龔翔麟謹題,"爲非常之恩不可屢邀,不敬之罪,斷難輕貸,恭請乾斷處分,以肅朝綱,以昭臣分事。竊聞君猶天也,人臣事君如事天,終身覆幬之下,雖捐糜頂踵,鞠躬盡瘁,不足言報,苟一有矜功之念,功即爲罪,斷以大義與不敬同科。至若恃恩驕縱,干求無厭,尤爲不敬之大。國法具存,豈容旁貸。如趙良棟者一介武臣,雖曾效力行間,業已洊歷提督,蒙皇上破格授爲雲貴總督,後由鑾儀衛使解任,閒住有年,復蒙皇上矜念微勞,給還將軍、尚書職銜,令隨大兵參贊效力,不次殊恩有加無已。縱使良棟薄有勤勞,亦臣子誼所應爾,豈足仰報高深於萬一。近者,矜功瀆奏,我皇上略罪原功,又從優給與一等精奇尼哈番,文武崇班一品世職。良棟何人,不特一身兼有殊榮,抑且子孫并享厚澤,天高地厚,誠亘古所未有。爲良棟者,惟當受恩感激,省分惶懼,以犬馬未盡之年,歌詠太平,頌揚聖德。乃猶心有未足,悻悻自逞,復將久經結過行間功罪成案,希圖翻改,妄肆薦揚,市恩於衆,借矜己功,且越例求賜莊田、房屋。竊思平定叛逆之時,悉由皇上神謨廟算,指授方略,奉行成命,獲奏膚功。蕩平之後,議功議過,既經廷議,重以睿裁,輕重寬嚴,無不允當,感沐恩威者已歷十有餘年,何獨良棟一人,至今日尚猶喋喋耶?

---

① 康熙四十八年刻本、康熙五十一年刻本均無此篇。

至於人臣大節,遑恤身家,豈得以瑣褻私情,瀆請於君父之前,怏怏觖望,言詞狂悖,律以大不敬之罪,良楝百喙奚辭?蒙皇上將兩疏傳示廷臣,凡知分誼者,莫不駭異。臣忝附班行之末,已經指陳其罪,言不能盡,謹特繕疏糾參,伏祈皇上乾斷,敕下廷臣,嚴議定罪,以為人臣不敬者戒。為此具本謹題請旨"等因到臣。

准此,伏念臣衰老餘年,歸土不遠之人,得剖明心迹,感激聖明如天,願在京居住,請旨并請房田,不過是戀主心切。又官兵同心戮力,首倡取川,而臣既蒙皇上加恩,同事官兵應否議敘,自當一并請旨,原係口奏數語,候旨遵行,因敦柱傳旨,令臣具疏,而疏中各段大略總是請旨,恩由聖裁,非臣下所敢必也。今臺臣謂臣市恩矜功,又謂驕縱干求,尤為不敬之大,荷蒙聖明,不立加處分,命臣明白回奏,臣敢不披心瀝血,為我皇上陳之。如人臣事君當止於敬,而竭力致死不可矜功,洵如臺臣所云者。臣雖起自武官,未深悉經史,而頗知君親大義,臣之事君可謂盡忠,臣之報主可謂竭力,從未矜功。

查自取川平滇以至於今十有六載矣,何不矜功於十六載之前,而乃矜功於十六載之後耶?二十七年,叩謁太皇太后梓宮,蒙我皇上格外優隆,命內大臣以下、一等侍衛以上讓座,敦柱傳旨,言臣為功臣、忠臣、純臣。如此寵眷之時,正臣可以言功之時,又蒙命臣薦拔人才并舉有功人員,臣若稍有矜念,豈能薦人之功而不能言己之功耶?暢春苑召見,賜宴賜坐,備蒙顧問,臣并未訴屈,久在聖明洞鑒中矣。今年老一疏,原因讒口誣謗,言臣欺壓滿洲,深得兵民之心。臣思從前功苦被衆排陷,業已含忍,今七十五歲,崦嵫短景,又被陰毒陷害,事關重大,不得不將五十一年之顛末備敘陳奏,原係剖明心迹之實行實事,乃蒙皇上聖明,命閣臣伊桑阿、阿蘭泰、王熙、張玉書傳旨云,"皇上說你的這十四段都看過了,但本上人多,且年遠,死的死了,究也不勝其究,就是與你也不便,教你把後邊人名都去了,單敘你的功罷。明珠的一段,他回來曾啓奏過"等語。欽此。臣隨赴暢春苑口奏,懇辭兩次。敦柱傳旨,命臣敘功,臣必以不敢言功,并官兵功績已經多年，不敢再爲請叙，繕疏一并控辭，蒙我皇上下首倡進川之特旨，加臣三等精奇尼哈番，臣以爲涉於矜功受賞控辭，更蒙皇上復下首先倡議攻取得勝橋之特旨，加臣一等精奇尼哈番，高天厚地，亙古未有，洵如臺臣所云者，在臣實不敢受。原應再辭，但以辭一番，加恩一番，若再控辭，恐似涉於不滿，不得不再爲籌思，隨赴朝叩謝天恩訖。

　　再查當日衝鋒破敵效力疆場者，多得官兵同心之力，實非臣一人。今皇上既不允臣之辭，屢屢加恩，而同臣出力之人若不題明，不但在廟堂之上視臣爲不公，抑且受苦將士勢必謂臣只顧自己，不管他人，寧不怨臣耶？是臣不得不將已叙、未叙各案，言其大略，應否議叙，出自聖裁，如蒙恩允，方敢造册送部，另疏題叙。總以官兵皆朝廷之官兵，賞罰皆朝廷之賞罰，酬勞之典，原爲鼓勵將來，臣之請旨，實爲國家，非爲私也。臣一路官兵叙功之案與保寧各處叙功之案是否一例，果否公平，兵部有案，天聰一覽，自然洞悉。況題叙在事有功人員，乃統兵將領分内之事，日久現行之例，何謂市恩？如以爲市恩，則各處之題叙官兵者亦皆出於市恩。且臣自歷任與閒居以來，題叙官兵已非一次，何至今日而獨謂市恩耶。臺臣謂臣驕縱矜功市恩於衆，臣實不解。

　　至於吳丹、俄克濟哈均係朝廷貴近之臣，吳丹與臣有何讎何怨？俄克濟哈與臣有何親何故？原爲朝廷公事，非出一已私隙，況吳丹已死，俄克濟哈復用，事屬既往，臣固不當再言。而臣疏提及者，不過謂俄克濟哈假使不去永寧，自不致有不救建昌，革去將軍之事，與臣同到雲南，乃比論之詞，非謂俄克濟哈未到雲南，而亦請叙雲南之功。至彼前在平涼敗陣，臣原不知，即使臣知而彼時未與臣共事，臣亦不當言彼之短；及在四川同官同事，俄克濟哈以不救建昌革去將軍，臣亦停其叙録。今臣既蒙恩叙，而俄克濟哈原是同事，自當奏明，然奏明者亦不過請旨，原無私情私見。若臣有偏向俄克濟哈而故言吳丹之非，此是欺心，而欺心即是欺君，以欺天矣，天必加誅。再如平定大逆，仰賴我皇上洪福，指授方略，臣何功之有，乃蒙特旨，屢下獎諭至極，加恩至再，又何待借俄克濟哈之功而自矜耶？且臣前以報效五十餘年，可謂久矣；歷任四十餘載，可謂足矣；官至將軍總督，可謂榮矣；年至七十五歲，可謂老矣。尚有何想？尚有何望？況矜功爭賞尤非人臣所宜，臣雖不敏，寧不深悉？已經奏明，天心洞鑒，而臺臣謂借矜己功，臣更不解。

又如臣行年果衰果老，原當乞歸以終餘年，且免讎人之陷害。伏思聖明在上，恩同天地，又每言臣尚為強健，臣敢不再勉心力，請住京師，以完始終之節，事君盡禮，實不為諂，而請賜房田不過暫為安插家口，養贍親丁，以便安心報效。雖瑣褻私情不當瀆陳，但查往古，君臣亦有賜田宅，請田宅，即我朝定鼎以來，又無一二賜給田宅者。況臣亦曾蒙皇上賜過房屋、銀米，後經疏繳在案，實非越例。俗語云：人痛則呼父母，人急則告天地。我皇上即臣之天地父母，既有下情，敢不瀝實陳奏。臣自蒞任廣羅兩年，出兵於隴納，移師於水西，征戰兩年，因見吳三桂舉動不善，隨引以觸染瘴癘告辭。而萬里歸來，行李蕭然，及補任大同，因清兵餉與通省文官不協，以致叩閽，若非操守清潔，豈得無過？再任天津，嚴處光棍，參拿婪弁，若自己不正，又豈能行？撫安寧夏，而寧夏官兵殺提督，臣若稍有不肖不正，萬萬不能撫輯一起驕悍之兵，亦萬萬不能訓練進取四川、雲南。如得成都之日，仰體皇仁，不曾搶掠，雞犬不驚，聖明高遠，自有所聞，抑蜀中士大夫在京者，亦可查問。及至攻開雲南，臣并未進城，毫無沾染。而到京補鑾儀衛，告病歸里，閒居十有餘年，未食俸祿，臣既不肯傷天理，昧良心，圖取非義之財，銀錢又自何來？而大兵五次到寧夏，臣應酬之費，并出征邊外，以及進京日用之費已近萬兩，騎來馬匹、駝隻俱已變賣。譬如前大兵預備，兵部請旨，着臣預備，若一出兵，在京借貸無門，臣之家貲有限，實出兩難。今請在京居住，必須搬接家口，而搬接家口必須慮經久之着。臣思我皇上德并唐虞，無不矜憐孤忠，故敢以實切之情，冒昧陳奏，而臺臣謂臣怏怏觖望，言詞狂悖，臣益不解。

且臣自歷任以來，事事認真，如剿殺賊寇，則勇往前進，一力擔當，從不知使巧推靠。如攻克城池，則保全生靈，從不擄掠殺搶以及侵盜逆產。如管兵則不扣餉，不虛冒。如待屬員不受禮，題補官不要錢。年至七十五歲，尚不以老請辭，自始至終，不惜身命，以報聖主，知無不言，言無不盡，以竭愚忠，且不貪賍，不壞法，殫心盡職，總期仰答高深。若論敬君，孰有過於微臣者？臺臣謂臣不敬，臣實不甘。總之臣迂梗性成，與當道不往不來，又疾惡太嚴，與奸貪為讎為怨，欲加其罪，何患無詞？臺臣之意，臣知之矣。然臣一片孤忠，所仰告者惟上天，所倚賴者惟聖明。君恩至深，臣道無盡。所有愚昧見不到者，惟靜聽處分而已。

緣係遵旨明白回奏事理，字多逾格，貼黃難盡，伏乞睿鑒全覽施行。

欽召赴京恭陳下悃疏

密奏為恭謝天恩并陳下悃，仰慰聖懷事。

竊臣欽奉特旨，准假就醫江南。初抵揚州，再移居江寧，業經兩疏奏明。康熙三十五年正月十七日，欽差侍衛臣張文煥馳驛至江寧，臣因動履不能，令人舁擡於臣寓門側，俯伏叩迎，侍衛臣口傳聖旨，問臣病，問臣好，并付臣欽賜密諭，暨人參黃包匣一個。捧至室內，跪啟密封上諭，內開："諭勇略將軍趙良棟，朕因噶爾丹比年以來怙惡跳梁，侵凌喀爾喀諸部落，朕視遠邇中外為一體，不忍聽其擾害藩服。今聞其竄伏於巴顏、吳蘭地方，去京師二千里，去四十八固山邊境七百餘里，自秋徂冬，馬畜疲瘦，形迹狼狽，正宜及此時剪滅之，以永弭邊患。爾久著績行間，性秉忠義，練達機宜，故茲馳驛與爾商略。爾體中稍可勉力支持，即趨赴闕廷，以共悉心籌畫，爾宜深體朕意。并賜長白山上用人參以資頤養。特諭。欽此。"

伏念微臣叩違天顏以來，將及半載，日在遍訪名醫，冀圖蚤痊，仰答聖眷。無奈臣衰年朽質，氣血兩虧，目前浮腫雖消，而左腿拘攣不能伸展,兼之脾胃虛弱,飲食難調,以致肌膚消瘦,皮骨僅存。侍衛臣并撥什庫親見,臣之病勢如此,實實力不從心。但皇上如此密諭下臣,而臣獨何心敢再言病,即肝腦塗地,赴湯蹈火,有所不辭,遑恤身命耶!惟是陸路遥遠,不獨不能騎馬,即肩輿亦恐途長不及及臣擬仍由水路趨赴闕廷,仰聽聖訓。除囑侍衛臣代爲口奏,并望闕叩頭謝恩外,謹先恭疏奏明,謹具奏謝以聞。

【校勘記】

[1] 李目:原作"李自",據本書卷一《糾參貪婪營將疏》改。

勇略將軍總督雲南貴州等處地方軍務兼理糧餉兵部尚書兼督察院右副都御史世襲一等精奇尼哈番襄忠公奏疏存藁後序[①]

先襄忠公身親戎馬五十餘年，弘燦、弘燮、弘煜等自出就外傅而後，趨庭之訓最爲嚴切。及少長，勉以忠孝大節，期以實踐躬行。自壯至老，每飯不忘君國。然性秉剛直，志切捐糜，遭逢聖明，屢膺節鉞。一切軍務機宜與敷陳章奏，謀之於心而書之於手也，娓娓不倦，絕不旁諉假手。即年逾七十，當疾病呻吟之際，凡有封事，皆口授書錄，重加檢視，方始繕聞。其敬謹蓋如此。荷蒙聖主優容，事事嘉納，錫賚頻加，恩榮備至，畀以世職。及弘燦叨鎮黃巖，弘燮觀察津門，忽聞先襄忠公凶問，徒跣奔歸。苦塊之餘，見有手定《奏疏存藁》八卷，[1] 剞劂於江南就醫之日，蓋亦檢點行笥，錄其攜存者耳。嗣沐皇上殊恩，舉易名之盛典，御製碑文，叠頒諭祭，寵錫葬金，微勞寸績，備荷嘉揚，鐫之貞珉，垂示不朽，恩流泉壤，榮及子孫。而弘燦等兄弟菲材陋質，悉蒙聖恩：弘燦五叨重鎮，兩任提軍，復拜總督兩廣之寵命；弘燮由邑令而歷觀察、方伯，巡撫天中，復調畿輔重地；弘煜越格超遷，命守維揚；弘煒年未及壯，許侍禁廷。此皆皇上垂念舊臣，隆恩異數施於一門者有加無已，然弘燦等兄弟撫心慙愧，竭頂至踵，圖報難盡者矣。

伏讀先襄忠公自製序文，原以留之弘燦等兄弟子孫，勉以忠君報國，不啻朝程而夕督也。爰敬裝成集，日夕莊誦，儼承嚴父之訓誨，以報高天厚地之國恩，子孫奕世其時時警惕於寤寐，庶幾繼緒承先，以毋忝忠孝貽謀之志願也夫。

長男弘燦敬識并書。[2]

---

① 此題底本原無，據康熙四十八年刻本補。本序在康熙四十八年刻本中位於全書末。

【校勘記】

［1］八：康熙四十八年刻本作"六"，顯係趙之垣重刻時根據重新編排之卷數改。
［2］弘燦：康熙四十八年刻本作"弘燦、弘燮、弘煜、弘煒"。

襄忠公奏疏存藁後識

　　《先襄忠公奏疏存藁》凡若干篇，手次之爲八卷，刻於江南，先敏恪公識其後，歲久漶漫，垣復鳩工剞劂。既告成，敬綴數語卷尾。

　　竊惟襄忠公結髮從戎，[1]受知聖主，驅馳外内五十餘年，其勛烈之駿崇，固已銘太常而書國史，而眷遇之厚、優恤之隆，更有非他名臣所可及者。昔漢馬援事光武帝，每有所謀，未嘗不用，其後南征交趾，顧不免薏苡之謗；唐尉遲敬德勇武絶倫，標表凌烟閣，然侍宴慶善，太宗譙讓者屢焉。先襄忠一心報國，不肯事長者家兒，似馬伏波；慷慨果毅，見群臣短長必面折，似尉遲敬德。卒之讒毀百端，悉蒙昭雪，視二臣之遇，殆遠過之。蓋讀公《剖明心迹》之疏、《明白回奏》之章，未嘗不感極流涕也。嗟乎！自古人臣遇主固有若公之於皇上者乎？重梓是稿，所以昭聖恩於勿替，示世世子孫知所報稱云爾。

　　康熙六十年歲在重光赤奮若秋九月朔旦，家孫刑部山東清吏司郎中特命署理光禄寺卿事之垣熏沐百拜恭紀并書。

【校勘記】

［1］襄忠：清華抄本無此二字。

附　　錄

叙

　　予生長邊方，少攻呫嗶之暇，留心武備。遭逢聖世，蒙世祖章皇帝、今皇上隆恩異數，三膺重鎮，後以三逆交訌，寧夏兵譁，荷我皇上特達之知，簡任提督。予凛承廟謨，百騎遄征，令止郊外，單身入城，宣布聖天子德威，反側自安，流離漸集。於是宥脇從以廣皇仁，殱渠魁而申國法。封章所上，蒙恩報可，爲之清糧餉，足兵食，刼貪殘，汰老弱，日操月練，士飽馬騰，數千甲冑，皆成勁旅。

　　因創復陝入川之議，蒙皇上遣發滿漢大兵、將軍協同前進，攻克徽州、略陽，直抵寧羌，振旅疾行，且戰且追，十日而克成都矣。於時奉到勇略將軍之敕印，未幾，復拜總督雲貴之恩綸，控辭未許。而蜀道險遠，巉巖密箐最易藏奸，官兵或攀藤越山，或浮江涉河，俱皆協力同心，效死無二。因滇南爲賊之巢穴，而川省又滇之門戶，賊衆猖狂，蜂屯蟻聚，狼奔豕突，以圖竊踞，而同行者互相觀望，阻隔聲援，遂使瀘州再陷，永寧繼失。予初不以分行歧視，命將分兵，心力爲瘁，枕戈草檄，食少事煩。然心存報國，志切捐軀，力疾誓師，奮勇長驅，而川賊始遁，遂從建昌直達雲南，逼城鏖戰，八年之賊已倒戈於一旦矣。然所到之地方、所克之城池，皆仰遵皇上仁慈訓誡，秋毫無犯，撫恤招來，已降之官兵，特疏請旨，寬其誅戮。

　　其如性情迂直，學問粗疏，惟思散金錢而酬士死，佩一劍以答君恩，不知附衆詭隨。孤踪孑立，絕無黨援，所恃者聖明之知遇，所藉者三軍之用命。歷宦一生，家無長物，召忌招尤，非止一時一事。孰意事定謗起，幾蹈不測。賴聖天子弘恩，洞燭幽微，曲賜矜全，特昭曠典，綸音屢下，優賚頻加，天翰詩字、匾額、龍袍袞褂、天冠寶刀、上駟、撒袋、御用等件；錫以世職，俾子孫奕世永沐殊恩；又加以"忠臣、純臣、老臣"之天語。而五十餘年竭力疆場之一身，與忠勤自矢、仰答君父之寸衷，悉蒙睿鑒，然已老病難支矣。叨荷俞旨，准歸田里。當漠北多事，奉命遠出邊庭，時年已七十有四。後乞就醫江南，更蒙俞允，屢邀存問，再蒙召見，面聆西征方略。優賫頻加，誠千古人臣未易得之榮寵，鏤心刻骨，圖報無極。

於臥病呻吟之日，檢點從前章奏，當戎馬倥傯之際，十存二三，然其間行軍用兵、克賊制勝，疆域之險易，兵法之奇正，伸紙直書，祇期達意，而不旁諮一人，絕未假手一字。言之不文，行烏能遠？然直抒胸臆之言，荷聖天子優容嘉納，得以少盡寸長，展其報效。予才不逮古人，而皇上聖神文武，遠過三代，比之都俞一堂，直唐虞再見耳。

願吾子孫目睹是編，當思國恩罔極，圖報難盡。予景逼崦嵫，報國之日短矣。爾等人盡竭忠，世知效力，以繼予未竟之志，則雖死之日，猶生之年，爾尚其勉旃，毋忽。

康熙三十五年歲在丙子孟春上元前二日，關中趙良棟識。

（錄自康熙四十八年刻本）

勇略將軍總督雲貴大司馬襄忠趙公疏藁序

天命聖人除奸靖亂，必篤生名世大賢以左右之，使肩其燮伐之任，救民於水火，而天下享仁人之福。《詩》曰："保茲天子，生仲山甫。"①又曰："王于出征，以匡王國。"②君臣相得之盛，自古為昭，我老夫子、大將軍襄忠公是已。

公資兼文武，久承寵眷。當朔方兵變，害延提督，上命公提督寧夏。公以不殺為心，盡留從騎，獨入城中，宣布皇上威德，請旨斬倡亂四人，餘皆勿問，反側遂安。隨密奏取蜀，兵宜兩道；取滇，兵宜四合。上契聖主神謨，遂敕公由陽平取龍安。親冒矢石，越險設奇，浮江涉水，扳木緣崖，轉戰千里，連克徽州、略陽、寧羌，不十日而成都底定，敵以為神。公號令嚴明，所破城邑，列隊女墻，不許下城騷擾，人民安戢，雞犬不驚。吾蜀久陷逆境，荼毒最深，至是父老爭奉牛酒，曰："不圖復見太平。"未幾，全蜀悉定，公復得由成都走黎雅，渡金沙，出武

---

① 出自《詩・大雅・烝民》。
② 出自《詩・小雅・六月》。

定,剋期力戰,不血刃而滇城降,公之力也。平昔慕公勛猷,至今日捧公章奏,古來名將相無以加焉。單騎諭賊,則郭子儀之出見回紇也;綏集流離,則鄧禹之按節勞來也;寬大慈惠,則曹彬之下江南也。策滇計蜀,碩畫膚功,是又與盛彥師之破李密、李愬之平吳元濟,今古一轍矣。

伏讀《御製碑文》,眷注特殷,生則嘉其勛,歿則隆其報,所謂有非常之君能用非常之人,有非常之人能成非常之功,信矣。昔于公治獄,高大其門曰:"吾多陰德,子孫必有興者。"①至定國爲丞相,累世貴盛,況公解倒懸而存數十萬生靈,宜乎嗣公制府、撫軍以及方面循良侍衛,諸先生大業鴻猷,炳耀天壤,仁人有後,信不誣矣。

達視學嶺南,幸得追隨兩廣幕府,制府以先公有大造於蜀,達蜀人,知之最悉,且曾侍公門,出公《疏藁》屬達爲序。嗚呼!讀公遺文,益思公舊德。受仁人之德於廿年以前,叙仁人之文於廿年以後,是公卵翼之貽也,是余羹墻之願也夫。

時康熙己丑秋七月既望,②舊治門人宜賓樊澤達頓首拜撰。

(録自康熙四十八年刻本)

趙襄忠公奏疏存稿序

竊惟試功之代,敷奏爲先;懋賞之朝,聽聞自遠。是以賡歌喜起,用志協贊於盈廷;錫命對揚,聿昭交孚於一德。蓋本祇承以達意,豈曰無文;必兼忠愛以立言,斯堪不朽。

曾稽諸古,益驗於今,如我趙襄忠公望重平淮,功隆分陝。略傳黃石,冲齡讀丹笈之書;才擅雕龍,壯歲著青箱之學。五百年而生名世,代有傳人;十八侯而論元勛,公其雅匹。特膺簡畀,轉厪憂危。維時三孽方苞,九重震怒。南戎遍蒼黃之色,滋恐難圖;西陲抱艴匓之驚,問誰可討?公則奉命而出,錫鸞書翠軸於掌中;帝乃推轂而前,授玉節金符於天上。由是登陴慷慨,先申大義於三軍;畫策周詳,迅發奇兵於兩道。險逾雪棧,方追諭蜀之弘勛;直抵雩山,竟掃

---

① 于公治獄:參見《漢書·于定國傳》。
② 康熙己丑:康熙四十八年(1709)。

逆吴之穢迹。然或疆場蹂躪，頻加撫恤之仁；偏當戎馬倥偬，禁絕繹騷之擾。師行尤嚴，教令掣釵取笠之必誅；民業不改，樵蘇望雨瞻霓之倍切。於斯論德，德莫加焉；以此敘功，功其偉矣。宜乎歌鐃奏凱，疊承三命之褒崇；舞羽脩文，屢被一人之眷顧。寵渥出雲霄之上，命世其官；都俞在殿陛之間，賡揚乃績。迨夫情陳休沐，何須顧盼自雄；猶且詔下溫綸，益勉鞠躬盡瘁。乃就還轅之歲月，輒思報國之忠貞：或運籌進帷幄之謀，或因時陳治安之策，或飛芻輓粟乞支內帑之金，或執馘獻俘請給上方之劍，或懲污而糾不職，或格僞以勉自新。威德遠聞，道是仲淹經略；功勛不伐，何殊馮異謙恭。回憶千萬里而遥，一念惟圖傾藿；閱歷五十年之久，此心常欲瞻雲。凡以仰答聖聰，靡不形爲辰告，用探囊以集錦，遂輯簡以成編。謂血忱鑒在天心，寧忘示後；而手澤留爲世業，貽以光前。此公之自敘疏稿所爲與功德不磨者也。

迄於今，河魁星隕，光韜返日之戈；策府雲升，諡顯凌烟之閣。靖共彌著，垂裕安窮。惟我大樞憲公克承鴻烈，載建高牙。開府南邦，當藩垣之委任；承恩壯闕，統文武之權衡。易才同樗櫟，敢云職忝繩糾；列在絣幪，因得奉披章奏。砰匐字裏，尚嚴斧鉞之聲；蹟踔行間，如驟風雲之氣。試請宣諸黼黻，洵哉盛世嘉謨；行看壽自棗梨，允矣賢臣令範。謬侍校讎之末，敢揚作述之休云爾。

太丘後學丁易頓首拜撰。

（録自康熙四十八年刻本）

趙襄忠公奏疏存藁叙

夫勳業者，經國之殊猷；文章者，傳世之盛事。所以立德、立功、立言三者并稱不朽。然天下功德懋昭之人，未有不工於立言者，蓋其出之有本，以淳意發爲高文，如日月之經天，江河之行地，有補於社稷，有濟於蒼生，令後人讀其言益思其功德，故可傳也。倘文無根柢，綴緝成章，月露風雲，鮮裨實用，是可謂之立言者耶？

竊念古今文人有托諸空言不可施諸行事者，如殷深源、房次律輩，純盜虛聲，試之輒敗，君子譏焉。有可坐而言、起而行，不獲見諸設施者，若賈長沙之《治安策》、真西山之《大學衍義》，所遇非時，大用未展，君子惜焉。至大烈播諸廟堂，鴻篇勒乎金石，炳炳麟麟與天地同壽者，求之古人，亦不多覯。余嘗謂士君子立言，上焉者當如唐之陸宣公、宋之李忠定公奏疏，切中機宜，大綱備舉，纖悉周詳；次亦當如韓《碑》柳《雅》，簪筆明廷，歌功頌德，以垂不朽。欽惟我皇上文武聖神，度越千古，慎簡大僚，風示有位，茲復大沛恩綸，蠲免財賦，上恬下熙，海宇昇平，維時總制兩粵者爲天英先生。

　　余稔知先生家世，且聞其激濁揚清，吏畏民懷，政聲卓然，有古大臣風。因覽勝端溪，訪先生於清署，特出襄忠公老將軍《奏疏存稿》見示。余捧歸舟次，恭讀《御製碑文》《祭文》，所以褒寵公者至矣盡矣。瑗不文，更何敢復增一詞，惟是宣揚聖意，考公生平本末，深感皇上能以誠心用公，亦嘆公能以誠心報知遇也。夫人臣事君，時無論難易，事無論險艱，才無論長短，官無論大小，苟其心矢一誠，始終勿替，皆可以酧報國恩。况公智深勇沉，氣完力定，崎嶇行間，多歷年所，身居重位，手握兵符，而居心積慮，存誠爲本，誠之所孚，有感皆格，以此練兵，即以此撫民，兵民綏緝，又何患太平之不可致乎！蓋公所宣力者，大將之勤勞；而公所素裕者，純儒之學問。當惠安變起，寧夏兵譁，聲色不動，立剪元凶，矜宥餘黨，好生爲德，蓋已上契宸衷矣。乃自陳進兵，獨當一面，積不二之孤忱，挺無私之浩氣，奪密樹關以收徽州，復略陽縣而陽平奇兵天降，逆賊喪膽，於是天子知公可勝大任，虛懷下詢，條奏方略，兵分兩路，力合諸臣，浮水過江，疾趨石峽，不十日而成都報捷矣。再復建昌，辛苦萬狀，籌兵慮餉，力不留餘，詳載《疏稿》，懇款可掬，且暫寬迆西之餘孽，直搗逆藩之窟穴，胸有成算，識邁尋常。少陵所云"司徒急爲破幽燕"，①誰謂古今人不相及耶？備陳三事，離間賊黨，占玉皇閣，據得勝橋，逼城安營，賊衆倒戈，妖氛净而天下自此太平矣。統而論之，師旅所過，鷄犬不驚，桑麻如故，馭兵有方也；功罪分明，裨將用命，賞賚頻加，徒衆戮力，帥屬有節也；不以疆界分而歧視，不以責可卸而旁觀，連章入告，借箸前籌，韓范和而不同、群而不黨之風也；永清沙漠，再參神謨，力疾效忠，傾葵益切，武鄉侯鞠躬盡瘁、死而後已之志也。而其所最得力者尤在廣招徠，示恩信，用敵破敵，攻其腹心，逆謀雖狡，旋即敗露，由公以誠待人，人感公誠，亦還以誠應之。彼投降歸順者，原其始或因被脅，或出糧盡，既已傾心向化，公即洪宣德意，與以矜全。嗚呼！公親冒矢石，誠心獨契，知有君不知有身，知有國不知有家，卒能致荒服於底定，受聖君之寵眷，是皇上用公爲萬世立

---

① 出自唐杜甫《恨別》。

乂安之基，而公夙夜匪懈，亦爲子孫大旂常之報矣。公《奏疏》六卷，一片忠誠溢於言表，雖宣公、忠定詎能過焉？夫宣公操數尺之管，立誅叛寇，厥功偉哉；乃讒言搆釁，恩禮不終。忠定作相未久，才艱於遇。我皇上知人善任，推心置腹，微特高宗、德宗莫能希其萬一，即漢高、唐太籠絡英雄，權術不測，未有一德一心如聖主之於我公也。余讀公"比之都俞一堂，直唐虞再見"二語，不勝景仰歡忭，拜手颺言附於篇末，庶幾藉公以并垂不朽耶。余不文，謂可方韓《碑》柳《雅》而歌功頌德也，余則何敢。

時康熙辛卯歲上巳日，①西江新城後學魯瑗拜手謹撰。

（録自康熙五十一年刻本）

---

① 辛卯：康熙五十年(1711)。

參考文獻

一、古代文獻

《毛詩正義》：（漢）毛亨傳，（漢）鄭玄箋，（唐）孔穎達等正義，上海古籍出版社 1990 年版。

《漢書》：（漢）班固撰，中華書局 1962 年版。

《周易正義》：（魏）王弼注，（晉）韓康伯注，（唐）孔穎達等正義，上海古籍出版社 1990 年版。

《六臣注文選》：（南朝梁）蕭統編，（唐）李善等注，中華書局 2012 年版。

《陸宣公奏議》，（唐）陸贄撰，商務印書館 1935 年版。

《聖祖仁皇帝親征平定朔漠方略》：（清）溫達等撰，文淵閣《四庫全書》本，臺灣商務印書館 1986 年版。

《平定三逆方略》：（清）勒德洪等撰，文淵閣《四庫全書》本，臺灣商務印書館 1986 年版。

《康熙起居注》：中國第一歷史檔案館整理，中華書局 1984 年版。

《清實錄·聖祖仁皇帝實錄》：清內府鈔本，中華書局 1985 年版。

《匠門書屋文集》：（清）張大受撰，哈佛大學漢和圖書館藏清雍正年間刻本。

《〔雍正〕四川通志》：（清）黃廷桂等監修，文淵閣《四庫全書》本，臺灣商務印書館 1986 年版。

《〔乾隆〕中衛縣志》：（清）黃恩錫纂修，見《寧夏舊方志集成》，學苑出版社 2015 年版。

《〔乾隆〕甘肅通志》：（清）許容等監修，文淵閣《四庫全書》本，臺灣商務印書館 1986 年版。

《〔乾隆〕寧夏府志》：（清）張金城修、楊浣雨纂，陳明猷點校，寧夏人民出版社 1992 年版。

《〔嘉慶〕靈州志迹》：（清）楊芳燦修、郭楷纂，嘉慶三年豐延泰刻本。

《〔道光〕續修中衛縣志》：（清）鄭元吉修、余懋官纂，中國國家圖書館藏道光二十一年（1841）刻本。

《十二朝東華錄》：（清）蔣良騏撰、王先謙改修，文海出版社 1963 年版。

《清史稿》：趙爾巽等撰，中華書局 1977 年版。

二、現當代文獻

（一）專著

《〔民國〕朔方道志》：馬福祥等修，王之臣纂，見《中國方志叢書》（塞北地方·第二號），成文出版社 1968 年版。

《中國科學院圖書館藏中文古籍善本書目》：中國科學院圖書館編，科學出版社 1994 年版。

《販書偶記（附續編）》：孫殿起編，上海古籍出版社 1999 年版。

《清華大學圖書館藏善本書目》：清華大學圖書館編，清華大學出版社 2002 年版。

《山東師範大學圖書館館藏古籍書目》：張宗茹、王恒柱編纂，李伯齊審定，齊魯書社 2003 年版。

《寧夏明清人士著述研究》：田富軍著，上海古籍出版社 2020 年版。

（二）論文

《明清以來寧夏歷史人物著述考——以朱栴等人爲例》：刁俊撰，寧夏大學碩士學位論文，2007 年，指導教師胡玉冰教授。

《清初名將趙良棟及其〈奏疏存藁〉整理研究》：王敏撰，寧夏大學碩士學位論文，2017 年，指導教師田富軍教授。